Arabelle Bernecker
Susanne Glass
Bernd Kolb

Schwestern der Revolution

Arabelle Bernecker
Susanne Glass

Schwestern der Revolution

Aktivistinnen im Kampf gegen Diktatur und Unterdrückung

Fotografien von
Bernd Kolb

HERBiG

Bildnachweis

S. 197: Houria Toubal, S. 208: Leïla Sedira.
S. 228 und 233: Zaheena Rasheed
S. 284: Johannes Tichy, Wien (Foto Arabelle Bernecker);
Alex Goldgraber, Wien (Foto Susanne Glass)
Alle anderen Fotos: Bernd Kolb

MIX
Papier
FSC FSC® C017859

Umschlaggestaltung: Wolfgang Heinzel
unter Verwendung eines Fotos von Bernd Kolb
Satz: Buch-Werkstatt GmbH, Bad Aibling
Gesetzt aus: 11,15/14,5 pt Minion und Helvetica Neue
Druck und Binden: CPI Moravia Books GmbH
Printed in EU
ISBN 978-3-7766-2754-1
Auch als ebook

www.herbig-verlag.de

Inhalt

Frauen kämpfen für Veränderung, Männer um die Macht

»Wenn das Volk eines Tages zu leben beschließt
Muss das Schicksal sich beugen
Muss die Finsternis weichen
Müssen die Ketten aufbrechen.«

ABU AL-QASIM ASCH-SCHABBI,
TUNESISCHER NATIONALDICHTER (1909–1934)

Wie würden wir handeln? In die Schusslinie der Polizei springen, um einen schwer verletzten Freund zu retten? Was wäre, wenn wir im Gefängnis brutal zusammengeschlagen oder sexuell misshandelt würden oder eine SMS mit einer Todesdrohung auf dem Handy aufblinkt? Ein naher Verwandter plötzlich verschwindet – und unauffindbar bleibt? Würden wir trotzdem, wie Ola in Ägypten oder Zaheena auf den Malediven, für unsere Überzeugungen weiterkämpfen? Unser Leben, vielleicht auch das unserer Familie, für Menschenrechte und Demokratie, gegen Unterdrückung und Willkürherrschaft riskieren?

Bei der Arbeit an diesem Buch haben wir uns viele, oft sehr persönliche Fragen gestellt. Die meisten sind unbeantwortet geblieben. Zum Glück, denn wir leben in einem Rechtsstaat. Aber eines wurde uns dadurch klar: Dies ist ein großes Privileg. Und die Fragen sind geblieben, genauso wie die Bilder und Geschichten dieser außergewöhnlichen Frauen. Sich mit ihren Schicksalen auseinanderzusetzen, hat schließlich auch unser Leben verändert. Nicht

dass wir das so geplant hätten. Im Gegenteil, damit hätten wir nicht gerechnet.
Die Themen Revolution, Krisen, Bürgerkrieg, Staatswillkür sind ja nicht neu für uns. Wir beschäftigen uns beide seit vielen Jahren damit. Susanne ist mit 29 Jahren ins Kosovo gegangen, um für die ARD über den Krieg zu berichten. Später hat sie in Belgrad verfolgt, wie es der oppositionellen Bewegung gelang, das Regime des serbischen Diktators Milosevic friedlich zu stürzen. Inzwischen ist sie seit mehr als 15 Jahren als Korrespondentin in Südosteuropa unterwegs.
Arabelle hat seit 1999 für internationale Organisationen in Osteuropa, im Nahen Osten und Nordafrika gearbeitet. Hat dabei während des Kosovo-Konflikts in Albanien Flüchtlinge registriert und in Bosnien-Herzegowina zum Wiederaufbau der vom Krieg zerstörten staatlichen und zivilen Strukturen beigetragen.
Beide sind wir durch unsere Arbeit immer wieder in kritische Situationen geraten. Manches Mal war es noch gefährlicher, weil wir Frauen sind. Manches Mal hat uns genau das gerettet. Wir haben einander diese Erlebnisse erzählt – das schon. Aber viel ausführlicher waren unsere Diskussionen über die Einsatzgebiete: Wie wir die politische Situation vor Ort beurteilten, ob es im Job Probleme gab und wie und wohin wir den nächsten Trip organisieren würden.
Aber dann kam Arabelle eines Tages aus Algerien zurück und konnte nicht mehr aufhören, von Houria Toubal zu sprechen. Dieser charismatischen »Alten Kämpferin« (»ancienne combattante«) des algerischen Unabhängigkeitskriegs, die als Revolutionärin mit ihren Kameraden sechs Jahre in der Wildnis gelebt hat. Eine Frau, die in den Abgrund der menschlichen Seele geblickt und am eigenen Leib erfahren hat, zu welchen Extremleistungen man seinen Körper zwingen kann, wenn man muss – und die dennoch ein außergewöhnlich positiver, warmherziger Mensch geblieben ist.
Uns fiel auf, dass man viel zu wenig von ihr und ihresgleichen weiß,

obwohl es doch schon immer Frauen gegeben hat, die in Kriegen, Aufständen und Revolutionen an vorderster Front mitgekämpft haben.

Wir hatten nicht zuletzt auf unseren Reisen immer wieder Frauen getroffen, die sich, wie Houria, auf beeindruckende Weise unter Lebensgefahr gegen Diktatur und Ungerechtigkeit aufgelehnt haben. Frauen, deren Geschichten uns bewegt und in ihren Bann gezogen haben. Weil sie von Mut handeln. Aber auch von Selbstaufgabe. Von Tollkühnheit, Prinzipientreue und Idealismus. Von der Fähigkeit, im Angesicht allergrößter Gefahr und trotz aller Rückschläge immer wieder aufzustehen und weiterzumachen.

Es hat sie immer gegeben, diese weiblichen Vorbilder. Doch erst jetzt, wo Twitter und Facebook das Monopol der klassischen Medien aufbrechen, beginnen sie endlich sichtbarer zu werden.

Wer sind nun diese »anciennes combattantes«, deren Erbe das Selbstverständnis der Algerierinnen bis heute prägt, oder die Aktivistinnen des Arabischen Frühlings, die unser Bild von der muslimischen Frau für immer verändert haben? – Die Idee für dieses Buch war geboren.

Frauen, die nicht nur ihr eigenes Schicksal in die Hand nehmen, sondern die Zukunft ihres Landes aktiv mitgestalten: Ihre Gesichter wollten wir zeigen und ihre Geschichten erzählen. Auch um zu unterstreichen, dass die alte, leidige Frage: »Ja, kann das denn eine Frau, ist das nicht viel zu gefährlich?« eigentlich längst beantwortet ist. Es geht hier deshalb gar nicht mehr so sehr um das »Ob«, sondern um das »Wie«: darum, wie Frauen Ausnahmesituationen bewältigen. Was sie motiviert und was sie fürchten. Aber auch: Mit welchem Ergebnis sie ihre Vorstellungen umsetzen.

Breza aus Belgrad hat es so formuliert: »Frauen müssen keine Heldinnen sein. Sie haben nicht dieses Testosteron-Dings. Sie stecken ihre Ziele lieber realistisch. Und sind damit oft erfolgreicher als Männer.« Breza muss es wissen. Sie hat Kontakt zu tatsächlichen und potenziellen Revolutionären und Revolutionärinnen auf der ganzen Welt. Vermutlich so viel Kontakt wie niemand sonst. Es ist ihr Job, Seminare für prodemokratische Aktivisten zu organisieren. Daher kennt Breza auch Cecilia, die auf den Philippinen für Rechtsstaatlichkeit kämpft, und Sara aus Ägypten, die extra nach Serbien gereist ist, um einen der CANVAS-Workshops (Centre for Applied Nonviolent Action and Strategies) zu besuchen. So wie auch Nini aus Georgien, die sich in Belgrad Tipps für die Rosenrevolution in Tiflis geholt hat. Inzwischen hält Nini selbst solche Workshops, derzeit unter anderem für Iraner oder Syrer.

Einige der Revolutionärinnen sind also ganz real, über alle Grenzen und Schwierigkeiten hinweg, miteinander verbunden. Bei anderen existiert die Verbindung eher im übertragenen, ideellen Sinne. »Schwestern im Geiste« sind sie alle. Und alle setzen sie für ihre Ziele ihre ganze Existenz aufs Spiel.

Die Frauen selbst sind sich der Gefahr, in der sie schweben, sehr bewusst. Gleichzeitig wollen sie ihre Geschichte teilen, um anderen Mut zu machen. Nicht zuletzt, weil Öffentlichkeit in manchen Fällen schützen kann. Sie kann aber auch extrem schaden. Für unser Buch bedeutete das eine heikle Gratwanderung: Was können wir über die für Außenstehende normalerweise geheimen CANVAS-Workshops erzählen? Welche Details darf man erwähnen, auf welche sollten wir zum Schutz der Frauen verzichten? Unsere Entscheidungen mussten wir immer wieder überdenken, da sich die Situation in den jeweiligen Ländern und damit auch die Bedrohungsszenarien für die Frauen während der Arbeit an diesem Buch ständig änderten. Wir haben uns in jedem Zweifelsfall für die Sicherheit entschieden. Einige Frauen haben wir zu ihrem eigenen Schutz wieder aus dem Fokus genommen.

Die Recherchen für dieses Buch waren dementsprechend abenteuerlich, und immer wieder sind wir auch an unsere eigenen Grenzen gestoßen. (Ein anschauliches Beispiel dafür ist auch der Bericht unseres Fotografen Bernd.) Nicht einmal in Tunesien, das in unseren Köpfen doch als freundliche Urlaubsdestination und Er-

folgsgeschichte des Arabischen Frühlings gespeichert ist, liefen die Dinge erwartungsgemäß. Das Interview mit der Bloggerin und Kandidatin für den Friedensnobelpreis Lina Ben Mhenni war zum Beispiel schon vereinbart, es ging nur noch um das Wann und Wo. Plötzlich – Schweigen. Auf unsere Mails kam keine Antwort mehr. Schon knapp vor dem Aufgeben, entdeckten wir im Internet einen offenen Brief, in dem sich die Weltorganisation gegen Folter für Lina einsetzte und einen sofortigen Stopp aller Übergriffe verlangte. 2011 hätte das niemanden erstaunt. Aber im politisch sensiblen Wahljahr 2014, in dem die Regime größtes Interesse daran haben mussten, sich als rechtschaffen zu präsentieren? Ein überraschender Blick hinter die Kulissen des als »Erfolgsmodell« gepriesenen Tunesien. Weitere Recherchen ergaben, dass Lina im Krankenhaus lag, nachdem sie auf einer Polizeistation in Djerba zusammengeschlagen worden war.
Lina – getreu ihrem Motto »Die Arbeit einer Bloggerin endet nie« – war kurz nach ihrer Entlassung schon wieder zu einem Gespräch bereit. Auf zwei andere interessante Tunesierinnen mussten wir allerdings verzichten: Khaltoum Khennou machte just am Tag des geplanten Interviews ihre Präsidentschaftskandidatur publik und war ab diesem Moment nicht mehr Herrin ihrer Zeit. Und eine junge, schillernde Aktivistin mit exhibitionistischen Anwandlungen wollten wir nicht mehr ins Buch aufnehmen, nachdem sie unsere höfliche Anfrage mit exakt fünf Worten beantwortet hatte: »How much do you pay?«
Dies war allerdings das einzige Mal, dass wir diese Frage hörten. Was aber häufiger passierte, war, dass zwei Tage vor dem Abflug in eines der Länder unsere Panik wuchs, weil trotz größter Bemühungen kein einziges Treffen fixiert war, sondern – wenn überhaupt – nur lapidare Nachrichten kamen wie: »Ja, da bin ich wahrscheinlich sowieso da, ruf einfach an, wenn du in Kairo bist, dann machen wir etwas aus.« Das hat mit mediterraner Lässigkeit zu tun – bei der wir offenbar nicht mithalten können. Aber auch damit, dass un-

sere Frauen wissen, dass jeder ihrer Schritte überwacht und beobachtet wird. Egal über welche Medien sie kommunizieren, keines ist sicher. Zeit und Ort eines Treffens werden deshalb am liebsten so kurzfristig wie möglich fixiert. Manchmal tauchen die Frauen auch ganz bewusst für ein paar Tage ab. Oder sie sind tatsächlich wieder auf geheimer Mission bei einem der Workshops. Natürlich sind wir durch unsere Recherchen zeitweise auch selbst ins Visier von Überwachung und Geheimdiensten geraten.

Agenten und Revolutionärinnen – mit den romantisierenden Vorstellungen mancher Romane oder Filme hat die brutale und erniedrigende Realität nichts, aber auch gar nichts zu tun.

Wenn Ola am Tahrir-Platz – nur von ihrem Helm und einem Tuch vor dem Mund geschützt – die Tränengasgranaten der Polizei aus dem Weg räumt, dann spielt sich das ohne Filmmusik ab. Wenn die tunesische Menschenrechtsanwältin Radhia Nasraoui ihren Mann vom Flughafen abholt und er ihr nach einer kurzen Polizeibefragung blutüberströmt entgegenwankt, dann ist sie nicht von heroischen oder idealistischen Gedanken durchdrungen, sondern nur von dem bitteren Gefühl der Machtlosigkeit. Am deutlichsten manifestiert sich dieser krasse Widerspruch in einem Erlebnis, das Houria aus Algerien hatte: Als sie sich vor einer französischen Patrouille im Gebüsch versteckt, bleibt sie zwar unentdeckt, wird aber von einem der feindlichen Soldaten angepinkelt.

Demütigungen, Todesangst, grauenvolle Schmerzen – all das haben diese Frauen weggesteckt. Und wenn es in einem Interview Tränen gab, dann weinten diese Frauen niemals um sich selbst. Sondern immer um andere, um verlorene Familienmitglieder und Freunde. »Es ist so, als hätte ich meine Flügel verloren«, beschreibt die mittlerweile über 70 Jahre alte Algerierin Laroussi dieses Gefühl. Manche Wunden heilen nie.

Dass diese Frauen uns so vorbehaltlos in ihr Leben eingelassen haben, hat uns sehr berührt. Sie sind uns nicht nur ans Herz gewachsen, sie sind auch nach wie vor in unserem Alltag sehr präsent.

Für Arabelle beispielsweise waren die Arbeit an Polizeiprojekten einerseits und die Konfrontation mit exzessiver Polizeigewalt im Rahmen der Interviews andererseits alles andere als einfach. Training, Arbeitsplatz, Ausrüstung, Einsatzplanung, Gehalt – sie kennt die schwierigen Verhältnisse, unter denen die Exekutive in Nordafrika funktionieren muss, genau. Tagsüber überlegen, wie man die tunesischen Grenztruppen aufrüsten könnte, damit sie besser gegen terroristische Angriffe gewappnet sind, und abends für das Buch über die Menschenrechtsverletzungen der Polizei recherchieren? Ein Spagat, der nicht leicht zu bewältigen war.
Noch etwas hat sich geändert: Wir können die Nachrichten aus den Ländern der von uns Porträtierten nicht mehr mit der gleichen Unschuld verfolgen wie zuvor. Die Schlagzeile »Die Angst geht um in Ägyptens Zivilgesellschaft«[1] löst zum Beispiel ganz konkrete Sorgen aus: dass eine unserer Interviewpartnerinnen womöglich verhaftet wird, eine andere ihren Job verliert und die dritte die Finanzierung ihrer Projekte vergessen kann.
Das Inselparadies Malediven verbinden wir nun unweigerlich mit der Machete, die in Zaheenas Tür gerammt wurde.
Und als wir das YouTube-Video sahen, in dem Ola Shahba mit einem zugeschwollenen, rot-schwarz unterlaufenen Auge von den Übergriffen der Polizei erzählt, da drehte sich uns regelrecht der Magen um.
Was uns bei den Frauen in diesem Buch immer wieder aufgefallen ist, sind ihre Bescheidenheit und ein sehr starker Gerechtigkeitssinn. Ihrer Meinung nach tun sie nur, was sie tun müssen, ohne sich deshalb für etwas Besonderes zu halten. Wir aber sagen: Sie sind etwas Besonderes! Ihr kompromissloser Einsatz für Freiheit und Menschenrechte macht uns Mut und beweist, dass Veränderungen möglich sind. Und dabei müssen es nicht immer die ganz großen Umwälzungen sein.

SERBIEN

»Was in Serbien gelungen ist, muss doch auch anderswo zu schaffen sein«

Da ist die Sache mit dem Fass. Plötzlich steht es an einer Straßenecke in Belgrad. Mit dem aufgemalten Konterfei des serbischen Präsidenten Slobodan Milosevic. Der Knüppel daneben lädt ganz offensichtlich zum Zuschlagen ein. Es sind nicht wenige Passanten, die die Gelegenheit nutzen, da so richtig draufzuhauen. Und ihren Frust über das Regime des serbischen Kriegstreibers rauszulassen. Keine Schlägertypen. Sondern Frauen mit kleinen Kindern, Männer im Anzug und alte Mütterchen mit Kopftuch.

Die Polizei steht vor einem Dilemma. Auf ein Fass einzuschlagen ist doch nicht verboten. Sollen sich die Beamten lächerlich machen, indem sie deshalb alte Frauen festnehmen? Oder sollen sie das Fass – sinnbildlich für Milosevic im Polizeiwagen abtransportieren? Auch hier ist ihnen der Spott sicher. Die Exekutive entscheidet sich unter der großen Häme der Milosevic-Gegner für die zweite Möglichkeit.

Und hat kurz darauf ein neues Problem: Weil die Staatsmedien die Widerstandsbewegung in den Nachrichten als Terroristen und Landesverräter bezeichnet haben, erscheinen noch am selben Tag mehrere Tausend Menschen vor den Polizeistationen. Sie räumen ein, zu der besagten »kriminellen Vereinigung« zu gehören, und wollen sich nun festnehmen lassen.

Nein, es ist sicherlich nicht angenehm, in diesen Herbsttagen im

Jahr 2000 die Staatsgewalt in Serbien zu repräsentieren. Die Opposition bringt das Regime mit friedlichen, äußerst kreativen Mitteln zunächst in Verlegenheit, später zu Fall. Mitleid mit den Vertretern des Milosevic-Regimes ist aber nicht angebracht. Sie hatten auch keines. Gnadenlos haben sie viele Jahre lang die Regierung gegen eine demokratische Opposition verteidigt. Teils mit extremer Gewalt. Der skrupellose Machthaber stand für Krieg, Tod und Willkürherrschaft. Politische Gegner wurden misshandelt, verhaftet oder verschwanden für immer. Milosevic führte die Republiken Jugoslawiens in vier Kriege mit Hunderttausenden Toten.
Die Erosion Jugoslawiens begann bald nach dem Tod von Präsident Josip Broz Tito im Jahr 1980. Tito hatte den Vielvölkerstaat aus Serben, Kroaten, Bosniaken, Montenegrinern, Slowenen, Mazedoniern und Albanern noch mit viel Fingerspitzengefühl und kraft seiner Persönlichkeit zusammengehalten. Aber die nationalen Spannungen nahmen schon zu seinen Lebzeiten zu, genauso wie die wirtschaftlichen Probleme. Schließlich konnte auch die Tatsache, dass Hunderttausende jugoslawische Gastarbeiter Millionen D-Mark an Devisen nach Jugoslawien schickten, die Folgen jahrzehntelanger kommunistischer Misswirtschaft nicht mehr ausgleichen.

Ein Vielvölkerstaat stürzt ins Chaos

1986/87 kommt es zur Hyperinflation. Kriminalität und Korruption ufern aus. Je schlechter es den Menschen wirtschaftlich geht, desto mehr gewinnen die Nationalisten in den jugoslawischen Teilrepubliken die Oberhand. Allen voran Slobodan Milosevic in der mit sieben Millionen Einwohnern größten Teilrepublik Serbien. Ein nationalistischer Scharfmacher, der das Serbentum mythisch überhöht und mit seiner großserbischen Rhetorik und seinen Auftritten, wie etwa vor zwei Millionen angereisten Serben auf dem

Amselfeld im Kosovo am 28. Juni 1989, die ohnehin angespannte Atmosphäre zusätzlich aufheizt.
Als sich die wirtschaftlich besser aufgestellten Republiken Slowenien und Kroatien 1991 von Jugoslawien abspalten wollen, mobilisiert Milosevic die Armee gegen sie.
Kurz darauf beginnt der Krieg auch in Bosnien-Herzegowina. Wo die Kämpfe besonders lang und grausam sind, weil dort orthodoxe Serben, katholische Kroaten und muslimische Bosniaken Tür an Tür leben. Die internationale Gemeinschaft sieht dem Morden auf dem Balkan viel zu lang hilflos zu. Versagt dann noch schrecklich, als die völlig überforderten und verängstigten niederländischen UN-Blauhelme der bosnisch-serbischen Armee und ihrem Anführer Ratko Mladic sogar dabei helfen, die Jungen und Männer aus der sogenannten UN-Schutzzone Srebrenica abzutransportieren. Das Massaker von Srebrenica an ungefähr 8000 Bosniaken im Juli 1995 gilt als das schlimmste in Europa seit dem Zweiten Weltkrieg. Und der oberste Kriegstreiber in Belgrad? Sitzt weiterhin fest im Sattel. Slobodan Milosevic unterzeichnet für die serbische Seite im November 1995 das Friedensabkommen von Dayton. Die Teilrepubliken hat er jetzt verloren, aber in Serbien regiert er weiter mit eiserner Hand.
Allerdings hat sich dort eine immer stärker werdende Opposition formiert. Einer der Hoffnungsträger ist ein junger Philosophieprofessor, der in Deutschland bei Jürgen Habermas studiert hat: Zoran Djindjic. Serbien ist international isoliert und leidet unter den wirtschaftlichen Folgen der Sanktionen. Viele Menschen sind kriegsmüde. In fast allen größeren Städten im Land ziehen Zehntausende durch die Straßen, um gegen Milosevic zu protestieren. Auch mit ziemlich originellen Aktionen. Etwa 1996/97 während der Abendnachrichten des Staatsfernsehens: Während die Sprecher die Regimepropaganda verlesen, gehen in vielen Wohnungen sämtliche Lichter an und aus und wieder an und aus. Und aus den Hinterhöfen kommt ohrenbetäubender Lärm. Denn: Die Frauen

stehen an den Lichtschaltern, ihre Männer hämmern lautstark auf leere Benzinkanister.

Aber letztlich verhallen diese Proteste ebenso erfolglos wie viele andere Aktionen dieser Art. Auch weil die oppositionellen Gruppen untereinander nicht einig sind.

Ende 1998 eskaliert der Konflikt im Kosovo, wo die Mehrheit der ethnisch albanischen Bevölkerung schon lange gegen die serbische Unterdrückungs- und Diskriminierungspolitik rebelliert. Diesmal will die internationale Gemeinschaft kein zweites Versagen wie in Srebrenica verantworten müssen. Auf Drängen der USA beginnt die Nato im März 1999 einen Luftkrieg gegen Serbien, nimmt dafür viele zivile Opfer und die Zerstörung von Kulturdenkmälern in Kauf. Im Juni 1999 lenkt Milosevic ein. Und zieht seine Truppen aus dem Kosovo zurück. Er wird später im Zusammenhang mit dem Kosovo-Krieg als erstes Staatsoberhaupt von dem Kriegsverbrechertribunal in Den Haag wegen Völkermordes angeklagt werden. Den Sturz seines Regimes vollzieht der Westen aber nicht. Im Gegenteil: Die Nato-Bomben auf Serbien führen dort zunächst zu einer größeren Solidarisierung der Bevölkerung mit der Regierung. Die Opposition verhält sich zurückhaltend. Bis zu den Wahlen im September 2000.

DOS und Otpor! besiegeln das Ende des Slobodan Milosevic

Im Vorfeld gelingt es Zoran Djindjic, ein neues, großes Bündnis fast aller Oppositionsgruppen zu schmieden. Unter dem Namen DOS, Demokratische Opposition Serbiens. Der charismatische Djindjic verzichtet selbst auf die Spitzenkandidatur, da er weiß, dass er als Person stark polarisiert. Spitzenkandidat von DOS wird der bis dahin eher unbekannte, unscheinbare Juraprofessor Vojislav Kostunica. Gleichzeitig tritt eine neue Studentenbewegung namens Otpor!

(Widerstand!) in Erscheinung. Die beiden Otpor!-Gründer Srdja Popovic und Slobodan Djinovic schaffen es, Zehntausende bisher nicht organisierte, überwiegend junge Menschen gegen Milosevic zu mobilisieren, indem sich Otpor! als Anti-Parteienorganisation initiiert. Das Symbol, eine geballte Faust, taucht bald auf Mauern und Häuserwänden in ganz Serbien auf. Gemeinsam mit eingängigen Otpor!-Slogans wie etwa »Gotov je!« – »Er (Milosevic) ist fertig!«, »Otpor! je volim Srbiju« – »Otpor! weil ich Serbien liebe« und »Vreme je« – »Es ist Zeit«.

Otpor! stützt sich auf die Theorien zu »Nonviolent Action« (»gewaltlose Aktion«) des amerikanischen Politikwissenschaftlers Gene Sharp. Dessen Ansatz lautet: Es ist möglich, eine autoritäre oder diktatorische Regierung durch eine gut organisierte, friedliche Revolution mit möglichst kreativen Mitteln zu stürzen.[1]

Vor der Wahl zieht Milosevic nochmals alle Register. Von Pressezensur bis zu politischem Mord. Ivan Stambolic, der in den 80er-Jahren Vorsitzender der Kommunistischen Partei Serbiens war und in dieser Funktion Vorgänger Milosevics, bezahlt mit dem Leben dafür, dass er sich nun für dessen Sturz starkgemacht hat. Stambolic verschwindet während eines Spaziergangs im Herbst 2000. Seine Leiche wird erst Jahre später gefunden.

Die Wahl, bei der DOS eine große Mehrheit bekommt, erkennt das Regime nicht an. Zunächst verkündet die Bundeswahlkommission ein Ergebnis, das eine Stichwahl erfordert hätte. Dann ordnet das ebenfalls unter Milosevics Einfluss stehende jugoslawische Verfassungsgericht sogar eine Wahlwiederholung an.

Jetzt schlägt die große Stunde der Opposition. Sie fordert die Anerkennung des Wahlergebnisses, organisiert tägliche Massendemonstrationen, die, ähnlich wie im Oktober 1989 in der DDR, immer stärkeren Zulauf bekommen. Außerdem finden im ganzen Land zivile Protestaktionen statt. Etwa das eingangs erwähnte »Fass-Schlagen« auf ein Konterfei Milosevics oder die Bereitschaft Tausender, sich als Staatsfeinde von der Polizei verhaften zu lassen.

Gerade die Studentenorganisation Otpor! ist besonders kreativ beim Entwickeln neuer, ungewöhnlicher Protestaktionen. Sie hält sich dabei streng an die Theorien Sharps, wonach wirtschaftlicher Boykott, Streik und politische Nichtzusammenarbeit entscheidende Mittel bei gewaltlosen Revolutionen sind. Dass es bei diesem Machtkampf nicht zu einem Blutvergießen kommt, ist nur der besonnenen und cleveren Strategie von DOS und Otpor! zu verdanken. Sie mobilisieren die Menschen und bemühen sich gleichzeitig, möglichst jede Aggression im Ansatz zu verhindern. Bei den Kundgebungen wird getanzt und gesungen, es treten regelmäßig beliebte Sänger auf. Ganz wichtig ist den Organisatoren auch, dass sämtliche Aktionen medial gut inszeniert sind. Und dass sie vor allem im demokratischen Ausland gesehen und gehört werden. Auch auf dieser Klaviatur spielen DOS-Gründer Zoran Djindjic und Otpor!-Führer Srdja Popovic perfekt. Djindjic unterhält weiterhin gute Kontakte nach Deutschland, wo er studiert hat. Popovic hat offenbar mächtige Unterstützer in den USA.

Ein Regime kommt unter den Bagger und CANVAS taucht auf

Am 5. Oktober 2000 kommt es zum großen Showdown. Hunderttausende sind vor das serbische Parlament in Belgrad gezogen. Sogar einen Bagger hat die Opposition mit ihrem Sinn für möglichst starke Bilder anrollen lassen. Deshalb wird der Sturz Milosevics auch als »Baggerrevolution« in die Geschichtsbücher eingehen. Der Baggerfahrer namens Joe räumt mit seinem zwei Jahrzehnte alten »International 530« die Betonblockaden vor dem Parlament beiseite. Macht den Weg zur Erstürmung frei. Die Sicherheitskräfte wehren sich noch mit Tränengas, allerdings nur kurz. Die Strategie der Opposition ist aufgegangen: Nach den zermürbenden Protestaktionen der vergangenen Wochen sind die

Regimevertreter offenbar nicht mehr gewillt, ihr Leben für den Diktator zu riskieren. Binnen weniger Stunden schwenkt der gesamte Apparat um. Sogar das staatliche Fernsehen ist plötzlich auf der Seite des neuen Präsidenten Kostunica, der am 7. Oktober vereidigt wird.[2]

Die Opposition ist von ihrem Erfolg zunächst regelrecht berauscht. »Was in Serbien gelungen ist, muss doch auch anderswo auf der Welt friedlich und mit ähnlichen Mitteln zu schaffen sein«, sagt sich Srdja Popovic – und nicht nur er. Diese Idee spukt in den Köpfen vieler Otpor!-Mitglieder. Und führt dazu, dass Srdja Popovic und Slobodan Djinovic schließlich eine neue Organisation gründen: CANVAS (Centre for Applied Nonviolent Action and Strategies, Zentrum für angewandte gewaltlose Aktion und Strategien) bildet Widerstandsgurus und Revolutionstrainer aus, die ihr Wissen auf der ganzen Welt weitergeben.

Am bekanntesten wird diese Unterstützung während der Rosenrevolution 2003 in Georgien und beim Arabischen Frühling 2010. Weil führende Mitglieder der Jugendbewegungen aus Georgien und später Ägypten zuvor an einem Otpor!- bzw. CANVAS-Kurs teilgenommen haben. Aber die Liste der Adressaten ist viel länger: CANVAS trainierte bisher Demokratie- und/oder Umweltaktivisten aus bald 50 Ländern, mischt also nicht nur bei größeren oder kleineren politischen Umwälzungen in Osteuropa und der Kaukasusregion mit, sondern hat auch Kontakte in Iran, Syrien, Kuba, Venezuela, Kolumbien, Guatemala, Chile, Südafrika, Nigeria, im Libanon oder auf den Philippinen. Und viele dieser Kontakte sind Frauen. Wie auch in der CANVAS-Zentrale in der Gandhi-Straße in Neu-Belgrad eine Frau die Fäden im Hintergrund zieht: Breza. Deren Nachnamen wir nicht nennen sollen, weil sie sich ohnehin ständig im Visier von Geheimdiensten bewegt.

In vielen Medienberichten heißt es, CANVAS werde als Nichtregierungsorganisation (NGO) hauptsächlich von Geldgebern in den USA unterstützt. So wird immer wieder etwa Freedom House unter der Leitung des ehemaligen CIA-Direktors James Woolsey als mächtiger Finanzier genannt. Ebenso die Open Society Georgia Foundation des amerikanisch-ungarischen Milliardärs George Soros. Aber CANVAS hat dies stets abgestritten. Auch Breza betont: »Wir haben niemals irgendeine Unterstützung von Soros erhalten. Wir haben es immer wieder abgelehnt, mit ihnen zusammenzuarbeiten. Denn wir sind stolz auf unsere Unabhängigkeit und darauf, nicht unter dem Einfluss einer anderen Organisation oder Institution zu stehen. Und mit Freedom House haben wir in den Anfangsjahren nur einmal ein gemeinsames Projekt gemacht.«

Die fünf Festangestellten im CANVAS-Büro werden, so Breza, vor allem durch private Spenden finanziert. Zumeist sind es jedoch freie Trainerinnen und Trainer, die nach Bedarf zum Einsatz kommen, wie etwa Nini aus Georgien oder Cecilia von den Philippinen.

Revolution – ja, Gewalt – nein

Bei den Seminaren wird natürlich darüber diskutiert, wie es im Jahr 2000 in Serbien gelungen ist, den Diktator Milosevic gewaltlos zu stürzen. Auch einen Ratgeber hat CANVAS dazu auf den Markt gebracht, mit den 50 entscheidenden Punkten für einen erfolgreichen, gewaltlosen Kampf: *Nonviolent Struggle: 50 Crucial Points.*[3]

Es gibt einen Dokumentarfilm (*Bringing Down a Dictator*) und eine Computersimulation, mit der gewaltlose Revolutionen nachgespielt werden können.[4]

Im Mittelpunkt steht dabei stets die Frage: Welche Art von friedlichem Protest beziehungsweise zivilem Ungehorsam ist medial gut inszenierbar, motiviert auch bisher noch nicht politisch aktive Bevölkerungsgruppen und trifft die Machthaber an empfindlicher Stelle?

Ganz entscheidend für den Erfolg ist es laut CANVAS-Gründer

Srdja Popovic, drei Prinzipien einzuhalten: Einheit der Gruppe, gute Planung und Gewaltlosigkeit. »Für einen erfolgreichen Kampf gegen Ungerechtigkeit, Krieg und Diktatur ist es wichtig, dass die Gruppe eine eindeutige Identität hat, eine klare Außenkommunikation und dass sie solidarisch mit anderen Widerstandsgruppen agiert. Natürlich helfen auch ein gängiges Symbol und ein einprägsamer Slogan.«

Und was Demonstrationen betrifft, so sind diese nach Srdjas Meinung in manchen Fällen zu riskant, besonders dann, wenn die Gefahr besteht, dass sie von Sicherheitskräften gewaltsam aufgelöst werden: »Deshalb sind oft Protestaktionen etwa wie die mit dem Licht-An-und-Ausschalten während der Nachrichten im Staatsfernsehen sicherer und effizienter. Damals hat sogar meine 82-jährige Großmutter mitgemacht. Die wäre sicher nicht mehr zum Protestieren durch die Straßen gezogen.«

Wogegen sich Srdja Popovic und CANVAS-Koordinatorin Breza heftig wehren, ist die häufige Darstellung, sie seien »Revolutionsexporteure«, die Umstürze in anderen Ländern anzettelten.

»Der Impuls kommt immer aus dem einzelnen Land«, sagt Srdja. »Und er muss von den Menschen dort umgesetzt werden. Für gewaltlosen Widerstand braucht es Hunderttausende Menschen. Die können nur mit lokalen Visionen motiviert werden. Menschen sind bereit, sich für die Familie oder ihr eigenes Land verhaften zu lassen. Aber sicher nicht für ein paar Ausländer, die in ihrem Land eine Revolution ausrufen wollen.«

Ein verlorenes Jahrzehnt?

So erfolgreich der Sturz des Regimes in Serbien und anderswo verlaufen ist und so vielversprechend der Einsatz für Demokratie und Menschenrechte zunächst oft aussieht – es ist offenbar schwierig, den Erfolg langfristig zu erhalten. Das gilt ganz besonders für den

Arabischen Frühling. Aber beispielsweise auch für Georgien und für Serbien, die Heimat der Revolutionsberater von CANVAS.
In Belgrad bezeichnen mittlerweile viele die Zeit seit dem Sturz von Milosevic als verlorenes Jahrzehnt.
Es beginnt damit, dass es schon bald nach der Revolution zum absehbaren Bruch der beiden sehr unterschiedlichen DOS-Führungspersönlichkeiten Vojislav Kostunica und Zoran Djindjic kommt. Djindjic gelingt es, Kostunica teilweise zu entmachten, indem er diesem den politisch wenig einflussreichen Posten des jugoslawischen Präsidenten überlässt, während er selbst serbischer Ministerpräsident wird.
Aber so sehr sich Djindjic auch bemüht, seine guten Westkontakte zu nutzen, er muss feststellen, dass die internationale Gemeinschaft Serbien möglichst schnell wieder aus dem Fokus verlieren möchte. In den Luftkrieg hatte man noch Millionen investiert und in der Zeit der Revolution gegen Milosevic regelmäßig in ausländischen Medien berichtet, aber jetzt sinkt das Interesse rapide. Djindjic bettelt in Europa und den USA um finanzielle Unterstützung für sein wirtschaftlich komplett zerstörtes Land. Und wird weitgehend mit Almosen abgespeist. Die Internationale Geberkonferenz macht eine Milliardenaufbauhilfe für Serbien davon abhängig, dass Slobodan Milosevic an das Kriegsverbrechertribunal in Den Haag ausgeliefert wird. Djindjic lässt Milosevic am 28. Juni 2001 nach Den Haag bringen.
Damit stürzt er das Land in eine Regierungskrise. Denn auch wenn die meisten Serben Milosevic mittlerweile verachten – die Ablehnung der westlichen Institutionen ist nach den Nato-Bomben gegen Serbien groß. Das UN-Kriegsverbrechertribunal wird als parteilich empfunden.
Schließlich wird Djindjic zum Verhängnis, dass er als serbischer Ministerpräsident zwar die bisherige Führungselite bei Geheimdiensten, Justiz und Innenministerium ausgetauscht hat, die mittleren Kader aber blieben und mit ihnen ihre Netzwerke. Als er

schließlich dagegen vorgehen will, ist es zu spät: am 12. März 2003 wird der 50-Jährige von einem ausgebildeten Scharfschützen auf offener Straße erschossen. Der Hoffnungsträger ist tot und mit ihm die Hoffnungen auf Demokratisierung und Westannäherung.
Sein Mörder Zvezdan Jovanovic und dessen Komplizen werden zwar gefasst und verurteilt, die Hintermänner aber nie enttarnt. Djindjics Demokratischer Partei gelingt es, sich noch fast ein Jahrzehnt an der Macht zu halten. Doch dieser Machterhalt ist auch schon alles, was seine Nachfolger vollbringen. Denn sie vermeiden die vollständige Abrechnung mit den nach wie vor existierenden Geheimdienststrukturen aus der Milosevic-Zeit. Serbien wird weiterhin beherrscht von Klientel-Parteienwirtschaft, nationalistischen Tendenzen und den Auswirkungen der Wirtschaftskrise.
Slobodan Milosevic stirbt 2006 während des laufenden Prozesses in seiner Zelle in Den Haag an einem Herzinfarkt, ohne dass den Hunderttausenden Hinterbliebenen und Opfern der Kriege die Genugtuung seiner Verurteilung gegönnt gewesen wäre.
Mit dem aktuellen Präsidenten Tomislav Nikolic, dem Ministerpräsidenten Aleksandar Vucic und Außenminister Ivica Dacic sind in Serbien heute wieder Männer und Parteien an der Macht, die zu Zeiten des Milosevic-Regimes zu dessen Unterstützern und Verbündeten gehörten. Allerdings mit dem wichtigen Unterschied, dass sich alle geläutert und auf EU-Kurs zeigen. Mittlerweile hat Serbien den Status eines EU-Beitrittskandidaten, für Reisen innerhalb der EU gibt es keine Visa-Pflicht mehr.

Eine Absage an Twitter-Revolutionen und Facebook-Widerstand

Trotz aller Enttäuschung über Stagnationen oder Rückschläge: Das völlige politische Chaos, Konterrevolutionen oder putschende Militärs sind Serbien erspart geblieben.

Die serbischen Revolutionsberater von CANVAS, wie Srdja Popovic oder Breza, wissen also nicht nur, wie es gelingen kann, einen Diktator mit friedlichen Mitteln gewaltlos zu stürzen. Sie haben auch erlebt, dass ein Regime-Sturz längst nicht automatisch zu mehr Demokratie und Menschenrechten führen muss. Und haben auch daraus ihre Lehren gezogen, die sie nun weltweit verbreiten.

»Jede Revolution ist anders«, sagt Breza. »Gandhis Bewegung gegen die britische Kolonialherrschaft in Indien, die Anti-Pinochet-Revolution in Chile, die US-Bürgerrechtsbewegung unter Martin Luther King, Lech Walesas Solidarnosc in Polen, die Bewegungen in Serbien oder im Nahen Osten – sie alle unterscheiden sich in vielerlei Hinsicht grundlegend. Aber eines haben sie gemeinsam: Regime auf der ganzen Welt sind von der Duldung der Menschen abhängig. Wenn diese wegfällt, gerät das System ins Wanken.« Und Srdja Popovic betont: »Zum Erfolg gehören auch der richtige Zeitpunkt und ein guter Alternativplan. Und man sollte bereits im Vorfeld möglichst genau festlegen, welche Ziele man erreichen möchte. In Serbien waren das: freie Wahlen, Pressefreiheit, eine unabhängige Justiz, Frieden mit den Nachbarn und ein EU-Kurs.« Popovic glaubt, dass dies trotz aller Rückschläge in seinem Land auch deshalb weitgehend erreicht wurde, weil sich nach dem Sturz Milosevics dessen frühere Gegner als Kontrollinstanz der Nachfolgerregierung verstanden haben. So ließ Otpor! nach der Revolution etwa Plakate aufhängen, auf denen der Bagger zu sehen war, der am Tag des Sturms auf das Parlament den Demonstranten den Weg frei machte. Und darüber stand als Mahnung an die neue Regierung: »Serbien hat 45 000 Bagger und 7 Millionen potenzielle Baggerfahrer!«

Vom Gerede über Twitter-Revolutionen und Facebook-Widerstand halten die CANVAS-Aktivisten wenig. Sie sagen: Die neuen Medien hätten die Organisation des Widerstands sicher leichter gemacht. Aber wer denke, dass er vom Sofa aus per Mausklick eine Revolution erfolgreich führen könne, sei auf dem Holzweg. »Letztlich ist die Straße der einzige Ort«, so Breza, »wo Regime gestürzt werden. Alles andere ist kein Aktivismus, sondern nur ›Klicktivismus‹.« Sie selbst und ihre Mitstreiterinnen sind jedenfalls ohne Zweifel Aktivistinnen, die mutig rausgehen – wenn es sein muss, über Kontinente hinweg.

Ray-Ban

Breza

Aktivistin mit weltweitem Netzwerk

*»Frauen haben Mumm,
Courage und Zähigkeit.
Aber nicht dieses
Testosteron-Dings«*

Das Treffen war längst ausgemacht. Alles arrangiert. Aber kurz davor sagt Breza ab. »Susanne, es tut mir leid. Aber die Lage ist so angespannt. Ich kann besser agieren, wenn ich in Deckung bleibe. Ich bitte Dich um Verständnis. Breza.«

Ein harter Schlag. Ein großer Teil unseres Buchprojektes war damit infrage gestellt. Denn Breza ist die Frau, bei der im Hintergrund unzählige Fäden eines internationalen Netzwerks zusammenlaufen. Eine, die weltweit bei prodemokratischen Revolutionen mitmischt. Natürlich konnten wir verstehen, dass sie die Öffentlichkeit meidet. Einerseits. Aber auf der anderen Seite auch wieder nicht. Denn ihre Organisation ist nicht geheim. Breza arbeitet für eine serbische NGO namens CANVAS (Centre for Applied Nonviolent Action and Strategies, Zentrum für angewandte gewaltlose Aktion und Strategien). CANVAS ist aus der Studentenorganisation Otpor! (Widerstand!) hervorgegangen, die beim Sturz des serbischen Diktators Slobodan Milosevic im Jahr 2000 in Belgrad eine entscheidende Rolle gespielt hat. Begeistert von der Erfahrung, dass es möglich ist, mit unkonventionellen Mitteln ein Regime gewaltlos zu stürzen, beschlossen einige Otpor!-Mitglieder, ihre Erfahrungen weiterzugeben. Eine Art »Ausbildung« für prodemokratische Aktivisten weltweit anzubieten. Nach außen hin wird CANVAS von zwei Männern vertreten: von Slobodan Djinovic und Srdja Popovic, den Gründern der NGO. Vor allem Srdja Popovic tritt als NGO-Sprecher auf und gibt Interviews.

Freiwillig in der zweiten Reihe?

Aber das streng geheime Geschäft intern hält eine Frau am Laufen: Breza koordiniert die Workshops. Bei sehr vielen ist sie selbst vor Ort. Sie hält Kontakt zu Trainern und Aktivisten – und vor allem auch zu den Trainerinnen und Aktivistinnen. Schon im Vorgespräch hat Breza gesagt, dass Frauen ihrer Erfahrung nach sehr effizient und durchsetzungsfähig revolutionäre Ziele verfolgten. Aber letztlich lese man dann doch vor allem Heldengeschichten über Männer in der Zeitung.

Soll das also ewig so bleiben?, frage ich Breza in meiner Antwort auf ihre Absage-Mail. Dass die Frauen im Hintergrund bleiben? Gerade daran wollten wir ja etwas ändern.

Einige Zeit später erklärt sie sich doch zu einem Treffen bereit. Aber sie will ihren Nachnamen nicht veröffentlicht sehen. Und sie möchte auf den Fotos nicht klar erkennbar sein.

»Weißt du, ich reise ständig durch die ganze Welt zu unseren Schulungen. Auch in Länder mit repressiven Regimen. Damit ich weiterhin unbehelligt über die Grenzen komme, ist es wichtig, dass mein Name und Gesicht nicht bekannt sind.«

Als Treffpunkt hat sie ein edles Restaurant im Zentrum von Belgrad vorgeschlagen. Dort wartet sie überpünktlich. Breza, die den Namen einen grazilen Baumes trägt: Birke. Eine attraktive junge Frau, Anfang 30. Ein offenes Lachen, das sofort sympathisch ist. Elegant gekleidet mit Blazer und Seidenschal. Sie scherzt mit dem Kellner, bestellt zum Mittagessen ein Glas Rotwein. Wie sie auftritt, könnte Breza in einer Werbeagentur arbeiten oder bei einer Immobilienfirma. An den Nebentischen käme wohl keiner darauf, dass diese junge Frau von Serbien aus Revolutionen auf der ganzen Welt anzettelt. Sie spricht offen, ohne Allüren. Denn sie hat sich nun entschieden, mitzumachen und unserem Buch-Projekt zu vertrauen. Und diese Serbin steht zu ihren Entscheidungen und zu ihrem Wort.

»Breza, du machst diesen Job nun viele Jahre. Das heißt, du hast dich sehr jung für Politik interessiert. Gab es einen bestimmten Auslöser?«

»Ich muss dir was erklären, Susanne: Jeder und jede war doch in den 90er-Jahren in Jugoslawien in Politik involviert. Ob du zehn Jahre alt warst oder 77. Politik war das einzige Thema. Alle haben darüber gesprochen.«

Als aus Nachbarn Feinde wurden

1981 in der nordserbischen Kleinstadt Subotica geboren, ist Breza ein Kind des ethnischen Multikulti. Kaum eine andere Stadt in Serbien war über Jahrhunderte ein derartiges Vielvölkergemisch wie Subotica. Serben, Ungarn, Kroaten, früher auch Donauschwaben, Juden und Slowaken lebten hier zusammen. Subotica selbst gehörte damals noch zum Vielvölkerstaat Jugoslawien. Brezas eigene Familie hat serbische, slowenische, kroatische Wurzeln. »Als Kind bin ich mit meinen Eltern und Geschwistern ganz selbstverständlich im Winter zum Skifahren in die Berge nach Slowenien und im Sommer zum Baden an die kroatische Adriaküste.«

Aber diese unbeschwerte Zeit und das freie Reisen sind eines Tages mit einem Schlag vorbei. Als Breza zehn Jahre alt ist, besucht sie mit ihrer Mutter deren kroatische Heimatstadt Vukovar. Als die beiden dort sind, beginnt der Krieg.

Der Jugoslawische Zerfallskrieg bringt für alle traumatische Jahre. Hunderttausende Tote und Vertriebene, aus Nachbarn werden Feinde. Subotica gehört nun zu Serbien und an dessen Spitze steht der Kriegstreiber und Diktator Slobodan Milosevic, der jede Art von Opposition mit harter Hand unterdrückt.

Brezas Vater ist zu diesem Zeitpunkt Professor an der Wirtschaftsfakultät. Weil die Universitäten längst mit dem Regime gleichgeschaltet sind und die Atmosphäre dort immer politischer wird, entscheidet er sich zu kündigen.

»Damals konnte ich meinen Vater nicht verstehen«, gibt Breza zu. »Mit drei Kindern in diesen schwierigen Zeiten auf ein festes Einkommen zu verzichten. Aber heute denke ich, dass er eine mutige und richtige Entscheidung getroffen hat.«

Als 1996 in Subotica wie im ganzen Land die Studentenproteste gegen Milosevics Unterdrückungsregime beginnen, ist Breza, die jüngste der drei Geschwister, 15 Jahre alt. Sie besucht noch das Gymnasium, während die Schwester und der Bruder schon zur

Universität gehen und mit den Eltern bei den Protesten dabei sind. Für Breza ist es selbstverständlich, dass auch sie mitmacht. Der Vater will das aus Sorge um seine minderjährige Tochter zunächst verhindern. Brezas Dickkopf ist stärker. Als einer der jüngsten Demonstranten marschiert sie vorne mit.

In der Schule beginnt sie sich mit den Lehrern anzulegen. »Die waren so korrupt! Gute Noten gab es nur gegen Bestechungsgeld. Ich habe das angeprangert. Oft war ich die Einzige, die sich getraut hat, den Mund aufzumachen, obwohl doch alle wussten, was da abläuft.«

Der Vater sorgt sich zunehmend um seine Jüngste. Er, der ihr den Kampf- und Widerspruchsgeist vorgelebt hat, fürchtet nun, dass sich die widerspenstige Tochter um ihre Zukunftsperspektiven bringt. Oder schlimmer noch, dass ihr etwas zustößt. Denn die Polizei greift zum Teil sehr hart durch. Milosevic lässt politische Gegner eiskalt aus dem Weg räumen.

»Mein Vater hat nie mehr einen richtigen Job gefunden. Er hat uns durchgebracht, indem er aus Ungarn Käse und Lebensmittel nach Serbien geschmuggelt und auf dem Markt in Subotica verkauft hat. Die Leute nennen ihn aber bis heute respektvoll: Herr Professor! ›Herr Professor, 200 Gramm Käse bitte!‹«

Der Professor will dann auch am liebsten verhindern, dass seine Tochter im Sommer 2000 zum Studieren in die Hauptstadt Belgrad geht. An die Fakultät für Politikwissenschaften. Denn Belgrad war auch die Hauptstadt der Proteste. Und natürlich würde sein Mädchen wie schon in Subotica ganz vorne mit dabei sein, ohne dass er sie beschützen konnte.

In die Proteste war mit den Jahren eine neue Dynamik gekommen. Die ersten Studentendemonstrationen, bei denen Breza bereits als 15-Jährige mitmarschierte, waren längst abgeebbt. Milosevic hatte sie ausgesessen, ohne dass sich an seinem System etwas verändert hätte. Im Gegenteil. Er begann einen Krieg gegen das Kosovo. Damals noch eine serbische Provinz, dessen albanische Bevölkerungsmehrheit gegen die systematische Unterdrückung durch den Diktator seit Jahren rebellierte. Im März 1999 beginnt die Nato deshalb, Serbien zu bombardieren. Breza gerät wie viele serbische Oppositionelle in ein Dilemma. Einerseits steht der Westen für sie bisher für Demokratie, Freiheit und Menschenrechte. Aber nun bombardieren diese Länder ihre Heimat. Töten auch unschuldige Zivilisten und verbuchen dies unter der schlimmen Wortschöpfung »Kollateralschaden«.

»Als die Nato-Bombardierung begann, sind viele Menschen aus Protest dagegen auf die Straße gegangen. Einige trugen demonstrativ ein »Trefferzeichen« auf Stirn oder Brust. Ich war auch gegen diese Bomben und gegen die Gewalt gegen unser Land. Aber bei diesen Protesten habe ich nicht mitgemacht.«

Denn damit hätte sie ja für Milosevic demonstriert. Breza bleibt zum ersten Mal bei großen politischen Aktionen zu Hause. Im Bewusstsein, dass hier ein Krieg mit einem anderen ausgemerzt werden soll. Dass versucht wird, mit einem Unrecht ein anderes zu beenden. Es gibt keine Seite, für die sie sich einsetzen will.

Eine schlimme Zeit für die junge Serbin mit dem starken Wunsch, gegen alle Ungerechtigkeiten zu Felde zu ziehen. Sie konzentriert sich auf ihren Schulabschluss, absolviert die Aufnahmeprüfung für die Politikwissenschaftliche Fakultät in Belgrad so gut, dass sie ein Stipendium bekommt.

»Das bedeutete, meine Eltern konnten nicht verhindern, dass ich nach Belgrad ging. Ich konnte doch unmöglich das Stipendium verfallen lassen.«

Mit der geballten Faust für Veränderung

Im Juli 2000 bezieht die gerade volljährige Breza ihr erstes Appartement in Belgrad. Der Kosovo-Krieg ist seit einem Monat vorüber. Im September stehen in Serbien Wahlen bevor. Die Opposition hat begonnen, gegen Milosevic mobil zu machen. An ihrer Spitze: Präsidentschaftskandidat Vojislav Kostunica, unterstützt vom charismatischen Zoran Djindjic. Dass sich erstmals (fast) alle Oppositionsparteien auf einen Präsidentschaftskandidaten einigen konnten, war sicher ein Grund für ihren Erfolg und auch das Verdienst einer damals neuen Studentenbewegung, die darauf gedrängt hatte. Ihr Name: Otpor! (Widerstand!). Ihr Symbol: Eine geballte Faust!

»Natürlich wusste ich damals, dass es Otpor! gibt. Die Organisation hatte sich ja schon 1998 in Belgrad gegründet. Du erinnerst dich vermutlich auch, wie Otpor! angefangen hat: Sie haben freie Hochschulen gefordert, faire und freie Wahlen und freie Medien. Das waren damals, zur Zeit des Milosevic-Regimes, die Hauptforderungen. Jeder wusste, dass Wahlen manipuliert werden, dass der Rundfunk keine echten Nachrichten bringt und wie stark die Partei in den Hochschulen saß. Letzteres wussten mein Vater und meine Familie aus eigener Erfahrung am besten.

Bei uns in Subotica waren die ersten Faustzeichen so um 1999/2000 aufgetaucht. Es gab dann auch ein Otpor!-Büro. Wir sind dort hingegangen und haben uns Protestmaterial geholt und diese Anstecker mit der Faust darauf. Ich hatte einige solche Anstecker, war aber nicht offiziell Teil der Otpor!-Organisation. Das war alles auch nicht straff durchorganisiert. Eher chaotisch.«

Die Parlamentswahlen im September 2000 sind für Breza die ersten, an denen sie teilnehmen darf. Diesmal hat die Opposition ihre Anhänger erfolgreich mobilisiert. Das Demokratische Bündnis (DOS) unter Zoran Djindjic und Vojislav Kostunica bekommt die meisten Stimmen. Aber Slobodan Milosevic will sich mit dem Wahlergebnis nicht abfinden. Die Wahlkommission verzögert die Bekanntgabe eines Endergebnisses. Auszählungen werden mit fadenscheinigen Begründungen wiederholt oder verschoben und auch manipuliert.

Breza ist zur Wahl in ihre Heimatstadt Subotica gefahren. Als sie kurz darauf wieder nach Belgrad zurückkehrt, hat sie ein großes,

CANVAS

schweres Transistorradio dabei. Ein uraltes Familienerbstück. Sie hat es mitgebracht, damit sie keine wichtigen Nachrichten verpasst. Denn alle wissen in diesen Herbsttagen im Jahr 2000: Der entscheidende Machtkampf zwischen Milosevic und seinen Gegnern hat begonnen.

Als Breza mit dem Radio auf dem Belgrader Hauptbahnhof ankommt, ist die Stadt im Ausnahmezustand. Sämtliche öffentlichen Transportmittel stehen still. Die Läden sind geschlossen. Die Opposition hat zum Generalstreik aufgerufen. Hunderttausende ziehen gegen den Wahlbetrug Milosevics durch die Straßen. »Ich habe das schwere Radio unterm Arm fast vier Stunden lang durch Belgrad geschleppt, so lange hat es gedauert, bis ich endlich in meiner Studentenwohnung war. Dort habe ich es im Flur abgestellt und bin sofort zu den Demonstranten auf die Straße.«

»Meine Generation hat den Machtwechsel bewirkt«

Fast täglich protestieren sie nun. Bis zum 5. Oktober 2000. Breza steht gemeinsam mit Hunderttausenden anderen vor dem Parlament. An diesem Tag wird die Milosevic-Diktatur Geschichte. Die Menschen stürmen die Volksvertretung. Die Polizei setzt zwar Tränengas ein. Aber es fällt kein einziger Schuss.

Zuvor war die Menge den schwer bewaffneten Polizisten vor dem Parlament immer näher gerückt. In der ersten Reihe viele Frauen. Sogar Kleinkinder. Als eines der Kinder auf einen der Polizisten zugeht und der hinter seinem Panzerglas-Schutzschirm dem Kleinen zulächelt, ist klar: Die Opposition hat gute Arbeit geleistet. Milosevic hat seine Autorität auch über die Exekutive verloren. Seine Zeit ist vorbei.

Brezas Augen leuchten.

»Susanne, du musst dir vorstellen: Es war meine erste Wahl. Ich war ja gerade erst volljährig. Und dann werden mit dieser Wahl ein Kriegstreiber und sein Regime gestürzt. Meine Generation hat den Machtwechsel in Serbien bewirkt! Ich lebe jetzt in dem Bewusstsein, dass so etwas möglich ist!«

Seitdem hat sie keine Wahl verpasst. Sie kann nicht verstehen, dass es Menschen gibt, die von ihrem Wahlrecht keinen Gebrauch machen. »Gerade wenn sie jung sind, möchte ich ihnen zurufen: Du kannst mit deiner Stimme und deinem Engagement etwas verändern. Nimm die Zustände nicht einfach hin!«

Es ist diese Erfahrung, die sie geprägt hat und die nun ihr Leben bestimmt: Es ist möglich, gegen Diktatur und Ungerechtigkeit zu kämpfen. Was in Serbien gelungen ist, muss doch auch anderswo auf der Welt friedlich und mit ähnlichen Mitteln zu schaffen sein! Vorerst ist dies aber nur ein Gedanke in ihrem Kopf.

Eine »komische neue« Organisation sucht Leute

In den Jahren nach dem Milosevic-Sturz widmet sich Breza ihrem Studium. Sie macht ihr Examen. Unterstützt nebenbei einige politische Projekte an der Uni, arbeitet bei einem Programm mit, das sich »1000 young Leaders of Serbia« nennt, bereitet eine Dissertation vor. »Ich war immer in irgendetwas involviert. Und ich kannte natürlich Srdja Popovic aus den Medien. Er war im ganzen Land berühmt als Gründer und Anführer von Otpor!. Weil sein Büro damals in demselben Gebäude war, in dem ich einen meiner Studenten-Jobs hatte, bin ich ihm öfter mal im Aufzug begegnet.«

Eines Tages sagt eine Bekannte zu ihr: »Du kennst doch diesen Srdja Popovic!« – »Ja, ich sehe ihn fast jeden Tag im Lift. Wieso?« – »Ich habe gehört, der vertritt so eine komische neue Organisation, für die er Leute sucht. Keine Ahnung, was er genau macht. Aber ich habe den Eindruck, du passt da hin!«

Breza lacht, als sie erzählt, wie sie 2007 zu CANVAS kam.

Sie stellt sich bei Srdja vor und ist sofort von dem Mann und seinen Ideen begeistert. »Er ist so leidenschaftlich überzeugt. Er hat mir gesagt, es gebe so viele Länder auf der Welt, in denen die Bevölkerung leide. Dabei könnten sie sich mit den Mitteln des ›gewaltlosen Kampfes‹ befreien und soziale und politische Veränderungen erreichen. Er glaubt absolut daran.«

Breza fährt nach Hause und schwärmt ihrem Vater von Popovic und seinen Ideen vor. Der sagt: »Ich wusste schon immer, dass so etwas deine Aufgabe ist! Mach es!«

Seitdem »macht« Breza. Sie ist diejenige bei CANVAS, über deren Tisch alle Kontakte, alle Workshops weltweit gehen. Sogar Srdja Popovic hat nicht ihren Überblick. »Er hat ja auch eine andere, schwierigere Aufgabe«, findet Breza. »Er muss sein Gesicht in der Öffentlichkeit hinhalten. Wird oft verbal, manchmal sogar körperlich attackiert. Manche werfen ihm vor, CIA-Agent zu sein. Absoluter Quatsch!«

In Serbien ist die Situation für die ehemaligen Milosevic-Gegner tatsächlich nicht einfach. Denn derzeit sitzen wieder viele seiner ehemaligen Weggefährten und Anhänger in leitenden Funktionen, bis hinauf zum Ministerpräsidenten. Zwar präsentieren diese sich heute als geläutert, demokratieliebend und europaorientiert, aber das Misstrauen regiert auf beiden Seiten. Die Opposition nimmt der heutigen Führung ihre Kehrtwende nicht wirklich ab. Und die Regierung wiederum befürchtet wohl, dass Organisationen wie CANVAS nicht nur damit beschäftigt sind, politische Umbrüche im Ausland vorzubereiten und zu unterstützen.

»Dass wir nun wieder die alten Milosevic-Leute an der Regierung haben, ist natürlich extrem frustrierend. Und sie machen Stimmung gegen uns. Wir müssen sehr vorsichtig sein im Moment. Ich bin dankbar, dass die Männer unserer Organisation in der Öffentlichkeit stehen. Ich bin nicht der Typ fürs Rampenlicht. Ich nehme es sehr persönlich, wenn ich angegriffen werde. Ich glaube generell, dass Männer öffentliche Attacken leichter wegstecken. Ich

persönlich möchte lieber hinter den Kulissen an Projekten arbeiten und Strategien entwickeln.«

Wie deren Umsetzung konkret aussieht, kann Breza aus Sicherheitsgründen nicht detailliert beschreiben. Ihre weltweiten Workshops sind inzwischen so stark nachgefragt, dass Breza sagt, sie verliere manchmal selbst fast den Überblick, wer von ihnen gerade wo sei.

Workshops mit Rollenspielen und einer klaren Vision

Einige dieser Workshops finden und fanden in Belgrad statt. Ein großer Teil auch in der Nähe der Länder, um die es geht. »Wo wir uns treffen, ist geheim. Aber niemals im betroffenen Land selbst. Oft organisieren wir die Workshops in einem Nachbarland. Wenn wir zum Beispiel eine Schulung für Leute aus Venezuela abhalten, gehen wir nicht nach Venezuela, sondern möglicherweise nach Mexiko oder auf eine Insel in der Nähe. Wir reisen als Touristen ein. Natürlich kann es auch dann vorkommen, dass uns der Geheimdienst ausspioniert. Aber wir haben die Erfahrung gemacht, dass es denen rasch egal ist oder manchmal sogar genehm, wenn es bei unserem Seminar zum Thema ›gewaltfreie, prodemokratische Politikwende‹ nicht ums eigene Land geht, sondern um die Nachbarn. Da heißt es dann: ›Macht, was ihr wollt, solange es uns nicht selbst betrifft.‹«

Die Reaktion der Teilnehmerinnen und Teilnehmer sei jedes Mal die gleiche, erzählt Breza. »Sie bewundern, was Otpor! in Serbien geschafft hat. Sagen aber sofort: ›In unserem Land würde das sicher nicht funktionieren.‹ Und finden dann unzählige Gründe. Etwa: ›Das geht nur in Europa, aber wir sind im Mittleren Osten oder in Südamerika …‹ Und so weiter und so fort.«

Breza erwidert dann: »Denkt mal nach. Auch in eurem Land und auf eurem Kontinent gibt es mit Sicherheit ähnliche Möglichkeiten.

Gewaltfreie Kommunikation und Strategien könnt ihr überall anwenden. Innerhalb der Familie genauso wie innerhalb der Gesellschaft. Ihr müsst sie nur ans jeweilige System anpassen.«
Ganz wichtig ist es Breza, die Teilnehmer nicht mit Theorie zu langweilen. Sie sollen die Zusammenhänge in ihrem Land analysieren, sollen verstehen, wie ihre Gesellschaft konkret funktioniert. Dazu bekommen sie Rollenspiele. Eine syrische Studentin aus der Großstadt soll versuchen, sich in eine alte Frau auf dem Land hineinzuversetzen. Ein junger Georgier in einen Geschäftsmann. Nachvollziehen, wie diese Menschen denken, was ihnen wichtig ist, wovor sie Angst haben.
Am Ende steht die Analyse: Auf welchen Stützpfeilern in der Gesellschaft ruht die Macht der Regierung? Wie kann es gelingen, diese Stützen auf die Seite der Opposition zu ziehen? Für die Planung künftiger Aktionen ist vor allem auch wichtig zu wissen, wie sich diese Stützpfeiler (Breza nennt sie englisch »pillars«) durch verschiedene Aktivitäten in der Vergangenheit verändert haben. Was hat das Regime eher gestützt, wodurch hat es an Rückhalt verloren? Nach dieser Analyse geht es im Seminar darum, den bestmöglichen Zeitpunkt für ein Aktivwerden der Opposition herauszufinden. Einen Plan zu erarbeiten, welche Maßnahmen wann zu treffen sind.[5]
»Das Wichtigste, was wir ihnen mitgeben, ist: Ihr müsst eine klare Vision für die Zukunft in eurem jeweiligen Land haben. Wie wollen die Menschen künftig leben? In welcher Gesellschaft? Mit welcher Politik? Es müssen nicht immer die großen Umwälzungen sein. Manches Mal genügen kleine Veränderungen. Das heißt, wir bieten den jungen Leuten Hilfestellung, um ihre eigene Gesellschaft zu analysieren. Wir bringen sie auf Ideen. Wir halten auch nach den Treffen Kontakt zu ihnen und beraten falls nötig. Aber die eigentliche Arbeit vor Ort machen natürlich die Einheimischen selbst.«
Die besten Teilnehmer bei ihren Seminaren seien fast immer Frauen, sagt Breza. »Lass es mich so erklären: Die Frauen haben

Mumm, Courage und Zähigkeit. Aber nicht dieses Testosteron-Dings.« Natürlich kenne sie auch viele männliche Aktivisten, die cool und mutig seien. »Aber die Frauen sind leidenschaftlich und gleichzeitig realistisch. Diese Mischung ist das Geheimnis. Frauen sind diejenigen, die Leben auf diesen Planeten bringen. Sie wissen, wie wertvoll es ist. Und sie wollen es nicht zerstören. Sie stecken sich die Ziele wenn nötig niedriger und erreichbarer. Während viele Männer gerne Superhelden wären und am liebsten alles sofort und vollständig ändern würden. Damit sind sie häufig viel zu aggressiv im Vorgehen.«

Gerade im Mittleren Osten versucht CANVAS deshalb ganz bewusst, mindestens ein Drittel Frauen unter den Teilnehmern zu haben. »Sonst fährt sich der ungebremste Machismo noch im Seminar gleich selbst gegen die Wand.«

In manchen Workshops gibt es auch Teilnehmer, die für die Regierung spionieren. Das ist Breza bewusst. Auch, dass diese Spione häufig weiblich sind. »Frauen verfolgen ihre Ziele eben engagiert, als Aktivistin genauso wie als Spionin der Machthaber!«

Breza sagt, sie habe ziemlich feine Antennen für die echten und die unechten Aktivisten. Außerdem mittlerweile ein exzellentes weltweites Netzwerk, das ihr sehr nützliche Informationen liefert. Auch kennen sich etwa in Syrien oder Venezuela die meisten untereinander. Neulinge fallen auf und werden besonders kritisch gecheckt. Und zum eigenen Schutz geben die Teilnehmer nicht ihre wirklichen Namen und Berufe an.

Der Preis des Widerstands: Teilnehmer, die spurlos verschwinden

Aber auch so gehen diese Menschen oft ein sehr großes Risiko ein. »Wir hatten eine Frau aus Syrien, die verhaftet wurde. Wir können uns alle nicht vorstellen, was die in einem syrischen Gefängnis durchgemacht hat. Furchtbare psychische und physische Gewalt! Noch am selben Tag, als sie aus der Haft entlassen wurde, hat sie sich bei mir gemeldet. Sie wollte weitermachen – sofort. Was sie dann auch getan hat.«

Gerade die syrischen Frauen bewundert Breza sehr. »Es ist so wichtig, dass sich in ihrem Land etwas verändert. Und dafür setzen sie ihr Leben ein.« Fast drei Jahre arbeitet sie jetzt mit den syrischen Aktivisten zusammen. Als die im vergangenen Jahr zu ihr nach Belgrad kamen, brachten sie ihr einen Anstecker ihrer Widerstandsgruppe mit. »›Du bist mit deiner Arbeit eine von uns geworden‹, haben sie gesagt. Das war die größte Ehre!«

Solche Erfahrungen sind auch ihre Motivation, weiterzumachen. Trotz all der Rückschläge. »Unsere Arbeit wird nie weniger. Das sieht man aktuell an Syrien. Aber auch in der Ukraine, in Venezuela oder Ägypten. Es ist überall noch ganz viel zu tun!«

Natürlich fragt sie sich jetzt auch ständig, was wohl aus dem jungen Ägypter geworden ist, mit dem sie so engen Kontakt hatte und der vor einigen Wochen plötzlich verschwunden ist.

»Manchmal ist es sehr hart. Ich liebe meinen Job. Aber wenn ich einen Workshop organisiere und von 15 Leuten, die sich angemeldet haben, kommen nur fünf, weil die anderen in der Zwischenzeit verhaftet wurden oder verschwunden sind, sind das tiefschwarze Stunden für mich.«

Früher hat Breza deshalb oft geweint. »Ich bin ein sehr emotionaler Typ und verletzbar. Auch wenn das viele nicht glauben, mir kommen schnell die Tränen. Nicht bei einem rührseligen Film. Es muss schon etwas Reales sein. Wenn mir nahestehenden Personen Unrecht widerfährt.« Mittlerweile sei sie aber etwas abgebrühter geworden. »Das lässt sich nicht vermeiden und schützt auch. Aber zu cool will ich auf keinen Fall werden. Mitgefühl ist wichtig. Generell schadet es auch nicht, wenn du dich mal richtig ausweinst. Am nächsten Morgen stehst du auf und das Leben geht weiter.«

Vorzugsweise Protestaktionen mit Humor und Eventcharakter

Die Tränen kommen Breza auch, wenn sie die Erfolge ihrer Arbeit erkennt. »Wenn ich Nachrichten sehe und merke, da waren Leute am Werk, die wir geschult haben.« Oft sind es gar nicht die großen Umbrüche. »Es müssen doch nicht ständig Regime gestürzt werden. Ich achte sehr genau auf die kleinen Schritte. Auf den Malediven zum Beispiel, als die dort Wahlen hatten, war für Insider klar zu sehen, dass die demokratische Opposition unsere Tipps berücksichtigt hatte. Man merkt es an sprachlichen Formulierungen oder Parolen, die eindeutig aus dem »gewaltfreien Vokabular« stammen. Oder wenn Humor im Spiel ist. Das ist ein klassisches Element der Lehre von gewaltlosen Umstürzen. Wir sagen den Leuten immer: Das Wichtigste bei euren Aktionen ist Humor. Die Leute gehen am liebsten zu Demonstrationen, die nicht aggressiv sind und bei denen sie Spaß haben. Sie wollen Proteste, die Eventcharakter haben. Wo sie Freunde treffen, wo Künstler oder Bands auftreten und die Teilnehmer hinterher was zum Erzählen haben. So kann man Massen über einen längeren Zeitraum motivieren.«

In wie vielen Ländern sie inzwischen Workshops organisiert hat, kann Breza nicht genau sagen. »Etwa in 20«, schätzt sie. »Aber in manchen dieser Länder war ich mehr als 20-mal.« Oft ist sie deshalb wochenlang unterwegs. »In den vergangenen drei Monaten war ich sieben Tage zu Hause in Belgrad.«

Das viele Reisen liebt sie. Manchmal hasst sie es auch. »Wenn ich wichtige Geburtstage oder Feierlichkeiten von meinen Freunden oder meiner Familie verpasse.«

Mit Anfang 30 zu alt für eine Familie?

Als wir uns zum Interview treffen, ist Breza Single, gerade ist ihre langjährige Partnerschaft zerbrochen. Sie leidet darunter, auch weil ihr Kinderwunsch somit in die Ferne gerückt ist.
Ein paar Monate später schreibt sie: »Das mit dem Single-Status hat sich geändert.« Und setzt dahinter ein Smiley.
Breza liebt Kinder. »Mein älterer Bruder hat vier Söhne und meine Schwester drei Kinder. Mit denen bin ich ganz eng. Meine Nichte ist jetzt elf Jahre alt, wird langsam eine junge Frau, die ihren eigenen Weg sucht, und ich genieße es sehr, sie dabei zu unterstützen und Zeit mit ihr zu verbringen.«
Zu ihrem engsten Freundeskreis zählt Breza, die doch weltweit vernetzt ist, nur fünf Menschen. »Mit einer Freundin bin ich praktisch von Geburt an zusammen. Wir sind zusammen aufgewachsen. Sie saß neben mir in der Schule. Ich habe außerdem einen sehr guten männlichen Freund, der nächstes Jahr heiratet. Wir kennen uns auch schon von klein auf. Und dann gibt es noch drei Menschen, die ich im Job kennengelernt habe und die enge Freunde geworden sind: einen Kubaner, einen Syrer und Georgia aus der Ukraine. Wir leben zwar in unterschiedlichen Welten, sind aber auf derselben Wellenlänge.
Denn diese Freundinnen und Freunde aus dem Ausland teilen mit mir die Erfahrungen im Kampf für die Revolution. Sie und ich führen ein Leben, das so ganz anders ist als das meiner langjährigen Freunde in Serbien. Aber mir sind diese über Jahrzehnte gewachsenen Freundschaften in meiner Heimat extrem wichtig. Denn sie sind anders als alle, die danach kommen. Diese Freunde verurteilen dich nie. Sie unterstützen dich immer. Ich fühle mich sehr reich, weil ich noch solche Freundschaften habe.«
Breza hat jetzt einen ganz weichen Gesichtsausdruck. »In Serbien bedeutet Freundschaft sehr viel. Wenn du zum Beispiel umziehst, dann holst du keine Umzugsfirma, das machen deine Freunde. Die

wären beleidigt, wenn du sie nicht helfen lässt. Auch weil es eine Gelegenheit ist, zusammenzukommen und gemeinsam Bier zu trinken. Man kämpft auch für seine Freunde. Wenn irgendjemand etwas Schlechtes über sie sagt, werde ich zur Furie. Also nicht immer nur mit politisch korrekter gewaltfreier Sprache.« Jetzt lacht sie laut und zwinkert. »Soweit die positive Auslegung von Freundschaft. Die negative ist, dass wir es lieben, uns ständig in anderer Leute Angelegenheiten einzumischen.«

Und dabei auch die Finger in offene Wunden zu legen.

Zum Beispiel beim zehnjährigen Abiturtreffen. Alle haben gefragt: »Bist du verheiratet, hast du Kinder?« Breza hat bei der Erzählung den strengen Tonfall eines Lehrers nachgeäfft. »Als ich dem gesagt habe, was ich tue und dass ich keine Familie habe, hat er geantwortet: ›Kein Wunder!‹«

Jetzt lacht sie schon wieder. »Klar, der hasst mich. Das war einer der Korrupten, gegen die ich immer den Mund aufgemacht habe.«

Aber generell ist es nicht einfach, dass sie nun ständig die Frage nach Familie und Kindern gestellt bekommt. »In Serbien gilt man mit Anfang 30 ja schon als zu alt. Und Serben sind Machos. Ich glaube, westeuropäische Männer sind aufgeschlossener starken Frauen gegenüber.«

Aber Breza bereut ihr bisheriges Leben nicht. »Wenn ich mir meine Bekannten anschaue: Die haben zwar Kinder, aber viele haben keinen Job, keine Karriere. Ich habe einen Beruf, den ich liebe, und die Gelegenheit, viel zu reisen, die ganze Welt zu sehen. Das könnte ich mit Kindern nicht. Deshalb will ich das noch eine Zeit lang machen. Dann die Kinder.«

Das größte Kompliment: Er hat mich seinen Sohn genannt!

Sogar im CANVAS-Büro in Belgrad machen sie nun schon Bemerkungen darüber, dass Breza mittlerweile die einzige Kinderlose sei. »Dann witzeln sie: ›So wie du deinen Job liebst, wirst du mal dein Kind im Büro zur Welt bringen und gleich weiterarbeiten.‹«
Und haben sie recht?
»Ja, vielleicht. Wenn ich einen Ehemann finde, für den das okay ist!« Und nach einer Pause: »Die Leute sagen über mich, ich sei stark. Ich selbst sage, ich bin eine Überlebende. Ich sitze nicht rum und weine. Sondern ich sage mir: Okay, das hat mich nicht umgebracht, ich gehe weiter. Das ist meine Philosophie. Außerdem sage ich immer sofort alles, was mir durch den Kopf geht. Ich will geradeheraus sein und nicht duckmäuserisch. Für einen serbischen Mann ist ein solches Verhalten nicht leicht. Ich habe schon oft gehört: Sei lieber ruhig, halte dich mal mit deinen Äußerungen zurück. Das würde es wohl leichter in einer Beziehung machen. Aber ich bin nicht so. Nur die Männer hier mögen das nicht. Sie selbst halten es aber für normal, dass sie dominieren und das große Wort schwingen. Und immer diese Frage: ›Was gibt es zum Abendessen?‹ Essen ist ganz wichtig für sie. Wenn du sagst, für dich ist es wichtiger, dass du mehr Aufmerksamkeit in der Beziehung bekommst, nervst du. Weil du anstrengend bist.«
Breza rebelliert gegen die patriarchalen Strukturen im Balkanland Serbien. Gleichzeitig ist sie darin tief verwurzelt, erzählt stolz lächelnd: »Meine Freunde sagen immer, ich bin ein Junge. Und das größte Kompliment, das mir mein Vater gemacht hat: Er hat mich seinen Sohn genannt!
Ja, ich weiß, was du jetzt denkst. Aber das ist im Serbischen normal. Wenn du eine Tochter hast, nennst du sie ›mein Junge‹, um ihr zu sagen, dass du sie so sehr liebst, wie du einen Jungen lieben würdest.«

Der Vater hat ihr aber auch eingeschärft, wie wichtig es für eine Frau ist, finanziell unabhängig zu bleiben. Dafür ist sie ihm dankbar. »Er hat mir immer gesagt: ›Du musst etwas Geld auf der Seite haben, von dem sonst niemand etwas weiß. Nur für dich ganz allein.‹«

Seit sie für CANVAS arbeitet, sagt Breza, habe sie sich verändert. »Früher wollte ich meistens mit dem Kopf durch die Wand. Was ich erreichen wollte, musste möglichst schnell umgesetzt werden. Ich habe die Leute damit richtig genervt. Ab und zu passiert mir das heute noch. Vor allem, wenn ich das Gefühl habe, dass mir die Zeit davonläuft. Aber insgesamt bin ich ruhiger geworden. Auch durch die ganzen Schulungen in gewaltfreier Sprache und Taktik. Ich habe gelernt, dass dieses Vorgehen effizienter ist und schneller zum Ziel führt. Übrigens hat mich mein letzter Freund beschuldigt, dass ich auch im Privaten bei uns zu Hause diese Taktik angewendet habe.« Und war das so? »Ja schon! Etwa wenn wir darüber diskutiert haben, wohin wir in Urlaub fahren. Ich habe nicht gestritten oder schlecht über sein Wunschziel gesprochen. Sondern ihm stattdessen schöne Bilder oder lustige Videos von meinem Favoriten vorgeführt. Dann hat er gelacht und zugestimmt.«

»Wer hält die Welt am Laufen?«

Breza hat nun fast drei Stunden erzählt. Am Ende kommt der Kellner, der sie immer wieder verstohlen beobachtet hat, und bietet Kaffee auf Kosten des Hauses an. Als er ihn bringt, fragt ihn Breza lachend, ob er nicht aus Versehen ein wenig in die Untertasse verschütten könnte. »Denn das bedeutet bei uns, dass man mal einen schönen Ehemann findet.«

Aber dann wird sie wieder ernst: »Ehrlich, ich suche den nicht krampfhaft. Wenn er kommt, dann kommt er.« Aber mindestens genauso wichtig ist für sie die Arbeit. »In unserem Bereich wird sie nie ausgehen. Wir brauchen soziale und wirtschaftliche Veränderungen und ein Umdenken in der Umweltpolitik. Gerade die jungen Menschen sind dafür verantwortlich. Sie müssen sich organisieren. Und wir kennen viele Methoden und Taktiken, die schon in der Vergangenheit zum Erfolg geführt haben. Die wir aber auch für die Zukunft weiterentwickeln müssen.«

Dafür brennt sie. Für diese Ziele lässt sie auch gerne weiterhin die Männer in ihrer Organisation offiziell in der ersten Reihe stehen. Wenn sie dafür im Hintergrund in Ruhe die Fäden ziehen kann.

Und für graue, schlechte Tage hat Breza ein Geheimrezept. »Wenn ich in Belgrad im Büro bin und eines von uns Mädels ist down, dann haben wir ein Ritual. Einen ganz speziellen Song. Den drehen wir, bevor wir mit der Arbeit anfangen, volle Lautstärke auf. Alle singen und tanzen dazu. Nur wir Frauen, die Männer im Büro wissen das nicht, weil sie morgens erst später kommen.« Welcher Song das ist? »Das ist mir jetzt ein bisschen peinlich. Eigentlich kompletter Popkitsch. Nicht wirklich mein Musikgeschmack. Aber der Rhythmus ist toll zum Tanzen. Na, und vor allem der Titel …«

Es ist: *Girls who run the world* von Beyoncé, zu dem sich Breza morgens in Stimmung bringt.

GEORGIEN

»Wir werden Rosen statt Kugeln auf unsere Feinde werfen!«

Zur ersten Dienstbesprechung lässt er seine Untergebenen mit hochgekrempelten Ärmeln antreten. Wer eine teure Uhr trägt, die man sich mit dem normalen Gehalt eines Polizisten niemals leisten könnte, muss sie abliefern. Wird wegen Korruption angeklagt.

Die Geschichte spielt 1968 in der Sowjetrepublik Georgien.

Der Mann, der mit derart harter Hand gegen die Krake Bestechlichkeit vorgeht, heißt Eduard Schewardnadse, ist zu diesem Zeitpunkt 40 Jahre alt und Innenminister sowie General der Polizei. Er wird in Tiflis als großer Reformer bewundert.

Es ist eine weitere der vielen Ironien der Geschichte, dass bei der sogenannten Rosenrevolution in Georgien im November 2003 mit Präsident Eduard Schewardnadse dann ausgerechnet der Politiker wegen korrupter Seilschaften und Wahlfälschung aus dem Amt gejagt wurde, der noch Jahre zuvor als großer Hoffnungsträger galt. Ja, mehr noch: Schewardnadse wurde als Wegbereiter von Demokratie und Menschenrechten geradezu verehrt. Weil er 1989 dazu beigetragen hatte, dass der Kalte Krieg friedlich zu Ende ging. Und zwar als Außenminister der Sowjetunion. Dafür sind ihm heute noch viele dankbar.

Vom politischen Helden zum verhassten Despoten

Dass der georgische Politiker Schewardnadse 1985 von Präsident Michail Gorbatschow zum sowjetischen Außenminister ernannt wurde, kam unerwartet. Schewardnadse hatte zwar eine steile politische Karriere in seiner Heimat Georgien gemacht, war aber international unerfahren. Außer Russisch, das er mit Akzent und Fehlern sprach, beherrschte er keine Fremdsprachen. Aber Gorbatschow sah in dem als etwas dröge geltenden Quereinsteiger aus den kaukasischen Bergen offenbar den richtigen Mann, seinen Reformprozess fortzusetzen. Mit dieser Einschätzung lag er richtig.
Gorbatschow, als Vertreter der Perestroika, leitete gemeinsam mit Schewardnadse eine außenpolitische Wende ein, die schließlich zum Fall des Eisernen Vorhangs führte. Von politischen Freunden wie Gegnern wurde Schewardnadse deshalb auch der »Totengräber der Sowjetunion« genannt.
Später hat Schewardnadse immer wieder stolz betont, dass er den Abzug der sowjetischen Truppen aus Afghanistan vorangetrieben habe. Er setzte auf Kooperation mit China und war maßgeblich an den Vorverhandlungen für die Gipfeltreffen Gorbatschows mit dem amerikanischen Präsidenten Reagan beteiligt. Die 1985 in Genf und 1986 in Reykjavik zu wichtigen Abrüstungsvereinbarungen führten. Also ein wichtiger Schritt in Richtung Entspannung nach einer Zeit des nuklearen Wettrüstens im Kalten Krieg. Außerdem verweigerte Schewardnadse den Staatschefs der osteuropäischen Länder politische und erst recht militärische Unterstützung, als Ende der 80er-Jahre die Protestbewegungen zunahmen. Damit verhinderte er ein Blutvergießen wie etwa im Prager Frühling 1968. Und trug dazu bei, dass der Fall des Eisernen Vorhangs und letztlich auch die deutsche Wiedervereinigung friedlich vonstatten gingen.
So besonnen und weitsichtig Schewardnadse als sowjetischer Außenminister handelte, so tragisch verpasste er Jahre später, nach dem Zusammenbruch der Sowjetunion, den für ihn richtigen Zeit-

punkt, sich in Würde aus der Politik zurückzuziehen. Immerhin verlief die Revolution gegen ihn im November 2003 ohne Blutvergießen. Und weitgehend ähnlich wie drei Jahre zuvor der Sturz des Diktators Milosevic in Serbien. Was kein Zufall war, denn die Schewardnadse-Gegner haben sich in Belgrad Anregungen geholt.

Was also ist in den 14 Jahren zwischen 1989 und 2003 passiert, dass sich Schewardnadse von einem politischen Helden zum verhassten Despoten entwickeln konnte?

Zunächst wächst der Widerstand gegen ihn in Moskau. Denn spätestens nach seiner Teilnahme an den Zwei-Plus-Vier-Verhandlungen, die zum Staatsvertrag und zur Wiedervereinigung Deutschlands führen, genießt Schewardnadse zwar die Bewunderung vieler Politiker in Europa und den USA. Und er pflegt enge Kontakte, ja sogar Freundschaften, etwa zum deutschen Außenminister Hans-Dietrich Genscher. Aber die Hardliner in Moskau macht er sich dadurch zum Feind. Er hat sie durch seine Reformpolitik ihrer Macht beraubt. Auch mit seinem langjährigen Vertrauten Gorbatschow kommt es zum Zerwürfnis. Ende 1991 zieht sich Schewardnadse aus der aktiven Politik in Moskau zurück. Es ist die Zeit, in der die Sowjetunion endgültig zerfällt und in einem Strudel aus politischen und militärischen Auseinandersetzungen versinkt.

Der blutige Sonntag

Auch in Schewardnadses Heimat Georgien herrscht Chaos, allerdings schon seit Jahren. Buchstäblich nichts geht ohne Korruption in der Kaukasusrepublik mit ihren rund vier Millionen Einwohnern. Immer wieder kommt es zu gewalttätigen Auseinandersetzungen zwischen den kommunistischen Machthabern und der georgischen Nationalbewegung sowie den Unabhängigkeitsbewegungen in den von ethnischen Minderheiten bewohnten Gebieten Abchasien und Südossetien.

Im Januar 1992 holt der georgische Staatsrat des inzwischen unabhängigen Georgiens den Politikrentner Eduard Schewardnadse als Krisenmanager nach Tiflis. Er wird der zweite georgische Präsident nach dem Zusammenbruch der Sowjetunion. Übernimmt einen kaum überlebensfähigen Staat und eine ihm gegenüber zwiespältig eingestellte Bevölkerung.
Denn einerseits kennt und liebt man die Geschichte aus dem Jahr 1968 vom georgischen Innenminister Schewardnadse, der korrupte Polizisten anhand ihrer teuren Uhren überführt. Schewardnadse hatte in seinen politischen Anfangsjahren in Tiflis außerdem versucht, mehr Effizienz in Wirtschaft und Verwaltung durchzusetzen und das erste Meinungsforschungsinstitut errichten lassen.
Gleichzeitig ging er schon damals in seinem Reformeifer sehr skrupellos vor. So ließ er im Zuge der Korruptionsbekämpfung insgesamt 25 000 Menschen festnehmen, darunter auch politische Gegner, deren er sich auf diese Art und Weise elegant entledigte. Schewardnadse ist also ein Politiker, der viel Licht, aber auch viel Schatten produziert. Das ist schon zu dem Zeitpunkt klar, als er das Präsidentenamt in Georgien übernimmt.
Unvergessen ist in Tiflis auch der 9. April 1989, der als der blutige Sonntag in die Geschichte des Landes eingehen wird. An diesem Tag ziehen in der georgischen Hauptstadt wie in den Tagen zuvor wieder Zehntausende Menschen durch die Straßen, um für die Unabhängigkeit von der Sowjetunion zu demonstrieren.
Auslöser der Proteste ist der Streit um den Status der zu Georgien gehörenden Autonomen Abchasischen Republik am Schwarzen Meer. Dort leben rund 500 000 Menschen, davon 17 Prozent Abchasier und rund 45 Prozent Georgier.
Die Vertreter der muslimischen abchasischen Minderheit wollen die Republik von Georgien unabhängig machen, während sich die Georgier in der Abchasischen Republik über soziale Diskriminierung, etwa bei der Erteilung von Bau- und Aufenthaltsbewilligungen, beklagen. Und darüber, dass georgische historische Mo-

numente zerstört und georgische Inschriften durch abchasische ersetzt werden.
Der Konflikt ist also ursprünglich ein innergeorgischer, zwischen nationalistischen abchasischen Kreisen und Georgiern. Bei den Kundgebungen Anfang April 1989 in Tiflis verlangen die Demonstranten, Abchasien den Sonderstatus als Autonome Republik abzuerkennen. Doch die Proteste entwickeln schnell eine Eigendynamik. Denn die Georgier sind nicht nur die Konflikte mit ihren abtrünnigen Minderheiten leid. Sie wollen selbst unabhängig werden von der alles dominierenden Sowjetmacht. Am 9. April 1989 münden die Demonstrationen in eine antisowjetische Kundgebung.
Die Sowjetunion schickt Sondereinheiten nach Tiflis, die alle von außerhalb Georgiens herangezogen werden. Sie fahren mit Panzern auf. Bewaffnet mit Schlagstöcken und Spaten. Die friedlichen Demonstranten können sich zu diesem Zeitpunkt nicht vorstellen, dass die Soldaten auch gegen Frauen und Kinder vorgehen, die vor den Schützenpanzern Volkstänze aufführen und singen. Das ist ein furchtbarer Irrtum. Die Frauen und Kinder werden von den Sondereinheiten auf offener Straße regelrecht massakriert, die Soldaten schlagen ihnen die Köpfe ein, stechen mit den Spaten zu. Unter den vielen Toten ist auch die Urgroßmutter von Nini Gogiberidze. Nini, die wir auf den folgenden Seiten porträtieren, ist eine der Mitinitiatorinnen der Rosenrevolution und kämpft bis heute weltweit für Demonstrations- und Meinungsfreiheit, Demokratie und Menschenrechte.
An dem Tag, als ihre friedlich protestierende Urgroßmutter ermordet wird, setzen die sowjetischen Sondereinheiten auch Giftgas gegen die Demonstranten ein. Nach offiziellen Angaben werden 20 Menschen getötet, darunter zehn Frauen und kleine Mädchen. 200 werden verletzt. Georgische Bürgerrechtler halten diese Angaben für falsch, sie gehen davon aus, dass am blutigen Sonntag weit mehr Menschen getötet und verletzt wurden.

Und Eduard Schewardnadse, der ehemalige georgische Innenminister, der mittlerweile als sowjetischer Außenminister gemeinsam mit Gorbatschow eine Politik der Entspannung und Perestroika vertritt und eine mächtige Position im Moskauer Politbüro innehat? Der rührt keinen Finger, als sein Nachfolger in Tiflis die friedlichen Demonstrationen für die Unabhängigkeit mit Giftgas und Totschlägern auflösen lässt. Georgien bricht daraufhin völlig mit Moskau.

Vermutlich haben die Georgier mit ihrem Blutzoll dafür gezahlt, dass die späteren Demokratiebewegungen im Ostblock von russischen Panzern verschont bleiben. Denn von jetzt an konzentriert sich die Politik Gorbatschows und Schewardnadses darauf, wenigstens die Republiken der Sowjetunion halten zu können. Aus ihrer bisherigen Einflusssphäre in den Ländern hinter dem Eisernen Vorhang ziehen sie sich geordnet zurück. Dies gilt als Hauptgrund dafür, warum im Wendejahr 1989 keine sowjetischen Truppen gegen die dortigen Demokratiebewegungen aufgefahren werden und es so zu einem friedlichen Umsturz kommen kann.

System Schewardnadse: Korruption und Vetternwirtschaft

Der Pragmatiker Schewardnadse zeigte also vor allem Kompromissbereitschaft. Was ihm aber im Westen und besonders in Deutschland den Nimbus eines Friedensstifters eintrug.

In seiner Heimat, wo all diese Geschichten und Hintergründe präsenter sind, wird Schewardnadse mit gemischten Gefühlen empfangen, als er 1992 aus Moskau zurück nach Tiflis kommt, um das Präsidentenamt zu übernehmen.

Gerade war der erste Präsident der unabhängigen Republik Georgien, Swiad Gamsachurdia, vom Militär aus dem Amt geputscht worden. Gamsachurdias Politik war innenpolitisch sprunghaft und autoritär. Er verhaftete Oppositionsführer, ließ sich mit diktatorischen Vollmachten ausstatten. Außenpolitisch war Gamsachurdia auf Konfrontationskurs mit Russland.

Als Politiker mit Erfahrungen in Tiflis und Moskau gilt Schewardnadse als nahezu der Einzige, der Stabilität in die junge Kaukasusrepublik bringen kann. Deshalb haben ihn die Teile der Streitkräfte, die siegreich gegen Gamsachurdia putschten, eingeladen, Vorsitzender eines neugebildeten Staatsrates zu werden.

Seine Erfolgsaussichten sind wegen der verfahrenen Lage eingeschränkt. Noch dazu eskaliert im August 1992 der seit Jahren schwelende Konflikt mit den separatistischen Kräften in Abchasien. Der Krieg dauert etwas über ein Jahr und führt zu schwersten Kriegsverbrechen auf beiden Seiten mit Zehntausenden Toten und 200 000 Vertriebenen. Auch in anderen Regionen, wie etwa Südossetien, flammen ethnische Gewalttätigkeiten auf.

Als Preis zur Eindämmung der Bürgerkriege macht Schewardnadse Zugeständnisse an Moskau. Russland kann eine Beobachtertruppe stationieren und Militärstützpunkte in Georgien behalten. Außerdem muss Georgien Mitglied in der von Russland dominierten Gemeinschaft Unabhängiger Staaten (GUS) werden.

Was ihm die Menschen aber vor allem verübeln, ist die Tatsache, dass die Korruption weiterhin ihren Alltag beherrscht und ihre Zukunft bestimmt. Wer etwa an einer Universität einen Studienplatz bekommen möchte, muss 10- bis 20 000 US-Dollar bezahlen. Auch die Benotungen werden verkauft und nicht qua Leistung vergeben. Mit etwas Pathos könnte man sagen, dass das System Schewardnadse letztlich auch darüber gestürzt ist. Weil von Studentinnen und Studenten wie Nini Gogiberidze, die diese korrupten Strukturen an ihren Hochschulen nicht mehr akzeptieren wollten, die Revolution maßgeblich vorangetrieben wurde.

Offiziell kämpft Schewardnadse als georgischer Präsident zwar erbittert gegen Korruption und Vetternwirtschaft. Aber schon kurz nach seinem Amtsantritt 1992 hat der Familienclan Schewardnadse

die Kontrolle über nahezu alle profitablen Unternehmen des Landes an sich gerissen. Die Politiker protzen mit großen Villen und Limousinen, während die Bevölkerung unter ständigen Stromausfällen leidet und kaum jemand Arbeit hat.
Aber Schewardnadse stilisiert sich nicht nur als großer Korruptionsbekämpfer, er preist auch in flammenden Reden Demokratie und Meinungsfreiheit. Was ihn nicht daran hindert, die Medienfreiheit einzuschränken und Wahlen zu fälschen.

Der Präsident hat offenbar mächtige Feinde und gute Schutzengel

Zwischen 1992 und 1998 überlebt Schewardnadse insgesamt drei Attentate. Das letzte nur dank seines gepanzerten Mercedes, einem Geschenk aus Deutschland. Das Auto hält den Maschinengewehrsalven und der Panzerfaust stand, die auf Schewardnadse abgefeuert werden. Die Regierung vermutet hinter den Anschlägen Drahtzieher in Russland.
Schon bei den Wahlen im Jahr 2000 sprechen internationale Beobachter von Fälschungen. Korruption und Vetternwirtschaft sind zu diesem Zeitpunkt rekordverdächtig. Ausländische Investitionen bleiben aus. Das Massenelend zwingt Hunderttausende dazu, als Gastarbeiter in Russland Geld zu verdienen. Als Schewardnadse es im November 2003 nochmals wagt, die Wahlergebnisse zu fälschen, hat er die Stärke der Opposition unterschätzt. Sie hat sich Hilfestellung aus Serbien geholt, wo drei Jahre zuvor Milosevic friedlich aus dem Amt vertrieben wurde. Und ähnlich wie in Belgrad organisieren nun auch in Tiflis die Schewardnadse-Gegner ihre Protestaktionen gegen den 75-jährigen Präsidenten, der offenbar den Kontakt zur Bevölkerung verloren hat. Die zwei großen Oppositionsbündnisse schließen sich zusammen und verlangen die Absetzung Schewardnadses und eine Wiederholung der Wahl.

»Kmara!« – ein Volk hat genug

Die Oppositionsführer sind Micheil Saakaschwili, Surab Schwania und Nino Burdschanadse. Bezeichnenderweise hat Schewardnadse seine späteren Gegner selbst herangezogen. Mitte der 1990er-Jahre hatte er junge engagierte Leute, die zum Studium ins Ausland gegangen waren, zurück nach Georgien geholt, um den politischen Nachwuchs zu fördern. Micheil Saakaschwili, Jahrgang 1967, wird Justizminister. Aber er und die anderen Politiker der neuen Generation geraten schnell in Konflikt mit dem Präsidenten, weil sie die Bestechungs- und Clankultur Georgiens nicht akzeptieren wollen.
Auch innerhalb der oppositionellen Jugendorganisation gibt es viele Studenten, die schon Erfahrungen im Ausland bei Austauschsemestern gesammelt haben. Wie etwa Nini Gogiberidze. Die Jugendorganisation nennt sich »Kmara!« (»Genug!«), sie organisiert zivile Protestaktionen und Happenings gegen die Regierung.
Höhepunkt ist der 22. November 2003. An dem Tag, an dem sich das als illegitim angesehene Parlament konstituieren will, stürmen Tausende Oppositionsanhänger unter der Führung von Saakaschwili das Parlament. Viele halten zum Zeichen ihrer Friedfertigkeit Rosen in den Händen. Die Kampagne ist einem Zitat des ersten Präsidenten Gamsachurdia entlehnt: »Wir werden Rosen statt Kugeln auf unsere Feinde werfen.« Im Parlament ruft Saakaschwili seinem ehemaligen Mentor Schewardnadse, der der Menge fassungslos gegenübersteht, zu: »Treten Sie zurück!«
Nach einem kurzen Handgemenge flüchtet Schewardnadse aus dem Gebäude. Kurz darauf erklärt er den Ausnahmezustand und beginnt Truppen und Polizeieinheiten zu mobilisieren. Aber die Elitetruppen verweigern den Gehorsam.
Die Bilder von Zehntausenden Menschen, die vollkommen euphorisiert und friedlich die ganze Nacht hindurch und noch die nächsten Tage den Sturz der Regierung in Tiflis feiern, gleichen denen der Freudenfeiern in Serbien drei Jahre zuvor.

Auf die Euphorie folgt die Ernüchterung

Und wie sie selbst von serbischen Demokratiekämpfern beraten wurden, beraten von nun an georgische Aktivisten und Aktivistinnen wie Nini Gogiberidze Oppositionsbewegungen weltweit. Etwa in der Ukraine. Wo im Jahr 2004 nach einer sogenannten Orangenen Revolution Wiktor Juschtschenko neuer Präsident wird. Der begrüßt die Menge mit einer roten Rose.

Der Export von friedlichen Revolutionen verändert Osteuropa, Zentralasien, den arabischen Raum, Südamerika. Aber dies ist nicht nur eine Erfolgsgeschichte. Denn in den meisten Ländern folgt bereits kurze Zeit später die Ernüchterung. Auch in Georgien wiederholt sich mit dem neuen Präsidenten und Hoffnungsträger Saakaschwili die alte Geschichte: Die Wiederkehr der korrupten Strukturen und der Clanwirtschaft, ein autoritärer Führungsstil. Erneut flammen ethnische Konflikte auf. Reformer, die der Präsident aus dem Ausland zurück in die Heimat holte, wenden sich rasch gegen ihn, werden daraufhin kaltgestellt. Im November 2007 und im Mai 2011 kommt es in Tiflis jeweils zu Massenprotesten gegen die Regierung, die Saakaschwili gewaltsam auflösen lässt.

Mit diesen Methoden kann sich Saakaschwili zwei volle Amtsperioden halten. Danach darf er laut Verfassung nicht mehr antreten. Bei den Wahlen im November 2013 wird der 44-jährige frühere Philosophie-Professor und georgische Bildungsminister Giorgi Margwelaschwili vom Parteienbündnis »Georgischer Traum« zum Präsidenten gewählt. Sein erklärtes Ziel: Die Beziehungen zu Russland zu verbessern.

Eduard Schewardnadse musste nach seinem Sturz nicht aus Tiflis fliehen. Er lebte bis zu seinem Tod im Alter von 86 Jahren am 7. Juli 2014 in seiner Villa oberhalb der georgischen Hauptstadt. Besucher empfing er in einem schwarzen Ledersessel, hinter ihm eine grüne Wand mit Fotos von Hans-Dietrich Genscher, Nelson Mandela, Ronald Reagan und anderen prominenten Politikern. Erinne-

rungen an die große Zeit, als er als sowjetischer Außenminister ein Stück Weltgeschichte mitgeschrieben hatte.
Und für diejenigen, die ihn bei der Rosenrevolution in Tiflis gestürzt hatten, fand er schon ein Jahr später positive Worte: Sie seien sehr junge, talentierte Leute.

Nini Gogiberidze

Mitinitiatorin der Rosenrevolution

»Wir waren voller Enthusiasmus damals, wir hatten die Angst vor dem System verloren«

Nini hat ein klares Credo: »Für eine samtene Revolution braucht es die gleiche Disziplin wie für eine militärische. Nur ohne Gewehre!«

So bringt sie es auch ihren Schülerinnen und Schülern bei, wenn Nini mal wieder irgendwo auf der Welt ein Seminar zu gewaltfreier Kommunikation und prodemokratischem Umsturz abhält. Etwa für junge Leute aus Weißrussland oder Iran.

Die 34-jährige Rechtsanwältin aus Georgien ist eine der Trainerinnen der serbischen »Schule« für Revolutionäre, CANVAS (Center for Applied Nonviolent Action and Strategies), die in Belgrad gegründet wurde, um die Erfahrungen aus der erfolgreichen, friedlichen Revolution gegen Slobodan Milosevic weiterzugeben.

Nini hat selbst Praxiserfahrung: Aus der Studentenbewegung der Rosenrevolution, mit der 2003 das Regime von Eduard Schewardnadse gestürzt wurde.

»Die militärische Disziplin«, sagt sie, »ist deshalb so wichtig: Wenn du in deinem Land etwas verändern willst und politische Aktionen organisierst, müssen sich alle an die Absprachen halten. Wenn du etwa um 15 Uhr eine Demonstration ansetzt, kann nicht der eine sagen: ›Ach, ich komme erst um 17 Uhr.‹ Und die andere kommt vielleicht gar nicht, weil sie Kopfschmerzen hat. Dann ist die Aktion zum Scheitern verurteilt. Oder schlimmer noch: Du bringst diejenigen in Gefahr, die doch gekommen sind, weil sie allein auf weiter Flur stehen. Aber gemeinsam und diszipliniert können Menschen sehr viel bewirken.«

Mindestens genauso viel Erfahrung wie mit Disziplin hat Nini aber mit dem Chaos. »Als Anwältin und Menschenrechtsaktivistin bin ich sehr diszipliniert. Aber das gilt absolut nicht fürs Privatleben«, lacht sie. »Das siehst du ja schon daran, dass ich rauche und zu viel Kaffee trinke. Nein, im Ernst: Als ich 1980 geboren wurde, gehörte Georgien noch zur Sowjetunion. Das war natürlich ein ganz anderes Leben damals.«

»Sie haben meiner Urgroßmutter mit Schlagstöcken den Kopf zertrümmert«

Aber ihre Familie, betont sie, habe in dieser Zeit nicht unter besonderen Repressionen gelitten. Nini ist das einzige Kind. Die Eltern haben Arbeit, eine nette Wohnung. »Wir hatten keine Schwierigkeiten, über die Runden zu kommen. So gesehen hatte ich eine glückliche Kindheit.« Ihr erstes einschneidendes Erlebnis hat Nini jedoch schon mit neun Jahren. »Als meine Urgroßmutter bei einer Demonstration von sowjetischen Sondereinheiten erschlagen wurde. Sie war eines der Opfer der Tragödie in Tiflis am 9. April 1989.«[1]

Ende der 1980er-Jahre hat sich eine starke Unabhängigkeitsbewegung in Georgien entwickelt, der sich auch Ninis Familie anschließt. Seit dem 4. April 1989 hat es bereits kleinere Kundgebungen in Tiflis gegeben. Am 8. und 9. April sind schließlich Hunderttausende auf der Straße. Darunter Ninis Mutter, die Großmutter und die 72-jährige Urgroßmutter. Die sowjetische Regierung mobilisiert in großem Ausmaß reguläre Truppen und dem Innenministerium unterstehende Sondereinheiten, alle von außerhalb Georgiens. Die

Soldaten beginnen am Morgen des 9. April, den Platz der Demonstranten in Tiflis mit Panzern und unter dem Einsatz von Tränengas zu räumen. Schusswaffen haben sie keine, aber Schlagstöcke und Spaten. Die Oppositionellen glauben, dass die Truppen nicht gegen friedliche Demonstranten vorgehen – vor allem nicht gegen Frauen, die vor Panzern Volkstänze aufführen. Das ist ein furchtbarer Irrtum. In späteren Berichten heißt es, die Soldaten seien in »bestialischer Weise wie die Tiere« auf die Menge losgegangen – auch auf die tanzenden Frauen und Kinder. Über die Anzahl der Toten und Verletzten gibt es unterschiedliche Angaben. Nach offiziellen Zahlen sind es 20, darunter zehn Frauen und Mädchen. Georgische Bürgerrechtler gehen von mindestens der doppelten Zahl an Todesopfern aus. »Sie haben meiner Urgroßmutter mit Schlagstöcken den Kopf zertrümmert und mit Spaten auf sie eingestochen«, sagt Nini.

»Ich erinnere mich an diesen Tag noch ganz genau. Natürlich hat mich das geprägt. Aber es wäre übertrieben zu sagen, dass dies damals der Auslöser für meinen späteren Einsatz für Menschenrechte und Demokratie war. Das kam eher später.«

Nini gibt die furchtbaren Ereignisse präzise wieder, ohne große Emotionen, in druckreifen Sätzen. Man merkt: Hier spricht eine Anwältin. Eine gertenschlanke Frau voller Energie und Temperament, die gelernt hat, selbst die größeren Katastrophen und Gefahren im Leben nüchtern und gefasst zu analysieren. Auch die für das Land und seine Bewohner extrem harten und schwierigen Jahre nach diesem Blutsonntag.

»Gangster« – ein Beruf mit Ansehen

Im April 1991 erklärt sich Georgien für unabhängig. In den autonomen Republiken Abchasien und Südossetien kommt es zu Sezessionskriegen. Der erste Präsident nach der Unabhängigkeit,

Swiad Gamsachurdia, fällt einem Putsch zum Opfer. Auf ihn folgt der frühere georgische KP-Chef und ehemalige sowjetische Außenminister Eduard Schewardnadse. Er führt zwar offiziell demokratische Grundregeln ein. Aber Wahlfälschungen sind an der Tagesordnung. Kriminelle Clans und Korruption regieren das Land. Die Präsidentenfamilie wird reicher und reicher, die Bevölkerung ärmer und ärmer. »Damals galt es in Georgien als positiv, wenn einer ein Gangster war«, sagt Nini. »Das war ein Kompliment. Es war auch ganz normal, dass man Waffen zu Hause hatte. Das Chaos hat regiert.«

Sie erzählt all das wieder so präzise und gefasst, als wäre sie eine außenstehende Beobachterin.

Bisher hat sie auch nur über die weiblichen Mitglieder ihrer Familie gesprochen. Von denen gleich drei Generationen gemeinsam bei den Demonstrationen für die Unabhängigkeit waren, die so blutig niedergeschlagen wurden. »Nini, kann es sein, dass in deiner Familie die Frauen stärker politisch engagiert sind als die Männer?«

Kurzes Schweigen. Dann: »Es stimmt schon. Der weibliche Teil meiner Familie war schon immer sehr progressiv und politisch aktiv. Das war ganz selbstverständlich. Ist es nach wie vor. Meine Großmutter geht mit ihren 76 Jahren weiterhin zu jeder Demonstration gegen die russische Besetzung der Ukraine. Ich selbst habe leider oft keine Zeit dazu. Aber Oma demonstriert wie verrückt. So gesehen sind bei Demos wirklich die Frauen in unserer Familie aktiver. Meine Mutter ist Psychiaterin und Ärztin. Inzwischen hat sie ihre eigene Klinik.« Und der Vater? »Er war drogenabhängig. Aber auch er hat sich sehr stark politisch eingebracht, nur auf andere Art und Weise.«

Was hat sie da gerade gesagt? War da ein Missverständnis? Oder hat sie gerade im Plauderton ganz nebenbei die Drogenabhängigkeit des Vaters erwähnt? »Ja! Du hast schon richtig verstanden. Mein Vater war drogenabhängig. Ich habe doch gesagt, dass alle zu diesen Zeiten in Tiflis in chaotischen Zuständen gelebt haben.«

Politisch eingebracht hat sich der drogenabhängige Vater, indem er gemeinsam mit dem Bruder den ersten unabhängigen Fernsehsender Georgiens etablierte, »Ibervisia«. »Er hat sich massiv für die Pressefreiheit eingesetzt.« Eineinhalb Jahre lang, bis 1993. Dann fiel der Fernsehsender wie so vieles im hochkorrupten Land wohl irgendwie den kriminellen Machenschaften der Clans zum Opfer. »Er wurde geschlossen. Daran erinnere ich mich noch. Aber über die genaueren Umstände weiß ich nichts.«

Das Studium als »Erweckungserlebnis«

Nini selbst ist in jungen Jahren bis zur Pubertät inmitten dieses georgischen Chaos eine eher mäßige, wenig interessierte Schülerin. »Bis ich 1994/95 die Chance bekam, an einem Schüleraustauschprogramm teilzunehmen.« Sie geht nach Griechenland und nach Deutschland. Spricht neben perfektem Englisch noch heute ganz passabel Deutsch. »Bei diesem Schüleraustausch habe ich angefangen, mich für die Welt zu interessieren. Für Politik und ihre Zusammenhänge. Ich habe viel gelesen. Ich wollte lernen.«
Das tut sie von nun an auch. Nini wird eine gute Schülerin. Nach der Schule, um die Jahreswende 1998/99, will sie studieren. Internationales Recht an der staatlichen Universität von Tiflis.
»Und dabei hatte ich dann dieses Erweckungserlebnis, nach dem du gefragt hast. Da wurde mir klar, wie wichtig es ist, sich für Demokratie und Menschenrechte einzusetzen.«
Auch wenn Nini es selbst nicht so explizit gesagt hätte – man hört sofort an ihrer Stimme, wie wichtig diese Zeit für sie war. Sie steigert sich förmlich in die Erzählung hinein, spricht schneller, lauter. »Ich war entsetzt über die Zustände, die wir damals an der Uni vorgefunden haben. Das ganze System, alles, aber auch wirklich alles war durch und durch korrupt. Du musstest schon 10- bis 20 000 US-Dollar bezahlen, um überhaupt nur einen Studienplatz zu bekommen. Dann für jedes Fach, das du studieren wolltest, noch mal

extra Geld. Dabei war die Ausbildung lausig und die Notengebung natürlich auch wieder abhängig davon, wie viel du den Professoren bezahlt hast. Es war der Wahnsinn!«

Auf der Universität erfährt Nini zum ersten Mal am eigenen Leib die Auswirkungen der Missstände in ihrem Land. Und will sich damit nicht abfinden. Sie will sich diesem hochkorrupten System nicht unterordnen. Will nicht akzeptieren, dass ihre Ausbildung und damit ihre ganze Zukunft auf diese Weise bestimmt werden sollen.

Gemeinsam mit anderen jungen Frauen und Männern begehrt die 19-Jährige auf. Sie gründen eine Studentenorganisation. Fordern, dass Studenten an der Uni künftig mitbestimmen können. Dass Studentenvertreter in freien Wahlen bestimmt werden. Es ist eine erste kleine Revolution, die sie da an der Universität von Tiflis anzetteln.

Und wie haben die Verantwortlichen reagiert? »Stell dir vor, die haben sogar meine Mutter angerufen. Es war ja zu der Zeit üblich, dass Lehrer die Eltern angerufen und einbestellt haben, wenn Kinder im Unterricht nicht brav waren. Bei mir ist das zu Schulzeiten niemals vorgekommen. Aber als ich 19 Jahre alt war, ruft die Hochschule meine Mutter an, um sich bei ihr darüber zu beschweren, dass die erwachsene Tochter sich schlecht benimmt! Ist das nicht lustig?«

Fand sie es wirklich nur lustig? Hat sie denn damals keine Angst vor Repressionen gehabt?

»Doch! Wir wussten natürlich eines ganz genau: Die an der Universität warten nur darauf, dass wir ihnen eine Angriffsfläche bieten und sie uns sanktionieren können. Deshalb mussten wir doppelt so hart studieren und durften uns nichts zuschulden kommen lassen. Denn bei der kleinsten Kleinigkeit hätten sie uns mit großem Vergnügen rausgeschmissen. Aber wir haben eifrig gelernt, wir haben extra hart gearbeitet – und weiterhin sehr hartnäckig Reformen gefordert.«

Familientradition: Politisches Engagement

Auch Ninis Mutter, die zu diesem Zeitpunkt schon vom Vater geschieden ist, lässt sich durch den Anruf nicht aus der Ruhe bringen: »Meine Eltern haben mich immer, bei allem, was ich getan habe, unterstützt.«

Aber ihre Mutter hatte doch als junge Frau miterlebt, wie brutal ein undemokratisches System mit Kritikern umgehen kann. Die eigene Oma war bei einer Demonstration erschlagen worden. Hatte die Mutter nach diesen Erfahrungen nicht Angst um die Tochter, als die anfing, sich mit dem System anzulegen?

»Sicher war sie besorgt. Aber gleichzeitig war in unserer Familie politisches Engagement schon immer selbstverständlich. Tatsächlich haben wir nicht einmal darüber gesprochen, ob ich mich dadurch in Gefahr bringe. Es war einfach klar, dass ich es machen muss.«

Am Ende setzen sich die Studenten durch. Im Jahr 2000 lässt die Universität erstmals Wahlen zu und führt eine Studentenselbstverwaltung ein. Nini sprüht vor Enthusiasmus, wenn sie darüber spricht. »Denn dieses System, das wir eingeführt haben, ist dann landesweit auf alle Universitäten ausgedehnt worden. Und es gilt sogar heute noch!«

Gewaltloser Machtwechsel nach serbischem Muster

Im selben Jahr, in dem die Jura-Studentin Nini Gogiberidze ihren Erfolg über die korrupte Universitätsadministration in der georgischen Hauptstadt Tiflis feiert, wird im 2500 Kilometer entfernten Belgrad der serbische Diktator Milosevic bei einer friedlichen Revolution gestürzt. Maßgeblich daran beteiligt ist die Studentenorganisation Otpor! (Widerstand!). Otpor! wird Ninis Leben wesentlich beeinflussen. »Aber damals, im Jahr 2000, habe ich noch nicht einmal bewusst mitbekommen, was in Serbien passiert. Das kam erst später.«

Auch weil sie kurz vor der serbischen Revolution als Austauschstudentin in die USA geht. Von September 2000 bis August 2001 studiert sie Politische Wissenschaften am Knox College in Illinois. In Georgien nimmt in der Zwischenzeit die Unzufriedenheit der Bevölkerung mit dem Regime von Schewardnadse zu. Immer mehr Menschen begehren dagegen auf. Es bilden sich starke Oppositionsbündnisse, die bei Regionalwahlen erfolgreich abschneiden. Zu den Parlamentswahlen im November 2003 scheint ein Machtwechsel greifbar.

Auch Nini ist neben ihrem Studium in diversen NGOs aktiv. Der Erfolg gegen die Universitätsverwaltung hat sie selbstbewusst gemacht. Mit den korrupten Professoren sind sie fertiggeworden. Das muss doch auch mit den korrupten Politikern möglich sein.

»Irgendwann in dieser Zeit hat plötzlich jemand von uns darüber gelesen, wie die Serben drei Jahre zuvor ihren Diktator Milosevic gestürzt haben. Und dass dabei auch eine Studentenbewegung sehr wichtig war: Otpor! Ich kann mich nicht mehr so genau erinnern, wer die Diskussion in Gang gebracht hat. Aber jetzt sprachen alle in der regimekritischen georgischen NGO-Szene vom serbischen Erfolgsmodell. Und wir wollten ganz genau wissen, was dort wie und warum passiert ist. Also haben wir beschlossen: Wir gehen nach Belgrad und informieren uns vor Ort!«

Sie sind damals acht junge Frauen und Männer, die diesen Trip nach Serbien organisieren. Nini betont, dass keine politischen Anführer dabei waren, sondern Mitglieder verschiedener NGOs und Studenten. »Ich war damals beides. 2003 habe ich meinen Abschluss an der Uni gemacht, war zu dieser Zeit also noch Studentin, aber eben auch sehr aktiv in der NGO-Szene.«

Finanziert wird die Reise von der Open Society Georgia Foundation, die zu den Stiftungen des amerikanischen Milliardärs George

Soros gehört. Und deren erklärtes Ziel es ist, Initiativen von Zivilgesellschaften zu unterstützen, die sich für Demokratie, Menschenrechte und »Offene Gesellschaften« starkmachen.

Die Georgier treffen sich in Belgrad mit den beiden Otpor!-Gründern Srdja Popovic und Slobodan Djinovic. »Der Besuch war für uns eine Erleuchtung!«, sagt Nini. Die sonst so schnörkellos erzählende Anwältin wird jetzt richtig euphorisch: »Es war ein Weckruf! Srdja und Slobodan haben uns inspiriert. Am Anfang habe ich gedacht, es ist zwar sehr interessant, wie sie die Kampagne gegen Milosevic geführt haben. Aber in Georgien ist so etwas unmöglich. Doch dann haben wir geredet und geredet und geredet. Und schließlich haben wir verstanden, was das Wichtigste ist: Erfolgreiche Kampagnen brauchen eine klare Struktur und Botschaft. Außerdem muss man bereit sein, auch ans Unmögliche zu glauben!«

Eine Revolution als »fun experience«?

Zurück in Tiflis gibt sich die oppositionelle Studentenbewegung den Namen »Kmara!« (»Genug!«). Die Kmara!-Graffitis tauchen auf Verkehrsschildern und Gebäuden in ganz Georgien auf. Wie drei Jahre zuvor die Otpor!-Faust in Serbien. Und wie Otpor! gelingt es Kmara! innerhalb kurzer Zeit, Tausende Anhänger und Sympathisanten zu gewinnen. Am 14. April 2003 organisieren die Studenten ihre erste eigene Kundgebung gegen Präsident Schewardnadse.

»Wir waren voller Enthusiasmus damals«, sagt Nini. »Wir hatten die Angst vor dem System verloren.« Und dann benutzt auch sie ein Wort, das in diesem Zusammenhang zunächst befremdlich wirkt. Mit dem aber praktisch alle CANVAS-Aktivistinnen weltweit ihre Arbeit beschreiben, auf Englisch: Fun! »Wir hatten so viel Spaß in dieser Zeit«, sagt Nini über ihre Erfahrungen mit der Revolution. »So much fun experience! Morgens gingen wir zur Arbeit und am

Abend haben wir Verkehrsschilder mit den Kmara!-Zeichen bemalt, haben demonstriert oder die nächsten Aktivitäten geplant.« Sie sagt aber auch, dass sie nicht geglaubt hätte, es könne in einer Revolution enden. Tut es aber – und zwar nur sieben Monate nach dem Besuch der jungen Georgierinnen und Georgier in Belgrad. Am 22. November 2003 stürmen Oppositionsanhänger das Parlamentsgebäude in Tiflis. Zum Zeichen ihrer Friedfertigkeit tragen sie Rosen in den Händen. Es ist der Tag der konstituierenden Sitzung des Parlaments, das als illegitim gilt, weil die Ergebnisse der Wahl drei Wochen zuvor nach Einschätzung von Beobachtern weitgehend gefälscht wurden.
Der Parlamentssturm ist der Höhepunkt einer Protestwelle, die das Land seit den Wahlen erfasst hat. Die Demonstranten unterbrechen die Eröffnungsrede von Präsident Schewardnadse im Plenarsaal und fordern dessen Rücktritt.
»Wir waren jung und verrückt damals!«, sagt Nini. »Wir waren alle dort im Parlament, und keiner von uns hat Angst gehabt. Dabei war ich fast sicher, dass die Regierung Polizei und Armee einsetzen wird, um die Demonstrationen zu unterdrücken. Trotzdem habe ich keine Sekunde Angst davor gehabt, getötet zu werden. Eher noch die Befürchtung, Schläge abzubekommen. Das schon.«
Tatsächlich versucht Schewardnadse nach dem Sturm auf das Parlament offenbar noch, Truppen und Polizeieinheiten zu mobilisieren. Aber die Elitetruppen verweigern ihm den Gehorsam.

»Es ist wie ein Virus, das dich antreibt«

Am Tag danach erklärt Schewardnadse seinen Rücktritt. Zwei Monate später wird der Oppositionsführer Saakaschwili mit überwältigender Mehrheit zum neuen Präsidenten gewählt. Er verspricht, Georgien nach westlichem Vorbild in eine Demokratie zu verwandeln und umfassende Wirtschaftsreformen anzugehen.

Der Parlamentssturm geht als »Rosenrevolution« in die georgische Geschichte ein.[2]
Nini bezeichnet sich seitdem als »infiziert« vom Wissen, dass es möglich ist, korrupte, diktatorische Regime zu stürzen. »Das war eine so unglaubliche Erfahrung. Das kann keiner, der dabei war, jemals vergessen. Es ist wie ein Virus. Wenn es einmal in deinem Körper ist, bleibt es für immer dort!«
Nach der Rosenrevolution geht Nini zunächst für zwei Jahre zum Studium an die London School of Economics, danach nach Cambridge und spezialisiert sich auf Menschenrechtsfragen. Denn das Virus treibt sie an. Und mit ihm der Wunsch, ihre eigenen Erfahrungen weiterzugeben.
Deshalb sagt Nini sofort zu, als sie eine Einladung in die serbische Hauptstadt Belgrad erhält. Von den Serben der Widerstandsbewegung Otpor!. Der Kontakt ist über die Jahre aufrechterhalten worden. Jetzt haben die Otpor!-Gründer eine neue Organisation aufgebaut: CANVAS soll Aktivisten bei gewaltfreien, prodemokratischen Umstürzen beraten, in jeweils fünftägigen Workshops weltweit. Dafür suchen sie Trainerinnen und Trainer mit Erfahrung. Nini war eine der Ersten und ist bis heute dabeigeblieben. Sie war etwa in Malaysia oder in der Türkei und hat sich dort mit iranischen Aktivisten getroffen.
»Das sind mutige Menschen. Die wissen genau, dass sie sehr viel riskieren.«
Deshalb ist es auch eine sensible Gratwanderung, über diese Workshops öffentlich zu sprechen und zu berichten. »Ich habe nichts zu verstecken. Wir lehren unsere Teilnehmer doch nichts Verrücktes. Sondern wie sie aktive Mitglieder der Gesellschaft werden und sich für Menschenrechte und Demokratie einsetzen können. Und die Folge muss auch nicht automatisch ein Regimesturz sein.«
Aber Nini weiß natürlich auch, dass es ihre Teilnehmer gefährden kann, wenn in ihren jeweiligen Ländern bekannt wird, dass sie mit CANVAS in Kontakt stehen. So tauscht sie prinzipiell keine Tele-

fonnummern und Mailadressen mit den Studenten aus. Und schon zweimal hat sie bei Workshops für Iraner, die in der Türkei stattgefunden haben, das Hotel gewechselt. »Weil der iranische Geheimdienstchef im selben Hotel war. Ein anderes Mal hat Teheran die Direktflüge in den türkischen Badeort Antalya gecancelt, wo unser Workshop stattgefunden hat.« Das heißt also, der iranische Geheimdienst hat sie ausspioniert?

Da wird Nini zurückhaltend, es spricht wieder die nüchtern analysierende Anwältin: »Ich mag keine Verschwörungstheorien. Was man nicht beweisen kann, sollte man nicht behaupten. Vielleicht waren es Zufälle, vielleicht auch nicht. Jedenfalls geht die Sicherheit der Teilnehmer vor. Deshalb haben wir das Hotel gewechselt, um jedes Risiko zu vermeiden.«

So erfolgreich viele der CANVAS-Workshops waren – in Bezug auf die Iraner ist es keine Erfolgsgeschichte. Die sogenannte Grüne Revolution konnte sich gegen die übermächtige Regierung in Teheran nicht durchsetzen.

In solchen Fällen ist es Nini dann vor allem wichtig, die Aktivisten von zu hohen Erwartungen zu befreien. Alles dafür zu tun, dass es nicht zu gewaltsamen Auseinandersetzungen kommt. »Mein Rat ist: Vermeidet politische Rhetorik und Demonstrationen, wenn die zu gefährlich sind. Beschwert euch stattdessen über schlechte Lebensumstände oder Dienstleistungen. Und fordert eine gute Regierung für die Menschen.«

Im Privatleben darf der Mann die Führung übernehmen

Etwa 20 solcher Workshops hat Nini inzwischen geleitet. »Nur 20«, lacht sie. »Denn ich gehöre definitiv zu den fauleren Trainerinnen. Die anderen machen zum Teil viel, viel mehr als ich. Aber ich persönlich reise nicht so gerne.«

Außerdem hat sie seit drei Jahren einen Sohn, Andrea. »Deshalb bin ich jetzt auch eingeschränkt. Wie sich ja überhaupt viele Dinge ganz enorm verändern, wenn du Mutter wirst.« Mit Andreas Vater, einem Kardiologen, lebt sie in wilder Ehe zusammen.
Zuvor war Nini mit einem Investmentbanker verheiratet. »Mit ihm bin ich während der Revolutionszeit zusammen gewesen. Wir haben damals vieles gemeinsam organisiert. Das war eine aufregende Zeit. Dann war es vorbei. 2009 haben wir uns scheiden lassen.«
Wenn Nini über ihre aktuelle Beziehung spricht, wird ihre Stimme weich. »Weißt du, zu Hause bin ich ganz anders als im Job. Zu Hause versuche ich immer, nett und entspannt zu sein. Ich erledige auch den Haushalt und die Einkäufe. Aber zum Kochen reicht die Zeit häufig nicht. Dann gibt es für meinen Mann und mich eben ein spätes Dinner mit Brot und Käse.«
Sie arbeitet als Anwältin für Menschenrechtsfragen bei einem EU-finanzierten Projekt an der Reform des Strafjustiz-Systems in Georgien. Sie unterrichtet an der juristischen Universität und dazu kommt noch der Job als CANVAS-Trainierin. »Manchmal ist es mehr, als ich eigentlich bewältigen kann. Grundsätzlich bin ich sehr dankbar für all die interessanten Dinge, die ich erlebt habe und erlebe. Aber ich habe auch meine schwachen Stunden. Deshalb mag ich es, wenn mein Mann im Privatleben die Führung übernimmt. Außerdem sind Ehrlichkeit und Verantwortung für mich sehr wichtig. Und ich will auch keinen Partner, der ständig versucht, mich zu verändern.«

Die Rosen der Revolution sind längst verblüht

Ähnlich pragmatisch sieht Nini die politische Entwicklung in ihrem Land. Die Rosenrevolution galt spätestens 2007 als gescheitert. »Ich möchte Saakaschwilis Regierung gar nicht weiter kommentieren«, sagt Nini. »Er hat einiges sehr Verdienstvolles getan. Aber dann hat er es nicht geschafft, die Aufbruchstimmung der Revolution fortzusetzen.«

Seit November 2013 ist Giorgi Margwelaschwili neuer georgischer Präsident.

»Die Revolutionäre haben verloren. Und ich mag die neue Regierung nicht«, sagt Nini. »Aber ich schätze es, dass wir bei den vergangenen Wahlen zum ersten Mal einen gewaltlosen Machtwechsel erlebt haben. Das halte ich für das Wichtigste. Eine demokratische Wahl, bei der sich die Mehrheit friedlich durchsetzt.«

TUNESIEN

Aufstand der Unterdrückten

»They came out to the streets to protest in headscarves. They came out in miniskirts. It doesn't matter. They were there.«[1]

Den Polizisten stockt der Atem, als sie den Palast ihres geflohenen Präsidenten genauer in Augenschein nehmen. Das großzügige Anwesen in bester Lage 15 km nördlich von Tunis ist allgemein bekannt. Auch dass seine Bewohner in Prunk und unvorstellbarem Luxus schwelgten, ist ihnen nicht neu. Die wahren Ausmaße des Reichtums kommen aber erst durch einen Zufallsfund ans Licht: Hinter Wandvertäfelungen, Vorhängen, Bildern, Bücherregalen und dicken Safe-Türen sind turmhohe Stöße internationaler Währungen versteckt, Stapel von 500er-Noten US-Dollar und Euro; tunesische Dinar in Boxen, frisch von der Druckerei, noch gar nicht ausgepackt. Dazu kommen Dutzende Schatullen mit kostbarem Geschmeide: Ketten, Armreifen, Ringe, Colliers aus Gold, Platin und Diamanten von unvorstellbarer Pracht und schwindelerregendem Wert. Solche Reichtümer hat keiner der Anwesenden je zuvor gesehen, hat sie sich vielleicht nicht einmal vorstellen können. Zählungen ergeben, dass Ben Ali Bargeld im Wert von rund 19 Millionen Euro[2] in seinem Haus zurückgelassen hat; dazu noch mehrere Millionen in Form von Schmuck.

Etwa zur gleichen Zeit ringt ein Archäologe um Fassung[3]: Er besichtigt einen Palast, den Ben Alis älteste Tochter Hals über Kopf verlassen hat – und findet bedeutende historische Artefakte von unschätzbarem Wert, aus den Museen des Landes zusammengestohlen: In der Küche stützen zwei römische Säulen ein Bord mit Tellern und Töpfen ab, und die Zimmer und Terrassen sind mit insgesamt 80 Stelen, Figuren und Plastiken dekoriert – wobei das meiste nicht etwa einfach aufgehängt, sondern tief in die Wände eingemauert worden ist. Als er einen Kamin erblickt, der von einem uralten, besonders fein gemeißelten Sandstein-Relief eingerahmt wird, das man in passende Stücke zerschnitten hat, kämpft er mit den Tränen. »Das hier ist ein Verbrechen, Madame, ein Verbrechen«, erklärt er der Journalistin von France 2, bevor ihm die Stimme versagt.

Regierungsform: Kleptokratie

Kein Zweifel – als Zine el-Abidine Ben Ali am 14. Januar 2011 fluchtartig in Richtung Saudi-Arabien aufbricht, lässt er viel zurück: In seinen 23 Jahren an der Macht hat er alles an sich gerafft, dessen er habhaft werden konnte. Manche Quellen behaupten sogar, er habe zwischen 30 und 40 Prozent der tunesischen Wirtschaft auf die eine oder andere Weise kontrolliert. Kongeniale Partnerin dabei war Leila Trabelsi, seine zweite Frau.

Die ehemalige Friseurin aus bescheidenen Verhältnissen hat immerhin zehn Geschwister und deren Nachkommenschaft zu versorgen – was sie gewissenhaft erledigt, indem sie diese sukzessive in politische und wirtschaftliche Schlüsselpositionen hievt oder bei der Privatisierung staatlicher Unternehmen bevorzugt. Kurz: Der Trabelsi-Clan steigt innerhalb weniger Jahre zur mächtigsten Familie des Landes auf, die nicht nur 220 Firmen, sondern angefangen vom Banken- und Versicherungssektor über die Medien und den Tourismus bis hin zu Immobilien und Transport sämtliche wichtige Wirtschaftszweige kontrolliert.

Die daraus resultierende Korruption ist nicht das einzige Problem: Kaum hat jemand eine vielversprechende Geschäftsidee, ist schon ein Trabelsi da, der eine Kooperation vorschlägt – und zwar auf eine Weise, die man nicht ablehnen kann. Deshalb zieht sich beispielsweise McDonald's nach hohen Vorinvestitionen aus Tunesien zurück, bevor überhaupt die erste Filiale[4] eröffnet ist. »Mafiös« werden die Aktivitäten der berüchtigten und gut gehassten Familie von amerikanischen Diplomaten in ihren Berichten genannt.

Ben Ali hat allerdings beizeiten dafür gesorgt, dass er auch im Exil nicht hungern muss: Riesige Summen wurden außer Landes geschafft, auf internationalen Konten gelagert und weltweit in Immobilien und Firmen investiert. Am Tag vor der Flucht soll Leila persönlich bei der tunesischen Zentralbank vorbeigeschaut haben, um 1,5 Tonnen Gold im Wert von 45 Millionen Euro zu beheben und zum Flughafen transferieren zu lassen – zum zweiten Mal innerhalb von 13 Monaten übrigens.

Seit damals sind zwar ein paar Häuser beschlagnahmt und einige Konten gesperrt worden. Aber allzu hart dürfte das die Familie nicht getroffen haben. Ihr Vermögen – 2011 vom *Forbes Magazine* auf fünf Milliarden EUR geschätzt[5] – dürfte laut aktuellen Berechnungen der Weltbank 2014 bei 36 Milliarden Euro liegen. Das sind mehr als 25 Prozent des Bruttonationalprodukts von Tunesien im Jahr 2010.

Das Volk: arbeitslos und unterdrückt

Das Leben des tunesischen Durchschnittsbürgers könnte von dem der Präsidentenfamilie nicht weiter entfernt sein. Abseits der fruchtbaren und gut erschlossenen Touristengebiete an der Küste leben rund 30 Prozent der Bevölkerung in Armut. Die Arbeitslosigkeit ist schwindelerregend hoch und betrifft vor allem die

Jugend: Jahr für Jahr drängen rund 140 000 – die Hälfte davon Universitätsabsolventen – auf einen Arbeitsmarkt, der maximal 65 000 fassen kann. Ohne die geringste Chance, jemals eine adäquate Stellung zu finden, bleibt nur die Arbeit auf dem Schwarzmarkt oder die Emigration.

Wenn man kein halbwegs stabiles Einkommen hat, kann man keine Wohnung kaufen, keine Familie gründen, keine Pläne machen. Tunesien mit seinen elf Millionen Einwohnern ist voll von ausgebildeten, arbeitswilligen Menschen, die sich in einem immerwährenden Provisorium befinden und sich eingestehen müssen, dass sie um ihre Zukunft betrogen wurden. 2008 kommt es zu einer Welle von massiven Streiks in Redeyef, Skira und Ben Gardano – ein erstes Zeichen, dass es in der Bevölkerung zu gären beginnt.

Neben der wirtschaftlichen Misere gibt es nämlich noch ein weiteres Problem: Ben Ali regiert mit ausgesprochen harter Hand. In seiner grausamen Diktatur wird absolute Unterwerfung verlangt und jegliche Abweichung durch seinen brutalen, überdimensionierten Sicherheitsapparat (angeblich arbeiten alleine bei der Polizei 250 000 Menschen) gnadenlos verfolgt.

Folter ist so gang und gäbe, dass die verschiedenen Torturen eigene Spitznamen bekommen. Beim »Poulet rôti« wird man beispielsweise mit Händen und Füßen an eine Stange gebunden, aufgehängt und von allen Seiten geprügelt. Schläge auf den Kopf nennt man »darb ad-dabboukeh«[6], nach einer Trommel, die in der traditionellen Musik verwendet wird. Stromschläge, Schlafentzug, sexuelle Demütigung – dass die Folter unter Ben Ali systemimmanent ist, standardmäßig eingesetzt wird und die Täter professionell geschult sind, bestätigt auch Gabriele Reiter, Direktorin des Tunesien-Büros der Weltorganisation gegen Folter (Organisation Mondiale Conte la Torture, OMCT). »Ziel waren zwar in erster Linie politische Gegner, aber wenn Folter einmal etabliert ist, wird sie auch in anderen Fällen angewandt.«

Es reicht eine Nichtigkeit, um verhaftet zu werden. Ein Gerücht, ein Verdacht, oder ein Wort. »Wir hatten es nicht leicht, aber wenigstens konnten wir immer offen sagen, was wir denken«, meint sogar eine der interviewten Ägypterinnen mit Blick auf Tunesien.

Flächenbrand und die Revolution der Würde

Das ist der Kontext, in dem Mohamed Bouazizi am 17. Dezember 2010 nicht nur sich selbst, sondern das ganze Land in Brand steckt. Der 26-jährige Straßenhändler übergießt sich mitten auf der Hauptstraße von Sidi Bouzid mit Lösungsmittel und zündet sich an, nachdem seine Ware konfisziert und er selbst von einer Polizistin gedemütigt wurde. Warum er diesmal so extrem auf eine Situation reagiert, die er doch so oder so ähnlich bereits mehrfach erlebt haben muss? Warum ausgerechnet sein Fall die Leute auf die Straße treibt, obwohl es doch schon davor Selbstverbrennungen gegeben hat? Man wird es nie erfahren.

Fest steht, dass sich tags darauf im Namen Bouazizis eine friedliche Demonstration vor dem Gemeindeamt versammelt, die nach einigen Stunden von der Polizei mit Schlagstöcken und Tränengas auseinandergetrieben wird. Ein schwerer strategischer Fehler, wie sich schnell herausstellt. Denn die Situation explodiert, und im ganzen Land brechen Proteste los, die sich das Motto »Gleichheit, Würde, Arbeit!« auf die Fahnen geschrieben haben. Die Jasminrevolution, oder, wie sie die Tunesier nennen, die »Revolution der Würde« (»Thawrat al-Karama«) beginnt.

Auch wenn Revolutionen auf der Straße gewonnen werden und nicht hinter dem Bildschirm, trägt das Internet in Tunesien doch entscheidend zum Gelingen bei: YouTube, Facebook und Twitter sind die Mittel, mit denen sich die Protestierenden organisieren und Informationen über die Geschehnisse im Hinterland verbreiten. Ohne den mutigen Einsatz der tunesischen Blogger und Cybernauten hätte man womöglich nicht einmal in Tunis von den

Gemetzeln in Kasserine erfahren und die internationalen Medien hätten von vielen Ereignissen keine Bilder gehabt.
Und noch jemand tritt hervor: die Revolution der Würde ist auch eine Revolution der Frauen. Es gibt Berichte von Greisinnen, die tagelang vor der Stadtverwaltung campieren, schwer bewaffnete Polizisten niederbrüllen, oder, am Markt auf einem Kübel stehend, Brandreden schwingend zum Widerstand aufrufen. Auch auf den Fotos, die um die Welt gehen, sind sie nicht zu übersehen: Frauen jeden Alters, die sich Seite an Seite mit den Männern den Sicherheitskräften entgegenwerfen. Und es sind nicht zuletzt die Bloggerinnen, wie die in diesem Buch porträtierte Lina Ben Mhenni, die dafür sorgen, dass die Geschichte der Revolution direkt und unverfälscht die Öffentlichkeit erreicht. Ihretwegen (und wegen ihrer Geschlechtsgenossinnen in Ägypten, Syrien und all den anderen Ländern des Arabischen Frühlings) wird »die weibliche arabische Aktivistin« zur Person des Jahres 2011[7] ernannt.
Nach 23 Tagen, Dutzenden Demonstrationen, Tausenden Verhafteten, 2.147 Verletzten und 338 Toten gehört die Diktatur von Ben Ali der Vergangenheit an. Damit hat das kleine Land am Mittelmeer Geschichte geschrieben und einen Präzedenzfall geschaffen, der die arabische Welt nachhaltig verändern wird. Nebenbei: die Revolution hat übrigens ein weiteres hochrangiges Opfer – die französische Außenministerin Michèle Alliot-Marie. Sie war nicht nur im Privatjet eines dem Regime nahestehenden Geschäftsmanns auf Weihnachtsurlaub nach Tunesien geflogen, sondern hatte auch Ben Ali Frankreichs »Unterstützung in Sicherheitsfragen« angeboten, um die Proteste unter Kontrolle zu bringen. Ihre Karriere sollte die Revolution nicht überleben.

Nach der Wahl ist vor der Wahl

Die ersten freien Wahlen, die neun Monate später stattfinden, gewinnt die gut organisierte Ennahda, eine gemäßigt islamistische Partei. Bereits Anfang 2014 gibt sie die Macht allerdings wieder ab und macht, nach massiven Protesten der Bevölkerung, den Weg frei für eine Expertenregierung und vorgezogene Neuwahlen. Sie hatte es nicht geschafft, sich klar genug von radikalen salafistischen Strömungen zu distanzieren, und darüber hinaus einen Verfassungsentwurf vorgelegt, der für viele, vor allem für die Frauen, nicht akzeptabel war.

Bakhta El Cadhi, Mitbegründerin der Association Tunisienne des Femmes Démocrates (ATFD), die unter Ben Ali massiven Schikanen ausgesetzt war, erklärt: »Tunesierinnen sind rechtlich deutlich besser gestellt als Frauen irgendwo sonst in der arabischen Welt. Das haben wir uns im Laufe der Jahrzehnte mit viel Mühe erkämpft – und das geben wir nicht kampflos auf. Zum Glück haben wir hierfür die Mehrheit der Bevölkerung auf unserer Seite.« Der erste Entwurf der Verfassung wäre für Frauen und Kinder »eine Katastrophe« gewesen, mit dem aktuellen kann sie leben – auch wenn die rechtliche Gleichstellung zwischen Mann und Frau noch nicht hundertprozentig erreicht ist.

Zur Zeit der Recherche für dieses Buch steht das Land wieder einmal kurz vor den Wahlen. Vordergründig scheint Ruhe eingekehrt, tatsächlich aber ist die Lage angespannt. Wen soll man wählen? Wieder die Islamisten, die sich mehr um Moralvorstellungen als um konkrete Probleme gekümmert haben? Oder eine der säkularen Parteien, die entweder schwach oder von Ben Alis ehemaligen Genossen unterwandert sind, die zurück an die Futtertröge drängen?

»Die Menschen sind sehr unzufrieden. Aber sie demonstrieren nicht, denn sie sind desillusioniert und erschöpft. Außerdem hat man ihnen eingeredet, dass Proteste die Staatssicherheit gefährden, weil die Exekutive gerade alle Kräfte gegen den internationalen Terrorismus bündeln muss«, erklärt Lina Ben Mhenni die momentane Situation.

Tatsächlich hat sich seit der Revolution wenig verbessert. Armut und Arbeitslosigkeit sind so hoch wie zuvor, Menschenrechtsverletzungen und Folter bleiben ein Problem. Zumindest hier kann Gabriele Reiter positive Tendenzen erkennen: »Der gute Wille ist da. Aber es braucht noch ein stärkeres Problembewusstsein, klare Anweisungen von oben, Trainings, Präventionsarbeit und – besonders wichtig – Sanktionen.« Unlängst wurden erstmals zwei Täter, Polizisten, die eine junge Frau vergewaltigt hatten, zu Gefängnisstrafen verurteilt. Ein Anfang, immerhin. Aber der Weg ist noch weit.

Lina Ben Mhenni

Bloggerin und »Stimme des tunesischen Aufstands«

»Ich weiß, dass ich mein Leben riskiere«

Es war definitiv keine Facebook-Revolution!«, sagt Lina Ben Mhenni, *die* Bloggerin der tunesischen Revolution. Und noch etwas überrascht: Sie, die unnachgiebige Kritikerin von Polizeiwillkür, erst kürzlich auf einem Kommissariat brutal zusammengeschlagen, erscheint zum Interview im Künstlercafé mit einem Polizisten im Schlepptau: ihr Begleitschutz. Wie so oft in dem kleinen Sonnenland Tunesien sind auch hier die Dinge anders, komplexer, dunkler, als man eigentlich erwarten würde.

Mit ihrem Nasenstecker und der gepiercten Augenbraue wirkt die 31-Jährige deutlich jünger, als sie ist. Man kann sich gut vorstellen, wie sie als Studentin in ihrem ersten Blog »Nightclubbeuse« (später »Crazy thoughts«) aus dem Nachtleben von Tunis berichtet. Dass der Blog nicht lange unpolitisch bleibt und Lina nach kurzer Zeit beginnt, kleinere und größere Missstände anzuprangern, verwundert allerdings nicht, wenn man ihre Familiengeschichte kennt. Wäre sie in Europa aufgewachsen und nicht in einem kleinen Vorort von Tunis, würden jetzt Begriffe wie »gebildete Mittelschicht« und »geordnete Verhältnisse« fallen. Das wäre grundsätzlich auch im Tunesien der 80er-Jahre möglich gewesen – nicht aber für Gegner von Ben Alis Diktatur.

Linas Vater ist ein linksorientierter Oppositionspolitiker, der sich für die Menschenrechte einsetzt und unter anderem einer der Mitbegründer der tunesischen Sektion von Amnesty International ist. Sein Leben lang politisch verfolgt, war er von 1974 bis 1980 im Gefängnis. Linas Mutter, heute Lehrerin, war in ihrer Jugend in der Studentenunion politisch aktiv.

»Mein Vater liebt Tunesien sehr«, erklärt Lina mit einem Schulterzucken dessen brandgefährliche Aktivitäten, als wären sie das Natürlichste der Welt. »Als wir Kinder waren, ist er mit mir und meinem Bruder in den Ferien durch das ganze Land gereist, aber nicht dorthin, wo die Touristen sind, sondern in die weniger entwickelten Regionen. Damit wir sehen, wie die armen Leute leben. Und damit uns die soziale Ungerechtigkeit in unserer Heimat bewusst wird und der extreme Widerspruch zwischen Regierungspropaganda und Realität.« Was Lina betrifft, ist diese Saat auf fruchtbaren Boden gefallen: »Aufzustehen und für die Menschenrechte, für politische und soziale Anliegen zu kämpfen – mir liegt das im Blut, das ist ein ganz wichtiger Teil meines Lebens«, sagt sie heute über sich selbst, und es klingt so, als würde es gar keine Alternative geben. Ihr Bruder geht übrigens einen anderen Weg: Gerade 18 geworden, ist er im Begriff, für sein Studium nach Deutschland zu ziehen.

Freiheit – zumindest im Internet ... oder?

Lina beginnt bereits als Schülerin, sich politisch zu engagieren, und nimmt an Demonstrationen für verschiedene humanitäre Anliegen teil. Sie bleibt allerdings »ein freies Elektron«[8], wie sie es bezeichnet, ohne den Wunsch, einer bestimmten Gruppierung oder Partei anzugehören. Kurz vor dem Abitur entdeckt sie das Internet und nicht lange danach die Welt der Blogger, die »Blogosphäre«, die sich für sie als digitales Wunderland entpuppt: »Das war eine völlig neue Welt für mich. Unter Ben Ali hat sich ja keiner getraut, den Mund aufzumachen! Und hier waren sie plötzlich alle versammelt: die Dissidenten, die Journalisten und die anderen kritischen Geister. Und es gab keine nationalen Grenzen! Wir haben zum Beispiel unsere Kampagnen gegen die Zensur oder für die Freilassung verhafteter Aktivisten oft gemeinsam mit ägyptischen und libanesischen Bloggern organisiert.«

Doch die virtuelle Freiheit entpuppt sich rasch als Illusion. Auch im Internet gibt es Spitzel, man rechnet, dass rund 600 »Cybercops« für das Kommunikationsministerium arbeiten. Lina muss erfahren, dass ihr Blog »A Tunisian Girl«[9] immer wieder zensiert oder gar gesperrt wird. Und plötzlich bemerkt sie noch etwas anderes: sie wird observiert. Auf der Straße folgt man ihr »unauffällig«,

in Cafés bleiben die Tische neben ihr nie lange leer. Sie ist ins Visier der Staatsmacht geraten.
Schnelle Zwischenfrage: Wie ist es eigentlich heute, hier im Étoile du Nord, diesem Ort, der halb Treffpunkt für linke Künstler, halb Internetcafé ist und deshalb eigentlich automatisch verdächtig sein müsste? Lina lässt sich ein wenig zusammensinken, lehnt sich etwas nach vorn und schickt von schräg unten einen schnellen, prüfenden Blick durch den Raum. Eine unbewusste, eigentlich kaum wahrnehmbare Bewegung, die mir aber zwei Dinge ganz klar vor Augen führt: dass meine Frage erstens keine unrealistische ist, und dass ich zweitens von uns beiden die Einzige bin, die diesen sonnigen Vormittag in Tunis für einen harmlosen hält. Eine Sekunde später lehnt sich Lina entspannt lächelnd zurück: »Nein, keiner da.« Ob sie sicher sein kann? »Absolut.« Woran man das erkennt? »Das kann man nicht erklären – das sieht man. Dafür bekommt man einfach einen Blick.«
2008 nimmt Lina an einer Demonstration teil, die ein wichtiger Meilenstein auf dem Weg zur tunesischen Revolution werden sollte. Die Leute waren auf die Straße gegangen, um friedlich gegen die immer unerträglicher werdende Korruption zu protestieren und um Jobs und bessere Lebensbedingungen zu fordern. Doch die Situation gerät außer Kontrolle; es kommt zu gewaltsamen Zusammenstößen zwischen Demonstranten und Ordnungskräften. Die Polizei verliert die Nerven, und Lina ist Zeugin, als diese beginnt, in die Menge zu schießen. Es gibt Verletzte und Tote. Für die Opposition wird das zum Anlass, das Regime von Ben Ali umso erbitterter zu bekämpfen, und für Lina erwächst daraus eine neue, gänzlich unerwartete Aufgabe: »Das muss man sich einmal vorstellen: Die Bevölkerung protestiert gegen die Regierung, wird dafür mit scharfer Munition beschossen, Menschen sterben – und die nationalen Medien ignorieren das vollkommen! Oder, genauer gesagt, sie machen etwas viel Schlimmeres: sie drehen die Tatsachen um! Sie zeigen sorgfältig ausgewählte Bilder und behaupten,

die Demonstration wäre für (!) Ben Ali gewesen! Meine Blogger-Freunde und ich haben natürlich alles dafür getan, dass zumindest im Internet die korrekte Version der Ereignisse verbreitet wird.«
Im selben Jahr geht Lina als Fulbright-Stipendiatin in die USA. Tagsüber studiert sie und unterrichtet an der Tufts University in Boston Arabisch, nachts lebt sie in der virtuellen Welt, die zu ihrer großen Überraschung hier unendlich größer und bunter ist als daheim: »Ich habe in Amerika ein völlig neues Internet entdeckt. Und ich habe gleichzeitig auch ein völlig neues Tunesien entdeckt. Trotz meiner Aktivitäten ist mir bis zu diesem Zeitpunkt gar nicht klar gewesen, wie stark und allumfassend die Zensur bei uns tatsächlich war! Wenn man zum Beispiel wissen wollte, was bei uns im Süden gerade passiert, dann war das von Amerika aus viel leichter zu erfahren als von Tunis aus. Ich habe diese Chance mit beiden Händen ergriffen und versucht, meine Landsleute mit Informationen zu versorgen, zu denen sie sonst keinen Zugang gehabt hätten.«

Mit Klarnamen im Netz – allen Gefahren zum Trotz

Auch nach ihrer Rückkehr bleibt sie politisch aktiv. Bemerkenswert ist, dass Lina im Gegensatz zu vielen anderen Bloggern unter ihrem echten Namen schreibt. Sie weiß, dass sie damit viel riskiert und sich zur Zielscheibe macht. Gleichzeitig ist Lina aber davon überzeugt, dass ihr gerade diese totale Offenheit eine gewisse Form von Schutz bietet: »Viele der Blogger, die unter einem Pseudonym geschrieben haben, wurden irgendwann enttarnt, verhaftet und sind, von der Öffentlichkeit weitgehend unbemerkt, für lange Zeit im Gefängnis verschwunden. Ich gehe den umgekehrten Weg. Mittlerweile kennen die Menschen meinen Namen und mein Gesicht. Wenn mir etwas passiert, wenn ich plötzlich nicht mehr da bin, dann fällt das auf. Ich glaube, das ist auch der Polizei bewusst.« Es gibt noch ein weiteres Argument, das für die Transparenz spricht: »Ich zeige den Menschen, dass ich bereit bin, für meine Überzeugungen offen einzustehen, mit allen Risiken, die damit verbunden sind. Wenn ich also zu einer Demonstration aufrufe, unter meinem eigenen Namen, dann bin ich natürlich glaubwürdiger als jemand, der das Gleiche macht, sich dabei aber hinter einem Pseudonym versteckt.«

Im Mai 2010 sucht Lina, gemeinsam mit zwei männlichen Freunden, beim Innenministerium um die Genehmigung einer friedlichen Demonstration an. Ihre Freunde werden umgehend verhaftet, sie selbst bleibt auf freiem Fuß. Allerdings wird im Haus ihrer Eltern, bei denen sie zu diesem Zeitpunkt noch wohnt, eingebrochen. Abgesehen von etwas Schmuck ihrer Mutter werden nur ihre Kameras und ihre beiden Laptops gestohlen. Zufall? Sie glaubt nicht daran. Auch dass die Täter nie gefunden werden, passt ins Bild.

Aber Lina lässt sich weder von der Polizei noch vom Geheimdienst einschüchtern. Als Erstes zieht sie von zu Hause aus, um ihre Eltern nicht zu gefährden, dann verstärkt sie ihre Präsenz: sowohl online als auch auf der Straße.

Das Essen, Schlafen und Frisieren vergessen: Schreiben für Sidi Bouzid

Ein paar Monate später kommt sie gerade noch um Haaresbreite davon. Sie organisiert mit Freunden einen Flashmob gegen die Zensur, bei dem alle weiße T-Shirts und ein Machmoum, ein kleines Jasminsträußchen, tragen. Dabei werden sie von einer Polizeieinheit in die Enge getrieben. Der führende Offizier weist seine Polizisten an, die Männer gehen zu lassen und nur sie, die einzige Frau, zurückzubehalten. Lina bleibt vor Entsetzen fast das Herz stehen: Der Offizier ist als Folterer und Vergewaltiger bekannt. Sie verdankt es ihren Freunden, die sie nicht im Stich lassen und sich eng um sie scharen, und dem beherzten Eingreifen von Passanten, dass sie mit knapper Not entkommen kann.

Als sich Mohamed Bouazizi am 17. Dezember 2010 im südlichen Sidi Bouzid mit Lösungsmittel übergießt und anzündet, schlägt die Nachricht wie eine Bombe ein. Auch Lina ist vollkommen schockiert: »Es ist außerhalb von Tunesien ja wenig bekannt, aber Bouazizi war nicht der erste Fall. Die letzten Selbstverbrennungen von zwei jungen Männern waren damals erst wenige Wochen her. Für mich hat sich da ein alarmierender, ganz entsetzlicher Trend abzuzeichnen begonnen.« Offensichtlich nicht nur für Lina: Binnen Stunden nach dem Bekanntwerden des neuen Falles gehen die Menschen in Sidi Bouzid auf die Straße, blockieren Durchgangsstraßen und organisieren Sitzstreiks vor öffentlichen Gebäuden. Lina, die zu wenig Geld hat, um selbst dorthin zu fahren, kontaktiert Rechtsanwälte vor Ort, die sie über die neuesten Entwicklungen auf dem Laufenden halten. Sie mobilisiert ihr Blogger-Netzwerk und beginnt zu schreiben und die sich überstürzenden Ereignisse über Facebook und Twitter zu verbreiten. *»sidibouzid«* steigt schnell zum meistverwendeten Hashtag auf, erst in Tunesien und dann in der ganzen Welt.

In ihrem Buch *Vernetzt Euch!* erzählt sie über diese Zeit: »Ich lebte nur noch für Sidi Bouzid. Leila (ihre Mitbewohnerin, Anm. d. Verf.) und ich schliefen höchstens drei Stunden pro Nacht. Den Rest der Zeit sammelten wir Informationen und schrieben pausenlos weiter. Darüber vergaß ich mich selbst, hörte auf, mich zu frisieren, zu schminken, mir die Augenbrauen zu zupfen. Nicht einmal zum Essen nahmen wir uns Zeit.«[10]

Auf der Flucht vor der Polizei

Am 25. Dezember organisiert sie mit Freunden in Tunis eine Solidaritäts-Demo für die Protestbewegung in Sidi Bouzid. Sie bringt ihre Kameras mit, filmt und fotografiert und stellt alles ins Netz. Ihre Uploads werden in kürzester Zeit tausendfach abgerufen und geteilt. Plötzlich

melden sich internationale Medien bei ihr, wollen ihre Fotos verwenden und bitten um mehr Material. Als Lina endlich genug Geld zusammengekratzt hat, um selbst ins Zentrum des Geschehens, nach Sidi Bouzid zu reisen, dokumentiert sie weiter. Ihre Fotos, Filme und Berichte von den Straßenschlachten und gewalttätigen Polizeieinsätzen, die Fotos von Schwerverletzten und Toten sind zeitweise die einzigen, die von den blutigen Zusammenstößen im Hinterland und den Massakern in Kasserine und Regueb nach außen dringen. Ihr Blog »A Tunisian Girl« wird zu einem der wichtigsten Sprachrohre der Opposition.

Was sich so leicht erzählt, bedeutet in Wahrheit Knochenarbeit unter allerschwierigsten Bedingungen und in permanenter Lebensgefahr. Lina stürzt sich ohne Rücksicht auf Verluste mitten ins Geschehen und filmt das brutale Vorgehen der Polizei gegen Demonstranten aus nächster Nähe mit – ungeachtet der Tatsache, dass das Hantieren mit Fotoapparat und Kamera auffällig ist und sie zu einem leichten Ziel macht.

Das Material unversehrt aus der Kampfzone zu bringen ist die nächste Herausforderung. Damit allein ist jedoch noch nichts gewonnen: Die Aufnahmen, die Lina noch um Hintergrundinformationen wie Opferlisten, Interviews und eigene Analysen ergänzt, müssen an einen sicheren Ort gebracht und trotz Zensur und technischer Blockaden schnellstmöglich ins Internet hochgeladen werden. Doch selbst wenn das gelingt, währt der Triumph nur kurz: Linas Online-Aktivitäten werden genau überwacht – und mit jeder neuen Meldung, die sie veröffentlicht, exponiert sie sich mehr. Es ist ein hochriskanter Spießrutenlauf rund um die Uhr, auf den sie sich da eingelassen hat.

Dass sie auch internationale Medien mit Informationen versorgt, sich teilweise sogar live zuschalten lässt und damit »Tunesiens gutes Image im Ausland« unterminiert, erzeugt bei der Nomenklatura besonders viel Hass. »Bei France 24 hat eine Interviewpartnerin live auf Sendung plötzlich zu toben begonnen und mich direkt attackiert.[11] Ich sei eine Lügnerin, die gefälschte Videos ins Netz stellt, zum Beispiel von Ereignissen, die ganz woanders stattgefunden hätten. Schließlich sei Ben Ali ein guter, von seinem Volk geliebter Herrscher, der sich um die armen Leute in Sidi Bouzid kümmere. Die Situation war so grotesk, dass sie schon fast komisch gewesen wäre, wenn es sich bei dieser Person nicht um Saïda Agrebi gehandelt hätte, eine hochrangige Politikerin und enge Vertraute von Ben Ali. Und wenn sie nicht über mich gesagt hätte: ›Ich würde gerne wissen, wo diese Person lebt.‹ Ich habe sofort verstanden, dass das als Drohung gemeint war.«

Weitermachen – um jeden Preis

Lebt man unter solchen Umständen nicht in ständiger Angst vor Verhaftung, Folter oder gar Tod? Lina holt tief Luft, denkt einen Augenblick nach. »Zeitweise, natürlich. Aber in dem Moment, in dem ich die Leichen der Märtyrer von Sidi Bouzid gesehen habe, hatte ich meine Angst komplett vergessen. Mir war klar, dass ich weitermachen muss, koste es, was es wolle. Es ist wichtig, dass jemand aufzeigt, was hier wirklich geschieht.« Deutlicher noch als ihre Worte sprechen eigentlich Linas dunkle Augen: Unnachgiebigkeit und Stärke in höchster Konzentration.

Dabei ist ihre Gesundheit alles andere als stabil. Lina leidet an der Autoimmunkrankheit Lupus – für die übrigens Stress einer der Auslöser sein kann[12] – und musste sich deshalb 2007 einer Nierentransplantation unterziehen. Dass sie bereits sechs Monate nach der Operation bei den Olympischen Weltspielen der Organtransplantierten eine Silbermedaille in der Disziplin Gehen erringt, spricht für ihre enorme Willenskraft. Aber die Gefahr eines Rückschlags ist groß, und sie wird zeit ihres Lebens besonders verletzlich bleiben.

Trotzdem – oder gerade deswegen? – hat sich Lina nie damit begnügt, die Revolution zu kommentieren, ist es ihr stets wichtig gewesen, aktiv daran teilzunehmen: »Ich habe genauso wie die anderen demonstriert. Schließlich bin ich Tunesierin! Das ist doch auch mein persönlicher Kampf gewesen!«

Die mit mehreren internationalen Journalismus-Preisen ausgezeichnete »Stimme des tunesischen Aufstands«[13], als eine der »wichtigsten ReporterInnen der Revolution«[14] 2011 sogar für den Friedensnobelpreis nominiert, hält die Rolle der Medien und der sozialen Netzwerke übrigens für überschätzt: »Zugegeben, Facebook und Twitter waren extrem wichtige Hilfsmittel, um uns zu organisieren, um Kampagnen zu starten, Unterstützer zu mobilisieren und um die Information über die Ereignisse in die Welt zu tragen. Aber die eigentliche Revolution hat auf der Straße stattgefunden. Sie wurde in erster Linie von den Menschen gemacht, die dabei ihr Leben riskiert und zum Teil auch geopfert haben. Der Begriff ›Internet-Revolution‹ ist eine grobe Verharmlosung.«

Und noch etwas ist ihr ein Anliegen: »Die tunesische Revolution wird oft als ›Jasminrevolution‹ bezeichnet. Auch das ist ein viel zu schönes Wort für einen Aufstand, der von Straßenschlachten, Tränengas und Folter geprägt war. Es hat mehrere Hundert Tote und zahllose Verletzte gegeben! Zu viele, um mit einem Blumennamen behübscht und verharmlost zu werden. ›Dignity Revolution‹ (Revolution der Würde) – das ist der richtige Begriff dafür.«

Showdown

Am 13. Januar 2011, als Ben Ali seine – wie man mittlerweile weiß – letzte Rede hält, ist Lina voller Angst. »Die Stimmung in Tunis war an diesem Tag ganz seltsam. Noch bevor Ben Ali mit der Ansprache fertig war, begannen viele zu applaudieren und unterstützende Slogans zu rufen. Das hat mich zutiefst entsetzt. Ich hatte furchtbare Angst, dass die Lage kippt. Wenn die Menschen ihm wieder folgen, dann waren all unsere Mühen umsonst! Ich konnte danach nicht schlafen und habe die ganze Nacht am Computer verbracht, um die Diskussionen auf Facebook und anderen Plattformen zu verfolgen.«

Am nächsten Morgen ist die Atmosphäre angespannt, aber noch ist es ruhig – die Ruhe vor dem Sturm. Zehntausende Menschen sind auf den Straßen, als würden sie spüren, dass der Tag der Entscheidung angebrochen ist und dass Tunesien, egal wie die Sache ausgeht, nicht mehr dasselbe Land sein wird wie zuvor. Lina nimmt an einem Demonstrationszug teil, der überraschenderweise unbehelligt bis ins Zentrum vordringen kann, bis zur Avenue Bourguiba, an der das schwer bewachte, Stacheldraht-bewehrte Innenministerium liegt. »Ich war fassungslos. Vor dem Innenministerium durfte man normalerweise nicht einmal stehen bleiben! Die Leute hätten auch viel zu viel Angst davor gehabt. Sie sind allenfalls mit gesenktem Blick daran vorbeigehuscht. Und ausgerechnet jetzt, in diesem kritischen Moment, war der Weg plötzlich frei?«

Lina ist zu diesem Zeitpunkt mit ihrem Vater unterwegs, den sie, um ihn nicht zu gefährden, davor wochenlang gemieden hat. Gemeinsam betrachten sie den grauen Koloss, der wie kein anderes Gebäude für die Verbrechen der tunesischen Polizeidiktatur steht. Lina erinnert sich daran als einen sehr bewegenden Moment: »Mein Vater, der ja jahrelang im Gefängnis war, hat auf einen der Balkone gezeigt und gesagt: ›Schau, Lina, das ist der Balkon, von dem ich mich stürzen wollte, um zu verhindern, dass ich unter der Folter meine Freunde verrate. Fotografierst du ihn für mich bitte? Das wird mir dabei helfen, diese Erinnerungen zu verarbeiten.‹«

Plötzlich beginnt die Menge einstimmig »Ben Ali, dégage!! Dégage!! Dégage!!« (Ben Ali, hau ab!) zu skandieren. Lina bekommt noch heute Gänsehaut, wenn sie davon erzählt. Die Polizei antwortet mit Tränengas und greift an. Die letzte große Schlacht gegen das alte Regime hat begonnen. Später an diesem Tag, die verhängte Ausgangssperre ist bereits wirksam, erfährt Lina aus dem Fernsehen von dem Rücktritt und der Flucht Ben Alis. Ein großer Moment natürlich, dennoch ist Lina nicht zum Feiern zumute: »Das war nicht die Zeit für Euphorie, sondern in Wirklichkeit eine ganz gefährliche Phase. Nach Massenausbrüchen aus Gefängnissen haben Tausende Kriminelle und Gangs die Straßen unsicher gemacht, Polizei und Geheimdienste haben Rechnungen beglichen – es hat viele Tote gegeben. Es war die reine Anarchie. Die Leute hatten Angst und haben sich zu Hause verbarrikadiert. Und haben natürlich alle gewusst: Wir haben nur den Kopf des Regimes abgeschlagen, das System selbst ist intakt.«

»Man hat uns die Revolution gestohlen«

Ben Ali hat seine »Gefährten, Gewohnheiten und eine Menge Gewalt«[15] hinterlassen, schrieb sie 2011 in ihrem Buch *Vernetzt Euch!*. »Aber seine Nachfolger haben die Revolution gestohlen«, fasst Lina heute die Zeit zusammen, die eigentlich eine des politischen Aufbruchs hätte sein sollen. »Es wäre naheliegend gewesen, dass sich die Ennahda um die Dinge kümmert, für die das Volk auf die Straße gegangen ist: Freiheit, Gerechtigkeit, soziale und wirtschaftliche Anliegen. Stattdessen haben sie sich in unnötigen religiösen Debatten verzettelt und versucht zu definieren, wer ein guter Moslem ist und wer nicht! Während sich für die Menschen nichts verbessert hat und manches sogar schlechter geworden ist, sind die Anführer der Partei übrigens sehr, sehr reich geworden. Ich glaube, sie haben das Kunststück vollbracht, in drei Jahren mehr zu stehlen als Ben Ali und seine Familie in 23.«
Linas Bilanz ist dementsprechend bitter: »Ich muss leider sagen: Wir haben nicht viel erreicht.« Anfangs hatte sie noch den Eindruck, dass es zumindest im Bereich der Meinungs- und Pressefreiheit Fortschritte gebe, aber mittlerweile hat sich auch das als

Illusion herausgestellt: »Sicher, die Tunesier können ihre Meinung offen aussprechen, aber sie zahlen dafür, indem sie bedroht oder gar verhaftet werden«.[16] Lina ist da keine Ausnahme, trotz ihrer Popularität. Oder, genau genommen, gerade deshalb: Durch ihren öffentlichkeitswirksamen Kampf für Demokratie, Menschenrechte und einen säkularen Staat hat sie sich nicht nur mächtige Feinde in der Regierung geschaffen, sondern auch einen Platz auf der Todesliste der Terroristen gesichert. Seitdem steht sie unter Polizeischutz, den sie widerwillig akzeptiert. Ob das nicht auch ein Mittel ist, um sie unter Kontrolle halten? »Wenn, dann eines, das nicht funktioniert. Sie können ihn lassen oder abziehen – mir ist der Polizeischutz völlig egal. Ich schreibe und kritisiere weiter.«

Wie effektiv dieser Schutz ist, bleibt ohnehin dahingestellt. Ende August war Lina in Djerba, um sich auf Anraten ihres Arztes für ein paar Tage zu erholen. Als sie bei der lokalen Polizeistation eincheckt, um ihre Ankunft zu melden, wird sie von den Beamten niedergeprügelt, und als sie bereits am Boden liegt, tritt man noch auf sie ein. Ihr Bodyguard, der ja immerhin selbst Polizist ist, will eingreifen und wird ebenfalls attackiert. Ein seltsamer Zwischenfall, der viele Fragen offenlässt und den sich Lina nur so erklären kann, dass die Polizei in unterschiedliche Fraktionen gespalten ist und die Führung in Tunis keine echte Kontrolle mehr hat.

Krankenhausreif geprügelt und ohne Job

Lina landet im Spital und geht aus dem Erlebnis mit einem Schock heraus, der ihr bei unserem Treffen zwei Wochen danach noch immer in den Knochen sitzt. »Bei einer Demonstration, da weiß man, dass einem so etwas passieren kann. Das hört sich vielleicht komisch an, aber man rechnet sogar fast damit. Aber das in Djerba, das hat mich völlig unvorbereitet getroffen.«

Eine weitere böse Überraschung wartet zu Hause auf sie: Die Universität Tunis, an der sie seit fünf Jahren als Dozentin für Linguistik und als Übersetzerin gearbeitet hatte, streicht ihr plötzlich mit Hinweis auf ihr fehlendes Doktorat alle Pflicht-Lehrveranstaltungen. Linas halb fertige Dissertation war 2010 zusammen mit ihrem Computer gestohlen worden – und sie hatte weder die Zeit noch die Motivation gehabt, wieder bei null zu beginnen. Obwohl es Kollegen gibt, die ebenfalls noch kein Doktorat haben und trotzdem ihre Stunden behalten dürfen, verzichtet Lina auf den Kampf um ihren Job: »Bevor ich auf freiwillige Lehrveranstaltungen reduziert werde, zu denen niemand kommt, gehe ich lieber.«

Auch dass sie für ihre Arbeit für die nationalen und internationalen Medien bisher kein Geld verlangt hat, bereut sie nicht: »Voriges Jahr habe ich zum Beispiel für einen Privatsender Reportagen über Menschen gemacht, die wegen ihrer Meinungsäußerungen verhaftet wurden. Dafür habe ich Gerichtsverhandlungen besucht, Interviews geführt, gefilmt, etc. Das hat viel Zeit gekostet, aber ich habe nichts dafür verlangt. Das wäre gegen meine Prinzipien gewesen – schließlich habe ich das aus Überzeugung getan und nicht, um etwas zu verdienen!« Wovon Lina in Zukunft leben wird, ist in dem Moment des Interviews noch offen.

Aber jetzt einmal ehrlich: Kein Geld, Job weg, krankenhausreif geprügelt, im Visier der Terroristen, und das alles in einem politischen Klima, das nach ihrer eigenen Einschätzung nicht viel Raum für Hoffnung lässt – ist es das wirklich wert? Die Antwort kommt ohne Zögern und mit zwei Ausrufezeichen: »Absolut!! Ich hätte durchaus die Möglichkeit gehabt, ins Ausland zu gehen. Aber ich bleibe. Mir ist klar, dass ich damit viel riskiere, womöglich sogar mein Leben. Aber ich muss meinem Herzen und meinen Prinzipien folgen! Und solange ich das kann, nehme ich alles andere in Kauf.«

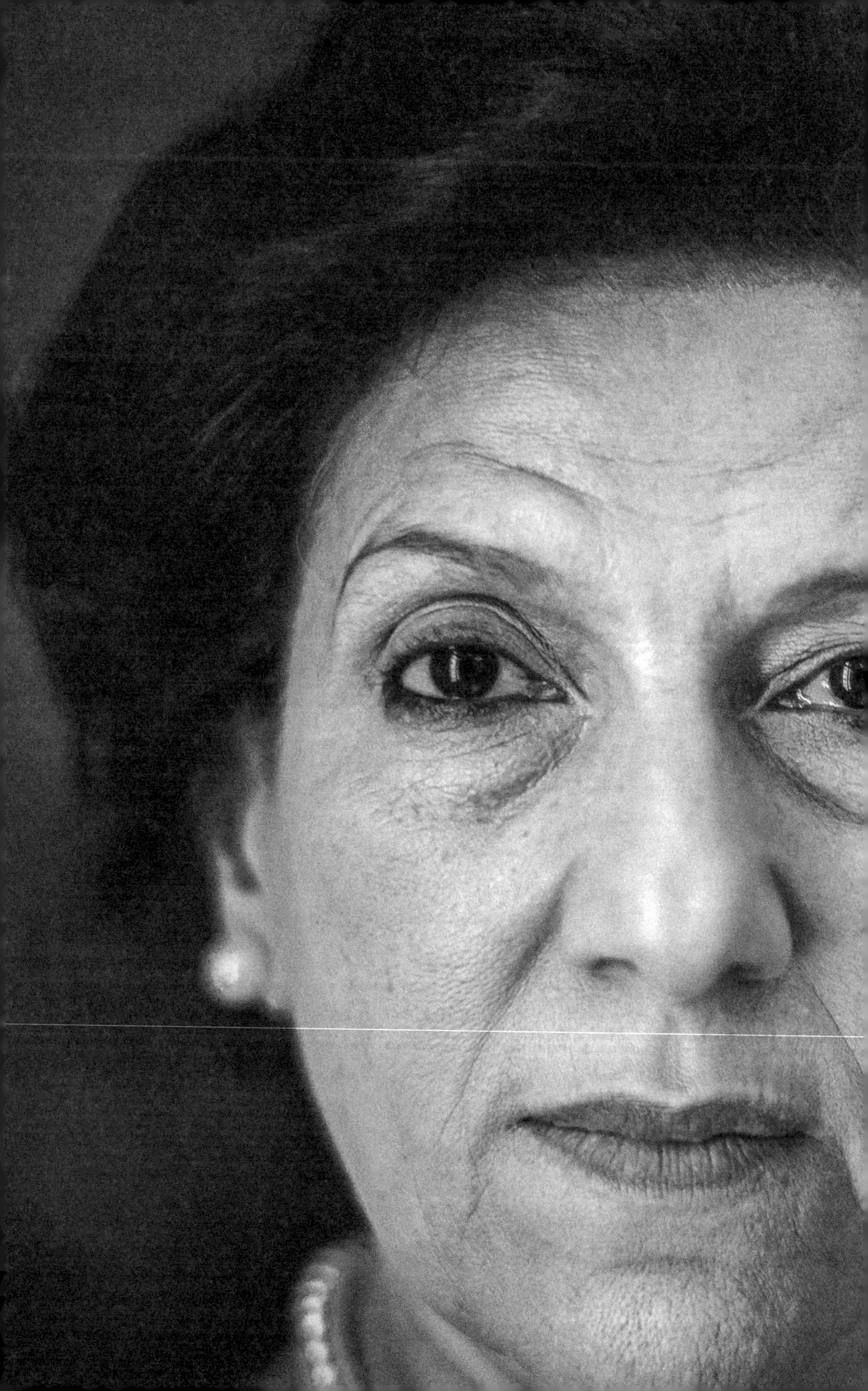

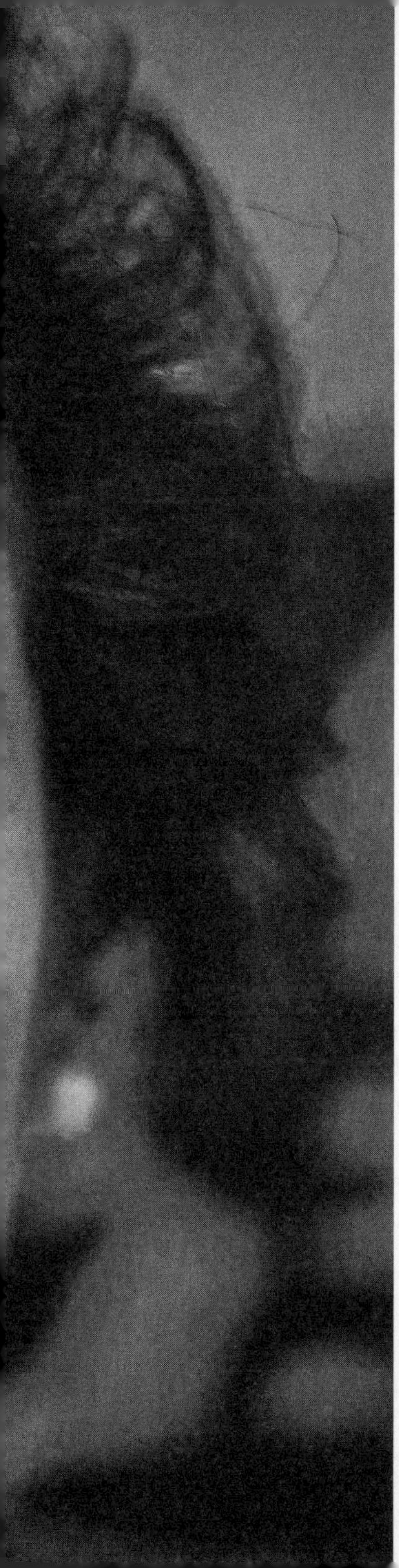

Radhia Nasraoui

Menschenrechtsanwältin

»Um mich zum Schweigen zu bringen, muss man mich töten«

Ich hatte einen Mandanten, der vor Gericht nicht mehr aufrecht stehen konnte, weil ihm bei der ›Poulet rôti‹ genannten Foltermethode die Sehnen der Beine verletzt worden sind. Ein anderer hat durch die Misshandlungen im Polizeigewahrsam ein Auge verloren und ein junger Salafist sogar sein Gedächtnis: Er war so schwer traumatisiert, dass er mich nicht mehr erkannt hat, obwohl ich als seine Anwältin mit ihm in engstem Kontakt gewesen war. Ich habe gefolterte Frauen gesehen, auch eine schwangere; Freunde, Bekannte und Familienmitglieder wurden schwer gefoltert – unter ihnen auch mein Mann.« Radhia Nasraoui könnte noch viele Beispiele nennen. »Das mit anzusehen war unerträglich.« Für die energische Rechtsanwältin und Präsidentin der Organisation gegen Folter in Tunesien (Organisation Contre la Torture en Tunisie, OCTT) ist die Folter ein schweres Unrecht, das abgeschafft gehört – und zwar »genau wie die Sklaverei, ohne Wenn und Aber. Wer schweigt, macht sich zum Komplizen.«[17]

Eigentlich hat Madame Nasraoui keine Zeit für ein Interview. Die elegante, vor Energie sprühende Frau Anfang 60 mit ihrem fein geschnittenen Gesicht ist dabei zu verreisen – muss aber zuvor noch drei umfangreiche, komplexe Dossiers abarbeiten. Gleichzeitig ist ihr Büro voll von Klienten. Obwohl sie ein Team aus engagierten, kompetenten Mitarbeitern hat, wird sie immer wieder persönlich konsultiert. Aus den zugesagten 45 Minuten werden zwar dann doch fast zwei Stunden, aber ständig klingelt das Telefon. Obwohl sie es abgibt, wird der Apparat nach einer Weile wieder hereingebracht, und obwohl sie nur die allerdringlichsten Anrufe annimmt, wird unser Gespräch gezählte sieben Mal für jeweils einige Minuten unterbrochen.

Nur wenige Jahre zuvor hätte die Situation ganz anders ausgesehen. Eine offiziell registrierte NGO mit einem zentral gelegenen Büro, in dem sie offen und – weitgehend – ungestört praktizieren und Klienten empfangen kann? Vor der Revolution wäre das vollkommen undenkbar gewesen.

Juristischer Beistand ohne Ansehen der Person

»Ich bin Anwältin geworden, um zu kämpfen«, erklärt Madame Nasraoui ihre Einstellung, mit der sie 1976, frisch von der Universität, in einer Kanzlei begann. Damals gelang es ihr, die Kollegen davon zu überzeugen, eine Gruppe von Studenten zu vertreten, die im Zuge von illegalen Demonstrationen verhaftet worden waren. Dieser allererste Fall sollte für ihr gesamtes Leben richtungweisend werden. Nur zwei Jahre später, nach dem »Schwarzen Donnerstag«, einem blutig unterdrückten Generalstreik mit mehr als 400 Toten, eröffnet sie ihr eigenes Büro. Sie spezialisiert sich auf Menschenrechtsfälle und Folteropfer und zwar ohne Ansehen der Person: Sie hat keine Scheu, Klienten aus dem gesamten politischen Spektrum anzunehmen.

Ein besonders brisanter Fall sind die zurückgelassenen Ehefrauen geflohener Salafisten, die ihren Männern ins Exil nachfolgen wollen und dafür von der Polizei terrorisiert und zum Teil gefoltert werden. Da Salafisten als radikale Moslems unter Ben Ali als Staatsfeinde gelten, ist die Sache politisch so heikel, dass es nicht einmal die Anwälte aus deren eigenem Umfeld wagen, sich ihrer anzunehmen. Madame Nasraoui übernimmt die Vertretung trotzdem, ungeachtet der Gefahren, die damit verbunden sind: »Diese Frauen hätten ideologisch nicht weiter von mir entfernt sein können, aber auch sie haben Rechte, die zu respektieren sind. Sippenhaftung ist vollkommen inakzeptabel.« Es gelingt ihr tatsächlich, trotz des erbitterten Widerstands von Staatsanwaltschaft und Administration einigen dieser Frauen zu einem Pass und damit zur Ausreise zu verhelfen. Amnesty International hat ihr später dafür gedankt: Ohne einen einheimischen Anwalt, der solche Fälle innerhalb des tunesischen Systems vorantreibt und die richtigen juristischen Schritte setzt, wäre der internationale Druck ergebnislos verpufft. Zu diesem Zeitpunkt ahnt sie noch nicht, dass die guten Kontakte zu Amnesty, die sie damals aufbaut, sie selbst einmal aus dem Gefängnis retten werden.

Radhia Nasraouis Arbeit war schon unter Bourguiba nicht leicht gewesen, aber mit der Machtergreifung von Ben Ali wurde sie fast unmöglich – und gleichzeitig wichtiger denn je: »Es ist immer gefoltert worden, aber unter Bourguiba konnte man immerhin noch von Einzelfällen sprechen. Unter Ben Ali stieg die Zahl der Verletzten und Toten dramatisch an: Unter ihm ist die Folter systemimmanent geworden.« Und es gibt noch ein weiteres Problem: »Ben Ali hat den Unterschied zwischen Angeklagtem und juristischer Vertretung nicht verstanden oder nicht verstehen wollen. Wer es als Anwalt beispielsweise gewagt hat, einen Regimegegner zu vertreten, der wurde ebenfalls zum Staatsfeind erklärt und als solcher bekämpft.«
Es dauert nicht lange, bis der Diktator auf die ebenso brillante wie unbequeme Juristin aufmerksam wird und nach Möglichkeiten zu suchen beginnt, sie kaltzustellen. Ihr die Lizenz zu entziehen, gelingt nicht, da Tunesien eine außergewöhnlich starke Anwaltskammer hat. »Wir sind da glücklicherweise ein Spezialfall: Präsident Bourguiba war selbst Anwalt und hat deshalb sehr viel Wert darauf gelegt, eine starke, unabhängige Justiz aufzubauen. Obwohl dort mittlerweile viele Ben-Ali-Anhänger saßen, haben sich diese doch dazu verpflichtet gefühlt, gewisse Mindeststandards zu respektieren. Die Anwaltskammer hätte es nicht zulassen können, dass sich die Politik in ihre internen Angelegenheiten einmischt, nur um mich daran zu hindern, meinen Beruf auszuüben.«

Schikanen, Verfolgung und Gewalt

Als Einschüchterungen nichts fruchten, wird zu härteren Mitteln gegriffen. Radhia Nasraoui wird abgehört und auf Schritt und Tritt verfolgt. Mehrfach wird ihr Büro verwüstet, wobei Möbel, Dossiers und der Computer verschwinden. »Beim letzten Mal haben sie den Computer mitgenommen, ohne auch nur so viel wie einen Kratzer an der Tür zu hinterlassen. Sie haben sich nicht einmal mehr bemüht, einen Einbruch zu fingieren! Und das war genau das Furchterregende daran: nicht nur, dass sie einen Schlüssel besitzen, sondern auch, dass es ihnen völlig egal ist, dass ich das weiß.«

Die Polizei fängt darüber hinaus ihre Mandanten vor der Kanzlei ab oder sucht diese spät nachts zu Hause heim, um sie einzuschüchtern, damit sie nicht mehr zu Madame Nasraoui gehen. Einige halten ihr dennoch die Treue: »Das waren sehr mutige Leute. Eine Frau hat zum Beispiel darauf bestanden, dass ich sie vertrete, obwohl ich ihr im Interesse ihres verhafteten Sohnes selbst geraten hatte, den Anwalt zu wechseln.«

Dass sie ihr Büro überhaupt offen halten konnte, verdankt sie ihrem Vermieter. Der freundliche ältere Herr hat, wenn es um das Zahlen ging, oft monatelang abgewinkt und geseufzt: »Ach, Madame Nasraoui, wir wissen doch, wie schwer Sie es haben.« Eine großherzige Geste und gleichzeitig ein unauffälliges politisches Statement, wofür sie noch heute dankbar ist.

Dennoch sind die Bedingungen, unter denen sie bis zur Revolution arbeiten musste, kaum vorstellbar. Allein ein Fax zu senden, konnte einen halben Tag in Anspruch nehmen: »Das war ein wahnsinniger Aufwand. Ich hatte damals natürlich weder Internet noch ein Faxgerät in meinem Büro. Ich musste also auf die Straße hinaus, musste so tun, als wollte ich irgendwohin, einkaufen vielleicht, und bin dann oft stundenlang herumlaufen, bis es mir gelang, die Polizeispitzel abzuschütteln. Dann schnell in ein Taxi und in eine weit entfernte Gegend, wo man mich nicht kannte, um das Fax von einer öffentlichen Station abzuschicken. Ab einem gewissen Zeitpunkt hat Ben Ali angeordnet, dass jedes Fax von dem zuständigen Beamten gelesen werden muss, bevor er es versenden darf. Das hat alles noch schwieriger gemacht, weil sich dann manche geweigert haben, meine Faxe anzunehmen.«

Einen Prozess unter solchen Umständen zu gewinnen, grenzt an ein Wunder. Und doch gelingt es ihr immer wieder: »Wenn man gut vorbereitet war, dann war das durchaus möglich. Teilweise habe ich auch davon profitiert, dass sich die Polizei ihrer Sache zu sicher war und sich Schlampereien geleistet hat: Wenn ich zum Beispiel nachweisen konnte, dass im Polizeiprotokoll weder Tag noch Ort der Verhaftung meines Mandanten korrekt vermerkt waren, dann stand natürlich die ganze Anklage auf wackeligen Beinen.«

Obwohl sie für das Regime Persona non grata ist und trotz aller Schikanen, die ihre Klienten zu gewärtigen haben, heißt es unter politischen Gefangenen bald: »Madame Nasraoui, il faut la voir« – zu ihr muss man gehen, sie kann helfen.

Am 19. August 1999 wird Radhia Nasraoui plötzlich verhaftet. Als Gründe werden »Beleidigung von Ben Ali« und »Kritik an der Polizei« angegeben. Tatsächlich ist die laute Beschimpfung von Ben Ali eine ihrer Waffen, wenn ihr seine Leute in der Öffentlichkeit Schwierigkeiten machen. »Egal ob ich aus- oder einreisen wollte, am Flughafen wurde ich zum Beispiel jedes Mal schikaniert, gefilzt und ewig lange aufgehalten. Meine Gegenstrategie war, einen Skandal zu produzieren, damit sie mich schneller gehen lassen. Ich habe also, so laut ich konnte, gerufen: ›Ben Ali ist ein Dieb!! Ben Ali ist ein Dieb!!‹, immer wieder und in verschiedenen Sprachen, damit auch die Touristen wussten, was Sache war. Das hat normalerweise gewirkt, und man hat mich entnervt durchgewunken.«

Heute kann Madame Nasraoui darüber lachen, aber damals war es bitterer Ernst, jedes Mal eine hochriskante Gratwanderung, aus der sie durchgeschwitzt und zitternd herauskam.

Sofort nach ihrer Verhaftung starten nationale und internationale Medien und Organisationen eine Kampagne, um ihre Freilassung zu erwirken, auch Amnesty International setzt sich für sie ein. Es gelingt das Unwahrscheinliche: Die Regierung gibt dem massiven Druck nach – und zwar bereits innerhalb von zwei Tagen. Gegen Mitternacht wird Radhia Nasraoui aus ihrer Zelle geholt und darüber informiert, dass sie nach Hause darf. »Was, jetzt, sofort? Es ist doch schon spät – kann ich nicht noch bis morgen bleiben?«, fragt sie die Beamten, denen vor Überraschung der Mund offen bleibt. »Die waren vollkommen perplex, das hat sie noch nie jemand gefragt. Aber ich wäre tatsächlich gerne noch ein paar Tage geblieben: Für mich als Anwältin war das eine neue, wichtige Erfahrung; bei einem längeren Aufenthalt hätte ich eine Menge nützliche Dinge lernen können.«

Sexfalle, Hungerstreiks und Angst um die Töchter

Um sich selbst hat Madame Nasraoui keine Angst. Auch die Gefahr der öffentlichen Demütigung achtet sie gering. Eine Zeit lang versuchte das Regime, seine prominenten Gegner in Sexfallen zu locken, um sie durch Erpressung zum Schweigen zu bringen oder durch einen Skandal mundtot zu machen. Als sich ein attraktiver langjähriger Bekannter plötzlich auf verdächtige Weise um sie bemüht, muss Radhia Nasraoui erkennen, dass auch sie eine der Zielpersonen ist. Sie ist außer sich vor Zorn. »Ich habe sofort verbreiten lassen, dass ich mich davon nicht beeindrucken lasse. Dass sie sogar einen gefälschten Porno in Umlauf bringen können, der mich mit einem Mann, einer Frau oder von mir aus auch mit einem Tier zeigt. Ganz egal! Das wird mich höchstens noch gefährlicher machen. Um mich zum Schweigen zu bringen, muss man mich töten. Ich habe damals alle wissen lassen, dass ich bereit bin, für meine Überzeugung zu sterben.«
Tatsächlich stand sie immer zu ihrem Mann, Hamma Hammami, der als führendes Mitglied der verbotenen kommunistischen Arbeiterpartei politischer Verfolgung ausgesetzt war. Nachdem er schwer gefoltert und zu einer mehrjährigen Haftstrafe verurteilt wird, gelingt es Radhia Nasraoui durch einen 38-tägigen Hungerstreik, seine frühzeitige Entlassung zu erwirken. Hammami muss aber kurz darauf untertauchen, um einer erneuten Verhaftung zu entgehen. »Ich habe also de facto jahrelang alleine gelebt und

musste schauen, dass ich unsere drei Töchter irgendwie durchbringe. Mein Mann konnte ja nicht arbeiten, und viele meiner Klienten waren zu arm, um zu bezahlen.«
Mit ihren Aktivitäten gefährdet sie allerdings nicht nur sich selbst, sondern sie zieht ihre ganze Familie mit hinein. Ihrem Bruder wird die ID-Karte verweigert und kein Arbeitgeber will riskieren, ihn anzustellen; ihre Mutter wiederum bekommt keinen Reisepass ausgestellt. »Jeder Antrag, der aus meinem familiären Umfeld wofür auch immer gestellt wurde, wurde kategorisch abgelehnt.« Büro verwüstet, Reifen aufgeschlitzt, Auto gestohlen – die Liste ließe sich unendlich fortsetzen.
Doch weit schlimmer als administrative Schikanen und finanzielle Schäden ist die konkrete Bedrohung von Leib und Leben. »Um mich selbst habe ich mich zwar nicht gesorgt, aber ich hatte große Angst um meine drei Töchter«, so Madame Nasraoui heute. Einmal sind die Bremsen ihres Autos manipuliert, ein anderes Mal wird mitten in der Nacht ihre Wohnungstür in Brand gesetzt. Beide Male werden sie und ihre Kinder nur durch einen Zufall gerettet. Eine Entführung ihrer ältesten Tochter scheitert knapp, und die mittlere sieht sich plötzlich von zwei Polizisten zur Schule begleitet. Eine kleine Drohgeste nur, die aber ihre Wirkung nicht verfehlt.
»Es war eine extrem schwierige Zeit, in der man nur von Tag zu Tag lebte«, erinnert sich Madame Nasraoui. »Jeden Morgen habe ich mich beim Aufwachen gefragt: Was wird wohl heute wieder passieren? Wie werden wir diesen Tag überleben? Aber aufgeben war keine Option. Das kann ich nicht. Wenn ich von einer Sache wirklich überzeugt bin, dann wäge ich nicht ab. Ich habe mein Leben der Verteidigung der Menschenrechte gewidmet – und zwar ohne Kompromisse.«

»Ben Ali hat getobt«

Doch auch für die starke Anwältin kommt der Moment, an dem sie an ihre Grenzen stößt. Im Oktober 2003 ist es so weit. Zermürbt vom konstanten Terror der Regierung, dem sie, ihre Angehörigen und zum Teil sogar ihre Freunde ausgesetzt sind, tritt sie zum zweiten Mal in Hungerstreik. Zwei Monate später, bei sich rapide verschlechternder Gesundheit, gibt sie auf Drängen von Ärzten und Familie auf. Auf Al Jazeera[18] verkündet Tunesiens führende Menschenrechtsaktivistin das Ende ihres Streiks unter Tränen und mit schwacher Stimme. Aber Radhia Nasraoui wäre nicht Radhia Nasraoui, würde sie nicht gleichzeitig die Gelegenheit nutzen, um den Polizeistaat von Ben Ali aufs Schärfste zu kritisieren und zu versprechen, den Kampf bis zum letzten Atemzug weiterzuführen.

»Die Situation war damals wirklich zum Verzweifeln – aber rückblickend würde ich sagen, dass mich jedes Problem nur stärker gemacht hat.« Woran sie sich aufrichten kann, sind nicht nur gewonnene Prozesse und ihre Erfolge im Mobilisieren von internationalen Unterstützungskampagnen für zu Unrecht inhaftierte Mandanten, sondern vor allem auch der Zuspruch ihrer Mitbürger. »Wenn ich zum Beispiel auf der Straße eine lautstarke Auseinandersetzung mit der Polizei hatte, haben mich immer wieder Passanten im Vorbeigehen mit einem diskreten »Thumbs-up« ermutigt. Einmal hat mir ein Zöllner zugemurmelt: ›Madame, am liebsten würde ich Sie küssen; Sie tun Gutes!‹ Und ein Polizist hat mir gestanden: ›Wenn ich einen anderen Job hätte – ich würde sofort kündigen!‹ Dass mir so viele Menschen ihre Sympathie gezeigt haben, das hat mir Mut gemacht.«

In diese Zeit fällt auch ein persönlicher Triumph über das Regime, der sie noch heute ganz besonders freut: »Während mein Mann im Untergrund gelebt hat und ich selbst unter permanenter Polizeibeobachtung stand, bin ich mit meiner dritten Tochter schwanger geworden. Also eigentlich ein Ding der Unmöglichkeit! Ich habe

natürlich versucht, meine Schwangerschaft so lange wie möglich unter weiten Gewändern zu verbergen, und behauptet, wegen Verdauungsproblemen zum Arzt zu gehen. Klar gab es Gerüchte und Getuschel, aber ich habe es erst zugegeben, als ich bereits im siebten Monat war. Ben Ali hat angeblich getobt, als er davon erfahren hat. Nach dieser Blamage hat es auch personelle Konsequenzen gegeben – das war sehr unangenehm für meine Bewacher. Und während der Geburt ist vor dem Kreißsaal ein Polizist gestanden.«

Das Foltern geht weiter

Der plötzliche Sturz von Ben Ali kommt für Madame Nasraoui gar nicht so überraschend: »Ich hatte eigentlich schon seit Jahren damit gerechnet. Die Leute hatten genug von der extremen Korruption und der harten Hand des Regimes. Ich habe gespürt, dass sich die Stimmung in der Bevölkerung geändert hat.« Als die Revolution losbricht, schart sie Gleichgesinnte um sich und engagiert sich in verschiedenen Komitees, um den Umsturz voranzutreiben und unter anderem die Leute in Sidi Bouzid zu unterstützen. Gleichzeitig hält sie Kontakte zu den internationalen Medien, die sie über die neuesten Entwicklungen informiert.

Seit damals hat sich einiges verändert. Die vielfach ausgezeichnete Anwältin und Kandidatin für den Friedensnobelpreis von 2011 kann zwar im eigenen Land noch immer nicht so frei arbeiten, wie es demokratischen Standards entsprechen würde, auch hat sie noch Schulden aus der Zeit der Verfolgung. Aber immerhin, ihre Organisation gegen Folter in Tunesien ist nun offiziell registriert und muss nicht mehr im Untergrund agieren.

Weniger ist ihre Arbeit allerdings nicht geworden, und sie ist so wichtig wie zuvor. »Es wird noch immer gefoltert, das hat sich leider nicht geändert. Ich werde weiter dagegen ankämpfen und die Fälle öffentlich machen.« Was müsste sich ändern? »Als ersten

Schritt muss das Regime anerkennen, dass die Folter existiert. Solange das geleugnet wird, kann man nicht effektiv dagegen vorgehen. Dann braucht es klare Anweisungen von oben, und man muss die Straffreiheit aufheben, die gegenwärtig de facto existiert. Die Klagen der Opfer dürfen nicht mehr ignoriert oder auf die lange Bank geschoben werden, und die Polizeigewerkschaft muss endlich verstehen, dass sie gewalttätige Polizisten nicht schützen darf!«
Dennoch bleibt Radhia Nasraoui optimistisch: »Ich glaube an das tunesische Volk.« Nachsatz: »Vor allem an die Frauen.« Außerdem, sagt sie augenzwinkernd, kann sie ja auch ganz konkrete Fortschritte beobachten. Im Gefängnis von Sfax hat ihr erst unlängst ein Mandant mit Seitenblick auf sein Wachpersonal zugeraunt: »Madame, die haben Angst vor Ihnen!«

Asma Kaouech

Dynamische Jungaktivistin

»Es ist meine Pflicht, optimistisch zu sein«

Wer seinen Glauben an Tunesien zurückgewinnen will, der muss mit Asma Kaouech reden. Intelligent, hübsch und mit ihren 22 Jahren unverschämt jung sitzt sie mir in einem Café im Zentrum von Tunis gegenüber, in dem sie den Großteil der Gäste zu kennen scheint. Sie streicht langsam ihr langes dunkles Haar zurück und erklärt mit ernsthaftem Blick: dass nach der Revolution ein neues, besseres Zeitalter begonnen habe, dass Tunesien jetzt demokratisch und frei sei. Dank der neuen Verfassung seien Männer und Frauen gleichgestellt und die Meinungsfreiheit garantiert. Ist es sehr unhöflich, einer Interviewpartnerin innerhalb der ersten zwei Minuten zu widersprechen? Ich hoffe nicht. »Einen Moment«, versuche ich also einzuwenden, »die Ennahda …« – »… war tatsächlich islamistisch, aber das war in den 80er-Jahren und ist lange vorbei. Jetzt ist die Partei moderat und vertritt, wie sie es selbst nennt, einen ›Islam light‹«, ergänzt Asma, die genau weiß, worauf ich hinauswill. »Wählen würde ich sie allerdings nicht«, lenkt sie immerhin ein. Auch wenn sie fundamentalistische Strömungen für eine Gefahr hält, ist es ihr doch wichtig zu betonen, dass Tunesien nicht mit anderen Ländern der Region verglichen werden könne. Dass die Mehrheit der Bevölkerung tolerant sei und keine extremistische Politik unterstützen würde. Asma hat in diesem Sommer im Rahmen der Middle East Partnership Initiative (MEPI) für Studentenführer einige Wochen lang die USA bereist. Wenn es darum geht, Tunesien zu promoten, ist sie kaum zu (s)toppen.
Asma stammt aus einer großen warmherzigen Familie, von der sie immer Ermutigung und Unterstützung bekommen hat. Ihr Vater ist Philosophieprofessor, verehrt Hegel, Nietzsche und Kant; die Mutter ist Lehrerin, klagt über das Jahr für Jahr schlechter werdende Arabisch ihrer Schüler und kocht ein wunderbares Couscous. Die Schwester arbeitet als Anästhesistin, der ältere Bruder lebt in Frankreich, um sein Doktorat in Biologie abzuschließen, der jüngere geht noch aufs Gymnasium. Das Haus der Kaouechs steht in einem gepflegten Viertel am Stadtrand von Tunis und ist immer

mit Verwandten aus dem Süden voll. »Immer!«, wie die Mutter mit theatralischem Seufzen betont.

»Wir werden hart arbeiten müssen«

»Papa, ich möchte Nietzsche heiraten!«, soll Asma als kleines Mädchen einmal gesagt haben. Der Ehrgeiz ist ihr geblieben, allerdings hat er sich weg von der Heirats- und hin zur Sozialpolitik bewegt. »Ich sehe meine Aufgabe darin, jungen Leuten Mut zu machen und sie zu motivieren, sich in der Politik zu engagieren, indem ich ihnen sage: ›Los, es ist dein Recht! Auch du kannst Tunesien regieren!‹« Das mag im ersten Moment vielleicht etwas naiv klingen. Aber ist es nicht das Vorrecht der Jugend, naiv zu sein? Außerdem ist Asmas Position auf einem realistischen Fundament gebaut: »Wir alle wünschen uns Demokratie, Freiheit und Würde – es wäre jedoch eine Illusion zu glauben, dass uns das einfach so in den Schoß fallen wird. Ganz im Gegenteil! Wir werden dafür hart arbeiten müssen. Sehr hart sogar! Genau genommen werden wir für unsere Interessen einen Krieg führen müssen. Einen friedlichen Krieg!«

Asma ist bereit, diesen Krieg auf mehr als einer Ebene zu führen. Dass sie keine Scheu hat, für ihre Überzeugungen offen einzustehen, hat sich schon früh gezeigt. Ihr erstes prägendes Erlebnis hatte sie im Gymnasium, im zarten Alter von 15: »Unser Lehrer hat gefragt, was wir einmal werden wollen. Ich habe spontan geantwortet: ›Präsidentin!‹ – ›Warum?‹, kam die Frage zurück. – ›Weil Ben Ali kein guter Regent ist!‹« Am selben Abend läutet es zu Hause an der Tür: die Polizei. Asma wird gerufen. »Warum hast du Ben Ali kritisiert?« – »Weil es mein Recht ist.« Die Staatsmacht, die in ihrem pervertierten Kontrollwahn sogar Schüler ins Visier nimmt, belässt es diesmal bei einer Verwarnung, schärft ihr aber ein, nicht mehr schlecht über den Präsidenten zu sprechen. Ein unangenehmer, bedrohlicher Moment für Asma, gleichzeitig aber ein Augen-

öffner – wenn auch nicht im Sinne der Polizei: »Damals habe ich etwas sehr Wichtiges verstanden: Wir leben in einem Regime, das Angst vor Worten hat.«
Als die Revolution ausbricht, widmet sie sich dieser mit Enthusiasmus und mit dem Ungestüm, das man von einer 19-Jährigen erwarten kann. Sie verbringt die Tage auf der Straße, auf der Avenue Bourguiba und in der Kasbah, wo der Großteil der Demonstrationen und Sit-ins stattfindet. Doch für Asma ist es mehr als nur ein zeitlich begrenztes Engagement. Diese intensiven Wochen, die Solidarität unter den Demonstranten, die Erfahrung, in der Gemeinschaft stark genug zu sein, um selbst das Unwahrscheinliche zu erzwingen – all dies kommt einem Erweckungserlebnis gleich. »Ich habe ganz deutlich gespürt: Jetzt ist unsere Zeit angebrochen! Jetzt haben endlich auch wir, die Jungen, eine Chance, unsere Zukunft mitzugestalten. In diesem Moment habe ich beschlossen, mein Leben den Zielen unserer Revolution zu widmen: Demokratie, Freiheit und Würde, und zu versuchen, zur Lösung von Tunesiens sozialen Problemen beizutragen.«
Asma schreibt sich also in die Fakultät für Rechtswissenschaften ein und wird Mitglied in verschiedenen studentischen Organisationen. Mittlerweile hat sie ihren Bachelor in öffentlichem Recht erfolgreich abgeschlossen und einen Master in öffentlichem und internationalem Recht begonnen. Die meisten wären damit hinreichend ausgelastet. Nicht so Asma. Wenn sie von ihrem Studium spricht, verwendet sie Begriffe wie »erste Priorität« und »Passion« – aber man hat trotzdem den Eindruck, dass ihre Leidenschaft woanders liegt, und zwar bei ihrem außeruniversitären Engagement, als Pressesprecherin der von ihr mitbegründeten Young Leaders and Entrepreneurs Association oder als Trainerin für Wahlen, Feminismus, soziale Medien und Kommunikation. Dass sie nach wie vor an jeder relevanten Demonstration teilnimmt, versteht sich von selbst.

20 Stunden, um Tunesien zu reformieren

Ein Projekt, das Asma besonders am Herzen liegt, nennt sich »20 Stunden, um Tunesien zu reformieren«. Es handelt sich dabei um einen Workshop, den sie in den verschiedenen Teilen des Landes organisiert, mit dem Ziel, das derzeit brachliegende Potenzial der tunesischen Jugend zur Lösung von praktischen Problemen zu nutzen: »Wir wollen junge, talentierte Menschen dazu motivieren, Konzepte zur Verbesserung von Tunesien zu entwickeln – und dann auch umzusetzen«, erklärt Asma die Idee hinter diesen dreitägigen Events. Zuerst werden Grundzüge der Projektentwicklung gelehrt, dann werden die rund 100 Teilnehmer in 10 Gruppen aufgeteilt, um innerhalb von 20 Stunden ein Projekt zu entwickeln. Mit Blick auf die Parlamentswahlen im November 2014 ging es um die Frage, wie man die Wahlbeteiligung junger Menschen steigern könne.

»20 Stunden, das klingt nach viel, aber in Wirklichkeit ist das wahnsinnig wenig Zeit, um ein Projekt von null weg zu entwickeln. Vor allem, wenn die Gruppen frisch zusammengewürfelt sind. Die Teilnehmer kommen ja aus ganz verschiedenen Bereichen und haben unterschiedliche Ansichten und Ausbildungsniveaus. Die müssen sich erst einmal zusammenraufen!« Pause ist innerhalb der 20 Stunden keine vorgesehen, die Nacht wird durchgearbeitet. Erst danach gibt es knappe zwei Stunden Schlaf, dann werden die Ergebnisse präsentiert und von einer unabhängigen Jury prämiert.

»Ich war wirklich beeindruckt von der Begeisterung und Energie, mit der gearbeitet wurde, und den Projektideen, die entstanden sind. Einige davon wurden dann auch erfolgreich umgesetzt.«

Aber die Workshops können noch mehr, als Ideen zu generieren. Sie schmieden Freundschaften und fördern Verständnis und Toleranz. Ein eminent wichtiger Nebeneffekt in einem Land, das Gefahr läuft, von unterschiedlichen ideologischen Strömungen zerrissen zu werden: »Am Anfang sind die Teilnehmer oft misstrauisch und

wollen nur mit ihresgleichen zusammen sein. Ich erinnere mich an einen, der sich furchtbar aufgeregt hat: Nein, das kann er nicht akzeptieren, er will nicht mit diesem Islamisten zusammenarbeiten, etc. Am Ende des Workshops haben dann beide geweint, er und der Islamist, weil sie sich nicht voneinander trennen wollten.«

»Ich rate dir im Guten: Halte dich von diesem Leben fern!«

Die Leichtigkeit, mit der Asma erzählt, ist trügerisch. Die Erfolge sind ihr nicht, wie man im ersten Moment meinen möchte, zugeflogen, sondern wurden einem widerstrebenden System mit Fleiß und Mut abgetrotzt. Und, nicht zuletzt, mit der Hartnäckigkeit, um nicht zu sagen Sturheit, die sich hinter Asmas mädchenhaftem Gesicht und ihrem gewinnenden Wesen verbirgt. Sie hat noch eine weitere nützliche Eigenschaft: Sie lässt sich nicht leicht einschüchtern. Das ist insofern wichtig, als sie mittlerweile kein unbeschriebenes Blatt mehr ist und Behördenkontakte immer öfter zu einem Spießrutenlauf werden.

Als sie im September 2013 beispielsweise um eine Genehmigung ansucht, anlässlich des Tags des Friedens eine Demonstration zu organisieren, heißt es: »Tag des Friedens?? Du magst also den Frieden, wie? Gibt es überhaupt Frieden zwischen dir, der Aktivistin, und mir? Nein, gibt es nicht! Ich rate dir also im Guten: Halte dich von diesem Leben fern!« Antrag abgelehnt. Doch Asma gibt nicht auf. Die Vorbereitungen laufen weiter auf Hochtouren. Am Tag der Veranstaltung geht sie wieder hin. Der Beamte: »Meine Antwort bleibt Nein. Ich glaube nicht, dass ihr riskieren solltet, eine illegale Versammlung abzuhalten.« Asma redet sich den Mund fusselig – und hat wider Erwarten Erfolg. »Also gut«, lenkt der Beamte schließlich ein. »Dieses eine Mal mache ich eine Ausnahme. Aber ich will dich hier nie wieder sehen.«

Wenig später steht Asma wieder vor ihm. Das Anliegen ist ähnlich: Diesmal geht es um die Organisation eines Straßenfests im Stadtzentrum, das »Nein zur Gewalt gegen Frauen« zum Motto hat. Eine Premiere, nicht nur in Tunesien, sondern für die gesamte arabische Welt. Asma erklärt also ihrem Gegenüber, dass es sich nicht um eine politische Kundgebung handle, sondern um ein großes Fest »für die Jugend, die ihre Liebe und ihren Respekt für die Frauen« feiert. Auf der Avenue Bourguiba, der Hauptstraße, soll getanzt, nicht protestiert werden. »Tanzen?!«, fragt der Beamte misstrauisch. »Das wird sicher pornografisch.« Asma versichert, das wäre gewiss nicht der Fall. »Dann zeig mir einmal, wie du tanzt!« Und Asma – tanzt. Lässt sich im kargen Büro eines autoritären Beamten demütigen, um einen Event zu organisieren, bei dem die Würde der Frau im Zentrum stehen soll. »Dann hat der Beamte gesagt: ›Okay, dieses eine Mal noch. Aber komme mir nicht noch einmal …‹.« Asma schüttelt den Kopf und lacht. Es ist klar: Wenn es sein muss, geht sie wieder hin.

Lernen, ein guter Politiker zu sein

Im Moment arbeitet sie an der Umsetzung einer Idee, die sie selbst entwickelt hat: die Gründung einer Akademie für Nachwuchspolitiker. Sie will damit eine Lücke im tunesischen System schließen: »Wir haben keine Ausbildung, die junge Leute dazu animieren könnte, in die Politik einzusteigen.« Ihr schwebt ein praxisorientierter sechsmonatiger Lehrgang vor. In den ersten drei Monaten sollen unabhängige Experten theoretische Fächer wie politische Kultur, Kommunikation und Management unterrichten. Die zweite Hälfte des Kurses besteht aus einem Praktikum, das man entweder bei einer politischen Partei in Tunesien oder im Ausland machen kann.

Selbst wenn man Asmas Hoffnung, dass die Studenten auf diese

Weise vielleicht lernen, wie man ein »guter, kompetenter« Politiker wird, skeptisch gegenübersteht und auch nicht überrascht ist, dass ihr Ansuchen um akademische Anerkennung des Lehrgangs abgewiesen wurde, muss man ihr doch zugestehen, dass die Idee spannend ist. Wie aber schaut es mit der Umsetzung aus? Das Konzept existiere im Wesentlichen, auch ein Teil der Lehrkräfte stehe bereits fest. Und die Finanzierung? Selbst daran sei schon gedacht: Einigen Professoren konnte Asma das Versprechen abringen, im ersten Jahr gratis zu unterrichten. Darüber hinaus will sie Gespräche mit internationalen Organisationen und Stiftungen führen; grundsätzliches Interesse, das hat sie schon ausgelotet, sei vorhanden.
Ein ehrgeiziges und sicherlich lohnendes Projekt. Allerdings auch ein Aufwand, den ich – nach über zehn Jahren Erfahrung im Projektmanagement – mit »zumindest herkulisch« umschreiben würde. Wann soll es starten? »In drei oder vier Monaten könnte es so weit sein«, schätzt Asma, die Vielbeschäftigte, selbstbewusst.
Ist es sehr unhöflich, einer Interviewpartnerin am Ende des Gesprächs zu widersprechen? Egal – denn diesmal verzichte ich. Vor mir sitzt eine junge Frau, die bereit ist, mit ihrer ganzen Energie, Intelligenz und Dickschädeligkeit für die Zukunft ihres Landes zu kämpfen. Die unabhängig, säkular und ohne Parteizugehörigkeit ist, sich aber – »Wer weiß?« – durchaus vorstellen kann, eines Tages in die Politik einzusteigen. Die, wie sie mit Nachdruck betont, es für ihre »Pflicht« hält, optimistisch zu sein. Und die vor allem davon überzeugt ist, dass man, egal wohin einen das Leben verschlägt, seinen Job mit Liebe machen soll. Tunesien könnte mehr Menschen ihrer Art vertragen.

ÄGYPTEN

Regieren mit eiserner Faust

Name: Staatsbürger
Religion: Ägypter
Geburtsort: Tahrir
Geburtsdatum: 25. Januar 2011
Beruf: Revolutionär[1]

Das Volk – verlangt – den Rücktritt des Regimes!! Das Volk – verlangt – den Rücktritt des Regimes!!« Ägypten, Anfang 2011: ein Land in Aufruhr. In allen Provinzen wird demonstriert, Millionen drängen auf die Straßen. Die Polizei will den Aufstand mit Wasserwerfern, Tränengas, Kamelen und scharfer Munition unterdrücken, die Armee versucht zu vermitteln, die Muslimbrüder halten sich – wie lange noch? – heraus. Täglich, nein, stündlich ändert sich die Situation. Der Rest der Welt, über Al Jazeera, CNN, Facebook und Twitter live dabei, fiebert mit, als der Protest von wenigen Tausend Jugendlichen innerhalb von 18 Tagen zu einer Lawine anschwillt, die Mubarak nach 30 Jahren an der Macht hinwegfegen wird.
Auf dem belagerten Tahrir, im Zentrum von Kairo, schlägt das Herz der Revolution. Von der Solidarität auf dem Platz, dem Gemeinschaftsgefühl in der Zeltstadt, die dort spontan entstanden ist, erzählen Aktivisten heute noch mit Tränen in den Augen. Man sorgt füreinander, teilt, was man hat. Brot, Wasser, Zigaretten wandern von Hand zu Hand, zwischen Arm und Reich, Jung und Alt, von der westlich gekleideten Koptin zur tief verschleierten Muslima.

Und es weht auch ein Hauch von »Krieg der Sterne« über den Platz: auf der einen Seite die fragile, schlecht ausgerüstete Allianz derer, die bereit sind, für Freiheit und Demokratie ihr Leben zu riskieren, auf der anderen das übermächtige Regime, das seit Jahrzehnten mit eiserner Faust regiert.
Aber der wahre Grund, warum uns die Geschehnisse in Ägypten so nahegehen, ist ein anderer: Die Bilder zeigen uns Menschen, die wir normalerweise nicht in den Nachrichten sehen. Wir fühlen uns mit dieser gebildeten, urbanen Mittelschicht verwandt, die da plötzlich vor die Kameras tritt und mit Vehemenz und dem Mut der Verzweiflung Dinge fordert, die für uns längst Selbstverständlichkeit sind.
Und noch etwas fällt auf: die Präsenz der Frauen. Mit oder ohne Kopftuch, mit oder ohne Kinder – stets sind sie an vorderster Front dabei. Ihre Teilnahme signalisiert, dass es um mehr geht als um Politik; es geht um ihre Zukunft, ihre Existenz. Diesmal warten sie auch nicht darauf, dass die Medien kommen, um, wie üblich, die Männer zu interviewen. Über Twitter, Facebook und in der Blogosphäre machen sie die Nachrichten selbst – und wir können endlich auch ihre Stimme hören.

Ein ausgeblutetes Land

Die Proteste kamen nicht von ungefähr, wie »Brot, Freiheit, Würde!«, einer der wichtigsten Slogans der Revolution, bereits vermuten lässt. In den knapp 30 Jahren zwischen seinem Machtantritt am 14. Oktober 1981 und seiner erzwungenen Abdankung am 11. Februar 2011, hatte Präsident Muhammad Hosni Mubarak das einst stolze Land ausgeblutet, heruntergewirtschaftet und zur strategischen Bedeutungslosigkeit verkommen lassen.
Allgegenwärtige Korruption, Arbeitslosigkeit, ein Bildungssystem, das nicht einmal mehr Mindeststandards erfüllt, ein Teil der Be-

völkerung von fast 90 Millionen in bitterster Armut – während der Präsident und seine Getreuen im Luxus schwelgen und Milliarden auf Auslandskonten transferieren.

Nach und nach beginnt sich ein Parallelsystem zu entwickeln: die Muslimbrüder verteilen Essen, errichten Schulen, unterstützen die Ärmsten der Armen praktisch und finanziell. Obwohl die Bruderschaft als politische Partei verboten ist, kommt es Mubarak zupass, dass sie Funktionen übernimmt, die sein verrotteter Staatsapparat nicht mehr erfüllen kann. Um des sozialen Friedens willen lässt er sie gewähren und geht damit einen instabilen Kompromiss mit Ablaufdatum ein.

Dennoch kommt es immer wieder zu Protesten, die allerdings rasch und blutig niedergeschlagen werden. Zusätzlich geben die Notstandsgesetze, die den Großteil von Mubaraks Amtszeit in Kraft sind, der Exekutive de facto absolute Macht: Jeder kann jederzeit ohne Angabe von Gründen verhaftet und auf unbestimmte Zeit eingesperrt werden. Menschen verschwinden, Folter in Polizeigewahrsam ist an der Tagesordnung. Und je mehr es in der Bevölkerung gärt, desto fester zieht das Regime die Schrauben an.

Die Ägypterin Amal Ramsis, Filmemacherin und Gründerin des Cairo International Women's Film Festivals, hat mit *Mamnou – Forbidden* eine Dokumentation darüber gedreht, was in Mubaraks Ägypten alles verboten ist: »Mir war aufgefallen, dass unser Land immer restriktiver wurde und mittlerweile so gut wie gar nichts mehr erlaubt war. Im Schnitt setzte man sich jeden Tag über zehn bis 15 Verbote hinweg, oft ohne es überhaupt zu bemerken.«

Die letzten Bilder des Films zeigen den ersten Tag der Revolution. »Ich werde immer wieder gefragt, wie mir dieses sensationelle Timing gelungen ist«, erzählt Amal heute. »Das war natürlich Glück. So etwas kann man nicht planen. Aber tatsächlich habe ich schon während des Drehs gespürt, dass sich die Stimmung auf der Straße verändert hat. Die Leute hatten genug. Die Zeit für etwas Neues war gekommen.«

»Wir sind alle Khaled Said«

Wie in Tunesien ist es auch hier ein Einzelner, der den zündenden Funken entfacht, der auf Millionen überspringt: Khaled Said wird am Abend des 06. Juni 2010 in einem Internetcafé in Alexandria von zwei Polizisten verhaftet. Wenige Stunden später ist er tot. Ein tragischer, wenngleich nicht ungewöhnlicher Fall – doch die zwei Fotos, die um die Welt gehen, lassen niemanden kalt. Das eine zeigt das sympathische, offene Gesicht des attraktiven 28-jährigen Bloggers, das andere, post mortem aufgenommen, seine entstellte Leiche. Binnen Stunden wird Khaled zum Symbol für exzessive Polizeigewalt und dafür, dass sie jeden treffen kann.
Wael Ghonim, ein Ägypter, der für Google als Marketingleiter für den Mittleren Osten und Nordafrika arbeitet, gründet spontan die Facebook-Seite »Kullena Khaled Said« (»Wir sind alle Khaled Said«), der nach kurzer Zeit bereits mehr als 350 000 Menschen folgen. Sie wird zu einer der wichtigsten Plattformen für Aktivisten: nicht nur, um Menschenrechtsverletzungen der Polizei zu dokumentieren und Informationen zu verbreiten, die von den staatlich kontrollierten offiziellen Medien nicht aufgegriffen werden, sondern auch, um Unterstützer für die Proteste zu mobilisieren.
Als die Seite am 25. Januar 2011 zur Großdemonstration in Kairo ruft, tauchen mehr als 50 000 Menschen auf. Trotz des erbitterten Widerstands der Polizei gelingt es ihnen, auf den Tahrir-Platz durchzubrechen. Am nächsten Tag kommen noch mehr Leute, dann noch mehr … schließlich sind es im ganzen Land Millionen, die sich den Protesten anschließen. In 18 atemlosen Tagen gelingt, was keiner ernsthaft zu hoffen wagte: Der greise Präsident tritt ab, die Ära Mubarak ist zu Ende.

Ein neues Regime – und wieder Gewalt

Der Militärrat übernimmt – doch die Proteste gehen weiter, diesmal, um rasche Neuwahlen zu erzwingen. Die Bilder vom »blue bra girl«, der jungen Frau im blauen BH, die halb entblößt auf dem Boden liegt, während die Polizei mit Schlagstöcken auf sie einprügelt und sie mit schweren Stiefeln tritt, und die Nachricht von brutalen »Jungfrauentests« in Militärgefängnissen schockieren die Welt.

Jetzt zeigt sich auch, dass die so idealistische wie inhomogene Opposition im Vergleich zu den Platzhirschen Militär und Muslimbrüder nur aus kleinen Fischen besteht. Die Freiheits- und Gerechtigkeitspartei der Muslimbrüder entscheidet das Rennen für sich, und Mohammed Mursi zieht im Juni 2012 in den Präsidentschaftspalast ein.

Für die Aktivisten bedeutet das Kampf auf zwei Ebenen: zum einen als Oppositionspartei innerhalb des Parlaments, wo sie mit einigen Sitzen vertreten sind, zum anderen auf der Straße, wo die Proteste weitergehen.

Die österreichische Filmemacherin Alexandra Schneider ist zu dieser Zeit in Kairo, um – teils unter Lebensgefahr – ihre mittlerweile preisgekrönte Dokumentation[2] über vier ägyptische Frauen zu drehen. »Die Stimmung war aggressiv, es war klaustrophob, als Frau wurde man ständig begrapscht. Zur gleichen Zeit, während ich auf der einen Seite des Tahrir filmte, wurde, wie ich später herausgefunden habe, auf der anderen eine Frau vergewaltigt. Die brutalen Massenvergewaltigungen, die damals immer häufiger vorkamen, wurden nicht nur, aber auch gezielt als politisches Mittel eingesetzt, um die Frauen aus dem öffentlichen Raum zurück an den Herd zu drängen.«

Gleichzeitig wird die Propagandamaschinerie hochgefahren. »Es hat geheißen: ›Damals, Anfang 2011, das war die Stimme des Volkes, das waren die echten, die patriotischen Revolutionäre. Aber wer jetzt demonstriert, ist ein Verräter, ein Spion‹.« Auch Journalisten werden als Spione bezeichnet, vor allem wenn sie aus dem Ausland kommen. Im Fernsehen gibt es Aufrufe, verdächtige Personen bei der Polizei zu melden. »Die einfachen Leute haben das geglaubt und auch sehr ernst genommen. Ich bin mehrfach in wirklich unangenehme Situationen geraten, weil ich auf der Straße mit einer Kamera unterwegs war.«

Epilog

»Mit Mursi haben wir begonnen, die Revolution zu verlieren«, sagt Sara, eine der Frauen, die in diesem Buch porträtiert werden. Und mit Präsident Abdel Fattah as-Sisi wurde sie endgültig zu Grabe getragen, ist man versucht zu sagen: Das Militär, das nach landesweiten Protesten und 22 Millionen Unterschriften gegen Mursi im Juli 2013 wieder das Ruder übernimmt, ist bereit, über Leichen zu gehen, um seine Macht zu konsolidieren. Der Vernichtungsfeldzug gegen die Muslimbrüder und andere politische Gegner beginnt mit rund 1000 Toten bei Pro-Mursi-Demonstrationen und wird mit willkürlichen Verhaftungen, drakonischen Gefängnisstrafen und Massen-Todesurteilen fortgeführt. Das Regime spricht von 22 000 Inhaftierten, andere Quellen geben an, 41 000 Fälle dokumentiert zu haben. Viele davon ohne Urteil, also de facto mit Gefängnisstrafen auf unbestimmte Zeit.

Gleichzeitig werden die Medien gleichgeschaltet und die Zivilgesellschaft, egal ob national oder international, unter Druck gesetzt: Jegliche Kritik an Ägypten, seiner Regierung, seinem Militär, ja sogar – und hier wird es absurd – seiner glorreichen Vergangenheit kann mit hohen Geld- oder Haftstrafen geahndet werden.

Am 29. November 2014 wird Mubarak in einem Revisionsprozess von den Vorwürfen der Korruption und des Mordes an den 846 Opfern der Revolution überraschend freigesprochen, gemeinsam mit seinem ehemaligen Innenminister Habib al-Adly und sechs weiteren Sicherheitsoffizieren. Mubarak, der derzeit eine dreijährige Haftstrafe wegen der Veruntreuung öffentlicher Gelder verbüßt, könnte demnach bereits 2015 aus dem Gefängnis entlassen werden. Für die Millionen, die damals auf die Straße gingen und ihr Leben für ein neues Ägypten riskierten, ein Schlag ins Gesicht. Als die Proteste wieder aufflammen, erhält die Polizei den Befehl, mit scharfer Munition in die Menge zu schießen.

Aus diesen Gründen, und weil auf Polizeistationen und in Gefängnissen nach wie vor gefoltert wird, fordert die Menschenrechtsorganisation Human Rights Watch die Vereinten Nationen dringend auf, die »dramatischsten Menschenrechtsverletzungen in Ägyptens jüngerer Geschichte«[3] öffentlich zu verurteilen.

Angesichts dieser Tatsachen fällt es den Menschen in Ägypten schwer, optimistisch zu bleiben. Die Filmemacherin Amal Ramsis will die Hoffnung dennoch nicht aufgeben. Sie ist überzeugt: »Unsere Revolution ist noch nicht zu Ende, sie geht weiter. Allerdings wird sie sehr viel länger dauern, als wir gedacht haben.«

Ola Shahba

Aktivistin und Straßenkämpferin

»Das Schlimmste ist der Verlust der Freunde«

Das hat sich zufällig so ergeben.« – Dieser Satz ist die Untertreibung des Jahrzehnts. Mag sein, dass Ola Shahba ursprünglich nicht geplant hat, in die direkte Schusslinie der Polizisten zu springen, aber als es darum geht, einen Kameraden zu retten, der im Hagel der Geschosse schwer verletzt zusammenbricht, tut sie es, ohne zu zögern. Von diesem Tag an ist sie – meist als einzige Frau – auch bei gewaltsamen Zusammenstößen immer in der ersten Reihe: gegen Mubarak, gegen Mursi und gegen as-Sisi und deren vielfach überlegenen Sicherheitsapparat.

Der attraktiven Mittdreißigerin, die mir in einem populären Café in Mohandiseen, Kairos gepflegtem »Ingenieursviertel«, gegenübersitzt, sieht man die Revolutionärin nicht an. In ihrem femininen Sommerkleid und mit den elegant hochgesteckten dunklen Haaren wirkt sie wie eine junge Frau aus der oberen Mittelschicht, der man auch in Frankfurt oder Wien begegnen könnte. Allein die Tatsache, dass sie sich eine Zigarette nach der anderen anzündet (»Bis zu den Demonstrationen am Tahrir-Platz habe ich eigentlich nicht geraucht, aber man musste ja irgendetwas tun, um den Geschmack des Tränengases wieder loszuwerden«), ist ein Indiz, dass ihr Leben nicht in den ruhigen, sicheren Bahnen verläuft, die man bei ihr erwarten würde.

Und doch ist der allererste Eindruck nicht ganz falsch: Die Familie zählt zum Bildungsbürgertum, der Vater ist Professor für Politikwissenschaft, die Mutter Fernsehredakteurin. Ihre Schwester und ihr Bruder, zwei und neun Jahre jünger als sie, sind beide Ingenieure. Sie selbst hat in Kairo und London Wirtschaft und Anthropologie studiert, ist eine vom Europarat zertifizierte Trainerin, hat sogar an deren Handbuch für außerschulisches Lernen mitgeschrieben und für verschiedene Auftraggeber als Expertin für Bildung in den Bereichen Menschenrechte und Entwicklung gearbeitet. Die Voraussetzungen für ein erfolgreiches, glückliches Leben hätten nicht besser sein können – doch Ola hat sich anders entschieden. Der Preis, den sie dafür gezahlt hat und immer noch zahlt, ist enorm.

Wenn sie heute sagt: »›Normal‹ kenne ich gar nicht mehr«, dann meint sie das im wörtlichen Sinn, und zwar für alle Bereiche ihrer Existenz. Ruhig stellt sie das fest, ganz nüchtern, ohne Bitterkeit, Reue oder Stolz. Allerdings: ganz frei von Wehmut klingt es nicht. Schon einen Augenblick später hat sie sich jedoch wieder gefasst: »Ich bin Sozialistin. Das ist Teil meines Lebensstils und Lebensgefühls. Ich kann nicht einfach nichts tun.«

Aktivistin der Stunde Null

Obwohl sie ihrer Meinung nach »aus einer eher unpolitischen« Familie stammt, hat Ola bereits während ihres Studiums angefangen, politisch aktiv zu werden. Am Anfang steht im Jahr 2000 die Teilnahme an pro-palästinensischen Demonstrationen während der zweiten Intifada, später anlässlich des Irakkrieges 2003. Danach beginnt sie sich für die ägyptische Arbeiterbewegung zu engagieren. Früh schon definiert sie sich als Sozialistin, auch wenn sie sich erst 2008 einer politischen Gruppierung, der »Sozialistischen Erneuerungsbewegung« anschließt.

Wie ernst sie ihre politischen Anliegen nimmt, zeigt sich im Studienjahr 2007/2008, das sie in London verbringt, um an der University of London Entwicklungsanthropologie zu studieren. Anstatt sich, wie viele ihrer Kommilitonen, den Reizen der Großstadt hinzugeben, unterbricht sie ihren Aufenthalt mehrmals, um nach Kairo zu fliegen und im Vorfeld der Kommunalwahlen oppositionelle Kräfte sowie die politisch wichtigen Textilarbeiter-Streiks zu unterstützen. Bei den Demonstrationen, an denen sie teilnimmt, kommt es erneut zu Massenverhaftungen. Davon betroffen sind auch immer wieder Freunde von Ola, für die sie Unterstützung mobilisiert und für deren Freilassung sie kämpft.

Auch wenn sie sich zu diesem Zeitpunkt dessen noch nicht bewusst ist – dieses Engagement macht sie zur Aktivistin der Stunde

Null der ägyptischen Revolution: Als die einzelnen Gruppierungen der stark fragmentierten Opposition nämlich erkennen müssen, dass sie im Alleingang nicht weiterkommen, schließen sie sich zur »Revolutionären Jugendkoalition« zusammen. Es ist dieselbe Koalition, die fast exakt drei Jahre später zur Demonstration des 25. Januar aufrufen wird – und damit den dramatischen 18-tägigen Countdown für das Ende von Mubaraks 30-jähriger Herrschaft einleitet.

2007 ist für Ola noch in weiterer Hinsicht entscheidend. Sie knüpft auch in London politische Kontakte und nimmt – getreu dem Motto »Nicht nur Ägypten soll profitieren, der Sozialismus ist universell, er ist für alle da« – an der Besetzung von Fabriken teil. Dort hat sie ihre Feuertaufe als Demonstrantin in Form von mehreren gewaltsamen Zusammenstößen mit der Polizei, die sie mit Bravour besteht: »Ich habe damals enorm viel gelernt: Den Polizisten gegenüber ruhig zu bleiben. Das Gefühl der aufsteigenden Panik zu unterdrücken. Und ich habe auch herausgefunden, dass ich etwas kann, was vielen anderen nicht gelingt: Ich kann es mit einem Tuch vor dem Gesicht 35 Minuten lang im Tränengas aushalten, ohne ohnmächtig zu werden oder mich zu übergeben.«

Zurück in Kairo lernt sie in den folgenden Jahren das politische Handwerk von Grund auf: Konzepte entwickeln, Kampagnen organisieren, Leute mobilisieren – stets unter den wachsamen Augen von Polizei und Geheimdienst, die einen aufgrund der Notstandsgesetze jederzeit ohne Begründung anhalten, durchsuchen und einsperren können. Als direkte Vertreterin der beiden Repräsentanten ihrer Organisation in der Revolutionären Jugendkoalition, einem Zusammenschluss verschiedener Oppositionsgruppen, führt Ola politische Verhandlungen. Kein leichtes Unterfangen für eine Frau, nicht einmal so sehr, weil an der Koalition auch konservative und islamistische Gruppen teilnehmen, sondern weil im patriarchischen Ägypten Frauen mit Führungsanspruch nach wie vor etwas Unerhörtes sind.

Vom Gefängnis ins Fernsehstudio

Der 14. Januar 2011 ist der Tag, nach dem nichts mehr so ist wie zuvor – in Tunesien sowieso, aber auch in Ägypten. Olas Augen beginnen zu leuchten, wenn sie davon erzählt: »Wir haben die Proteste in Tunesien natürlich ganz genau verfolgt, hätten aber nie im Leben damit gerechnet, dass sie so erfolgreich sein würden. Der Sturz von Ben Ali hat uns dann total überrascht. Es war atemberaubend, ganz unglaublich und natürlich auch extrem motivierend. Plötzlich haben wir nämlich erkannt: Wenn das in Tunesien möglich ist, dann können wir das auch!« Ola stellt alles andere zurück, um die historische Chance zu nützen, und verschreibt sich mit Leib und Seele der Revolution.

Für den 25. Januar rufen die Oppositionsgruppen zu einer großen Demonstration auf dem Tahrir-Platz auf, bei der man in dem politisch aufgeheizten Klima auf eine verstärkte Teilnahme der Bevölkerung hofft. »5000 wären für uns schon ein toller Erfolg gewesen«, erzählt Ola. »Wir wollten gegen die Folter und Ermordung von Khaled Saìd durch die Polizei protestieren und dafür den Rücktritt des Innenministers fordern. Das war ein ehrgeiziges, eigentlich nicht sehr realistisches Ziel, aber wir waren von den Ereignissen in Tunesien beflügelt und wollten es zumindest versuchen.«

Es ist klar, dass die Regierung alles aufbieten wird, um die Demonstranten vom Tahrir fernzuhalten. Um die Polizeieinheiten zu zerstreuen, werden deshalb 25 Ausgangspunkte für den Marsch publik gemacht – der tatsächliche Startplatz aber wird erst am Tag selbst festgesetzt und durch ein Schneeballsystem verbreitet. Ola, die diesen Demonstrationszug anführen soll, weiht sieben Leute ein, diese geben die Adresse an jeweils zehn andere weitere, die auch wiederum zehn informieren, etc. Der Abschied von den Kollegen, die den anderen Standorten zugeteilt sind, fällt ihr nicht leicht: »Ihre Aufgabe war, die Polizei möglichst lange aufzuhalten, um die Chance zu erhöhen, dass meine Gruppe den Tahrir erreicht. Eine Verhaftung war das Mindeste, was sie erwartete.«

Wie sehr sich die Organisatoren verschätzt hatten, zeigt sich schnell. Es tauchen nicht 5000 Leute auf, sondern 10 000, und aus allen Richtungen strömen weitere dazu. Schließlich sind es rund 25 000 Menschen, die sich mit Ola in Richtung Tahrir-Platz in Bewegung setzen. An den anderen Standorten sieht es ähnlich aus: Zigtausende machen sich auf, um gegen das Regime zu protestieren, eine Gruppe wächst nach ägyptischen Schätzungen sogar auf 350 000 an. Es kommt zu brutalen Straßenschlachten und Massenverhaftungen, die Polizei setzt aus nächster Nähe Gummigeschosse, Wasserwerfer und Tränengas ein.

Nach stundenlangen Kämpfen gelingt es Olas Gruppe, auf den Tahrir-Platz vorzudringen und damit auch den Weg für die Nachfolgenden frei zu machen. Um Mitternacht räumen sie den Platz allerdings wieder, zum einen wegen der beginnenden Ausgangssperre, zum anderen weil den Organisatoren das Jahr 2003 noch in schmerzlicher Erinnerung ist: Damals waren die Demonstrationen mit solch vernichtender Gewalt zerschlagen worden, dass die Opposition Jahre brauchte, um sich davon wieder zu erholen. »Diesmal wollten wir uns zurückziehen, bevor die Polizei zu viele von uns verhaften, verletzen oder töten könnte. Wir mussten stark genug bleiben, um weitermachen zu können.«

Trotz des taktischen Rückzugs hatte man einen bedeutenden Sieg errungen: »Wir haben gesehen, dass wir nicht mehr alleine sind, sondern dass wir jetzt die Bevölkerung auf unserer Seite haben. Nicht nur in Kairo, auch in Alexandria, Suez und überall sonst im Land. In ganz Ägypten wurde demonstriert! Das war der Moment, als wir erstmals wirklich realisierten, dass alles möglich ist.« Am nächsten Tag gelingt die Erstürmung des Tahrir tatsächlich erneut, und diesmal kann er, trotz des heftigen Widerstands der Ordnungskräfte, gehalten werden.

Für Ola heißt es aber zunächst einmal: Gefängnis. Nach einem konspirativen Treffen im Haus des Oppositionspolitikers Mohammed el-Baradei wird sie verhaftet und eingesperrt, jemand muss sie verraten haben. Dank der Intervention von Freunden kommt sie nach zwei Tagen wieder frei und wird zu einer Fernsehsendung geladen. Der Tahrir-Platz ist seit mittlerweile vier Tagen besetzt, das ganze Land vibriert vor Spannung, das Regime ist hochgradig nervös. In dieser aufgeheizten Atmosphäre tritt Ola vor die Kameras, und zwar so, wie sie ist: ungewaschen, ungeschminkt, im schmutziger, blutbefleckter Kleidung, mit schwarzen Augenringen, die bis zu den Backenknochen reichen. Deutlicher kann man staatliche Willkür und Polizeigewalt nicht anprangern. Wer bisher nicht mit den Demonstranten sympathisierte – jetzt muss er es tun.

Als »Jägerin« im Zentrum des Gefechts

Die nächsten Tage vergehen wie im Rausch. Olas Organisation errichtet eine Tribüne auf dem Platz, die sich schnell zur Kommandozentrale entwickelt. Hier wird geplant, debattiert, Neuigkeiten werden unter die Leute gebracht. Hier laufen auch alle Informationen der Straßenschlacht zusammen: Wo wurde die Polizei zurückgedrängt, wo müssen erschöpfte Kämpfer ausgetauscht oder Verwundete versorgt werden, wo wird Nachschub an Steinen und anderen Wurfgeschossen gebraucht.

Ola wechselt zwischen dem Management der Tribüne, der Einsatzplanung und dem aktiven Kampf. Als »Jägerin« hat sie dabei die gefährlichste Position von allen: Ungeschützt an vorderster Front ist sie dafür verantwortlich, die Tränengasgranaten der Polizei aus dem Weg zu räumen. Auch am 28. Januar, dem »Tag des Zorns«, ist sie als Jägerin im Einsatz und steht als eine von ganz wenigen Frauen im Zentrum der Schlacht. Als die Polizei von Gummigeschossen zu scharfer Munition wechselt, wollen einige Männer Ola nach hinten, an eine sicherere Stelle schicken. Sie weigert sich und bleibt

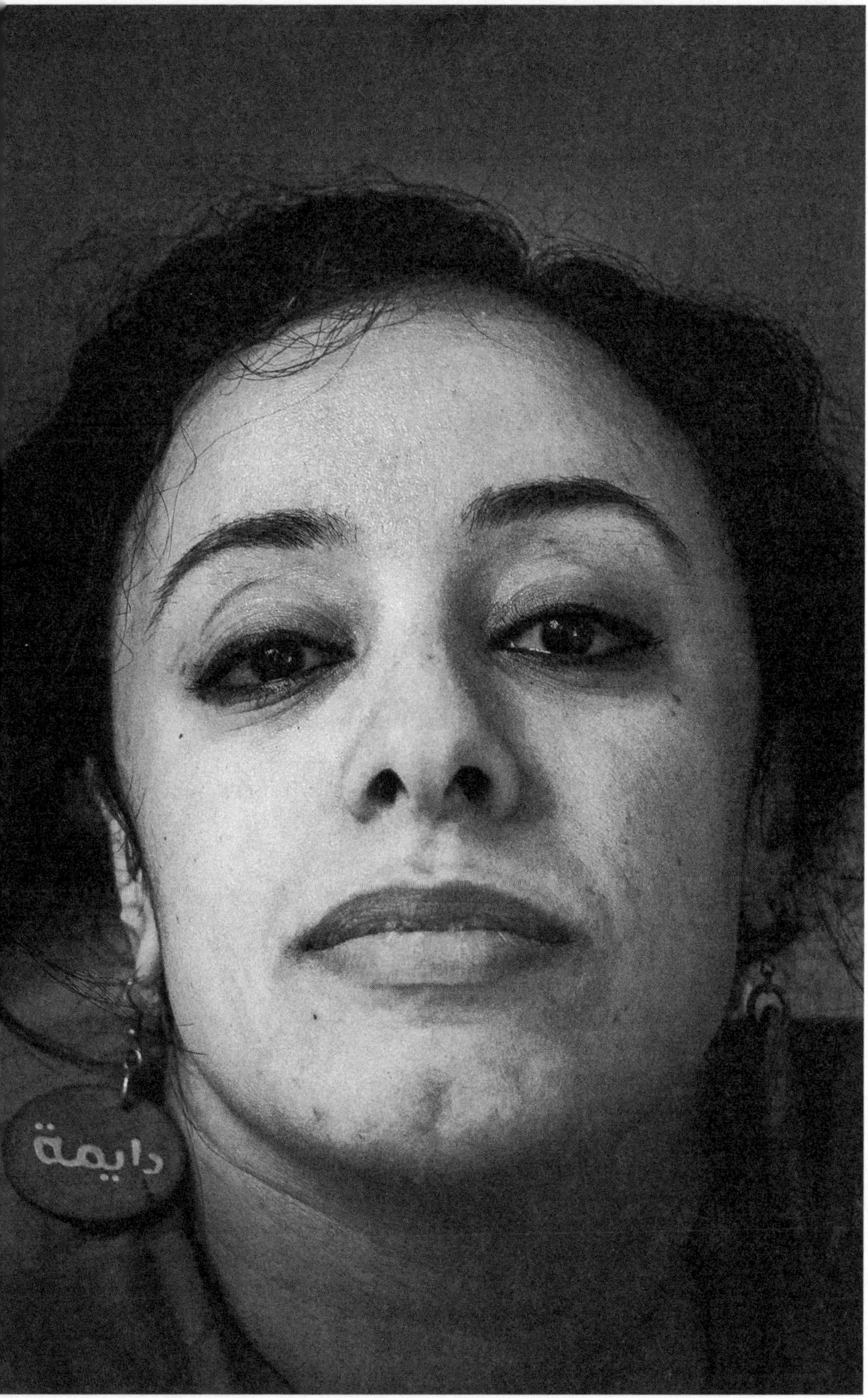
دايمة

bis zum Schluss, um Verwundete und Sterbende aus der Schusslinie zu ziehen. Für Angst hatte sie in diesem Moment keine Zeit. Wann und ob sie in diesen Tagen geschlafen hat, kann sie später nicht mehr genau sagen.
Trotz aller Gefahren und Strapazen zählen diese zweieinhalb Wochen im Rückblick zu den glücklichsten ihres Lebens. »Der Zusammenhalt unter den Leuten war enorm. Keiner hat gegessen, ohne jemand anderem etwas anzubieten, man hat sich gegenseitig unterstützt und geholfen, wo es nur ging, über alle ideologischen, religiösen oder gesellschaftlichen Schranken hinweg. Fundamentalistische Moslems, die einer Frau normalerweise nicht einmal die Hand geben würden, haben mir zum Beispiel die Zigaretten angezündet! Wir hatten ein gemeinsames Ziel und einen gemeinsamen Feind, und das hat uns alle zu Brüdern und Schwestern gemacht. Das klingt jetzt vielleicht kitschig, aber es war tatsächlich eine Art von Paradies.«

Dem Totschlag knapp entkommen

Der Freudentaumel nach Mubaraks Sturz währt nur kurz. Gerade noch als Helden verehrt, werden die Aktivisten binnen kürzester Zeit als »Verräter« zum neuen Feindbild hochstilisiert, da sie die Armee kritisieren und weitere Demokratisierungsschritte fordern: »Wir wollten nicht nur einen Staatsstreich, sondern eine echte Revolution!«
Das Jahr 2012 beginnt verhältnismäßig vielversprechend: zwar gewinnen die Muslimbrüder mit überwältigender Mehrheit die Parlamentswahlen und nur wenige Sitze gehen an linke und liberale Parteien – aber eine davon ist Olas Koalition. Doch die Hoffnungen zerschlagen sich schnell. Die Linke ist zu zerstritten, um etwas zu bewirken; die Muslimbrüder wiederum agieren autoritär und religiös konservativ. Schließlich legt Präsident Mursi einen Verfas-

sungsentwurf vor, der nicht akzeptabel ist. Die Stimmung beginnt zu kippen, und die selbstbewusster gewordene Bevölkerung geht wieder auf die Straße. Ola, wie nicht anders zu erwarten, ganz vorne mit dabei.

Die österreichische Filmemacherin Alexandra Schneider war zu dieser Zeit in Kairo und erinnert sich an eine der Demonstrationen: »Ich war tagsüber mit Ola am Tahrir und habe gefilmt. Wir hatten keine genauen Informationen, aber wir konnten die Truppenkonzentration der Polizei beobachten, und die Spannung war fast zu greifen. Es war klar, da liegt etwas in der Luft. Ich habe den Platz am Abend verlassen, Ola ist geblieben. Um Mitternacht habe ich von ihr eine SMS bekommen: ›Es geht los.‹ Dann: ›Sie dringen auf den Platz vor.‹ – ›Jetzt Tränengas‹. Ich konnte von meiner Wohnung aus den Tahrir sehen und weiß noch, dass ich tränenüberströmt am Fenster gestanden bin und versucht habe, von den Rauchschwaden auf das Geschehen zu schließen: Hier ist eine Tränengaswand, da muss die Polizei sein. Dort ist dicker schwarzer Rauch, da muss es brennen …«

Diese Schlachten gehen an Ola nicht spurlos vorüber, auch wenn sie Glück hat und die Verletzungen meist relativ harmlos sind. Schlimmer als die Stauchungen, Prellungen und Blutergüsse sind allerdings die Folgen des Tränengases, dem sie zu häufig und für zu lange Perioden ausgesetzt war. Bei einer Freundin beklagt sie sich über Brechanfälle und ständige Übelkeit. »Naja, wenigstens habe ich ein paar Kilo abgenommen!« Selbstmitleid ist ihre Sache nicht. Es ist allerdings nur eine Frage der Zeit, bis es auch Ola einmal richtig erwischt. Am 04. Dezember 2012 ist es so weit. Bei einer Demonstration gegen den autokratischen Regierungsstil von Präsident Mursi und seine Muslimbrüder wird sie plötzlich von fünf Männern umzingelt und hinter die Absperrung am Präsidentenpalast geschleppt. Dort schlägt man sie zusammen und belästigt sie gleich zweimal sexuell: erst von hinten und, als man ihr die Kapuze vom Kopf reißt und erkennt, dass sie eine Frau ist, noch einmal

THIS IS WHAT
LOOKS LIKE

von vorne. Als ihre Peiniger endlich von ihr ablassen, gelingt es ihr in einem unbeobachteten Moment, sich trotz ihrer schweren Verletzungen in eine etwas dunklere Ecke zu schleppen und das unter ihrer Kleidung versteckte Handy zu aktivieren. Sie verwickelt einen ihrer Bewacher in ein Gespräch, um ihre Freunde am anderen Ende der Leitung wissen zu lassen, dass sie noch lebt und sich in der Hand der Muslimbrüder befindet. Und vor allem, dass die Zeit drängt: Die Drohung, sie dem Mob von Salafisten auszuliefern, der den Palast im Dienst der Muslimbrüder vor den Demonstranten verteidigt, um sie von den religiösen Fanatikern totschlagen zu lassen, steht im Raum. Dass diese Drohung ernst gemeint ist, daran besteht kein Zweifel.

Olas Rettung gelingt mit knapper Not, dank mutiger Freunde, die selbst Kopf und Kragen riskieren, um sie freizubekommen, und dank ihrer Kontakte zu unabhängigen Medien, die sofort eine Kampagne für sie starten. Über sechs Stunden dauert ihr Martyrium, dann ist sie frei. In einem Krankenhaus lässt sie sich notdürftig versorgen, dann fährt sie – wie nach ihrer letzten Verhaftung – direkt ins Fernsehstudio, um in der Sendung einer befreundeten Journalistin aufzutreten: »Ich hatte eine Kopfwunde und ein zugeschwollenes Auge, mein Gesicht war bis zur Unkenntlichkeit entstellt. Aber ich musste hingehen, um mich für meine Freunde einzusetzen, die noch immer in der Hand der Muslimbrüder waren. Man versuchte nämlich, ihnen Vandalismus anzuhängen, und beschuldigte sie, Polizeiautos angezündet zu haben. Ich war die Einzige, die bezeugen konnte, dass diese Anschuldigungen erfunden waren.« Zwei verstörende Videos von ihren Fernsehauftritten in diesen Tagen sind noch immer auf YouTube zu sehen[4].

Sisyphus-Arbeit ohne Lohn

Als das Militär im Juli 2013 die Macht übernimmt, wird die Situation nicht besser. Eine Hexenjagd auf die Muslimbrüder beginnt, Zigtausende werden ohne Verfahren eingesperrt oder in Abwesenheit zu hohen Haftstrafen, wenn nicht gar zum Tode verurteilt. Olas Kampfgenossen ergeht es nicht besser, obwohl sie am anderen Ende des politischen Spektrums stehen: Wer nicht auf der Seite der Regierung ist, ist gegen sie und wird zum »Verräter« und »Staatsfeind« erklärt. Ola betätigt sich zwar weiterhin politisch, ist aber nach einigen gescheiterten Versuchen, eine Koalition zu bilden, aus der Partei, zu deren Führungsgremium sie mittlerweile zählte, ausgetreten.

Ihr Hauptaugenmerk liegt derzeit darauf, die Betreuung eingesperrter Freunde zu organisieren und für deren Freilassung zu kämpfen: »Die ägyptischen Gefängnisse sind sehr unterschiedlich. Manche sind halbwegs okay, andere sind die Hölle auf Erden. In allen Fällen sind die Gefangenen auf Unterstützung von außen angewiesen. Sie brauchen Zigaretten, die dort eine Art Währung sind, Kleidung, und in manchen Fällen auch Essen. Sie brauchen von allem auch Freunde, die sich für ihre Freilassung einsetzen.« Dafür, dass sie nicht nur Gleichgesinnte, sondern – trotz ihrer Erfahrungen – auch verhaftete Muslimbrüder unterstützt, wird sie von manchen heftig kritisiert. Obwohl sie das schmerzt, bleibt Ola, die Atheistin, bei ihrer Position: »Um ihre hochrangigen Gefangenen haben sich die Muslimbrüder gekümmert, aber das Fußvolk, teilweise junge Burschen vom Land ohne besondere politische Bildung, kann, wenn es nach ihnen geht, im Gefängnis verrotten. Um die kümmert sich keiner. Dabei gelten für sie die Menschenrechte doch auch.«

Diese Aufgabe ist nicht nur eine Sisyphus-Arbeit, sie dominiert Olas gesamte Existenz. »Man denkt ständig an die Gefangenen und fühlt sich schuldig, weil man frei ist oder nicht mehr für sie tun kann. Man kann nichts genießen, eigentlich gar nicht richtig leben. Ich war zum Beispiel gerade zwei Tage am Strand – aber in Gedanken war ich die ganze Zeit hier.«

Ihr politischer Aktivismus hat sich natürlich auch beruflich negativ ausgewirkt: »Ich bin seit zwei Jahren de facto bankrott, habe mein Auto verkauft und lebe derzeit bei meinen Eltern. Ich beginne erst jetzt wieder, nach einer bezahlten Arbeit zu suchen.« Liebesleben? »Ganz schwierig. Selbst wenn man mit jemandem zusammen ist, gehört man doch immer der Politik.« Und was sagt die Familie? »Meine Familie sagt: ›Es ist genug, die Revolution ist vorbei!‹ Teilweise hat sie wegen mir auch Repressalien zu erdulden. Von einigen Verwandten habe ich mich entfremdet, weil unsere politischen Auffassungen einfach nicht kompatibel sind. Das Schlimmste aber ist der Verlust der Freunde.« Manche wenden sich ab, weil sie anderen politischen Strömungen angehören oder Olas Lebensstil nicht akzeptieren können. Viele sind im Gefängnis, und einige wurden zu Märtyrern der Revolution. »Einer ist am 09. Oktober 2011 bei einer Demonstration von Scharfschützen erschossen worden. Das war der erste Freund, den ich verloren habe. Dann noch ein weiterer und noch einer … Und damit muss man dann irgendwie leben.«

Ob Ola heute noch glaubt, dass ihr Einsatz etwas verändern kann? Sie hält einen Augenblick inne, lässt vielleicht noch einmal ihre Kämpfe, ihre Verletzungen, die eingesperrten und getöteten Freunde und ihre vielfach enttäuschten Hoffnungen Revue passieren. Die Antwort fällt ihr sichtlich schwer. Sie holt tief Luft. »Ich bin nicht realitätsfremd. Ich mache mir keine Illusionen. Wir haben nicht gewonnen, das ist klar. Aber es ist noch nicht vorbei! Wir werden weitermachen, egal wie lange es dauert – und hoffen, dass uns das Volk zur Seite steht.«

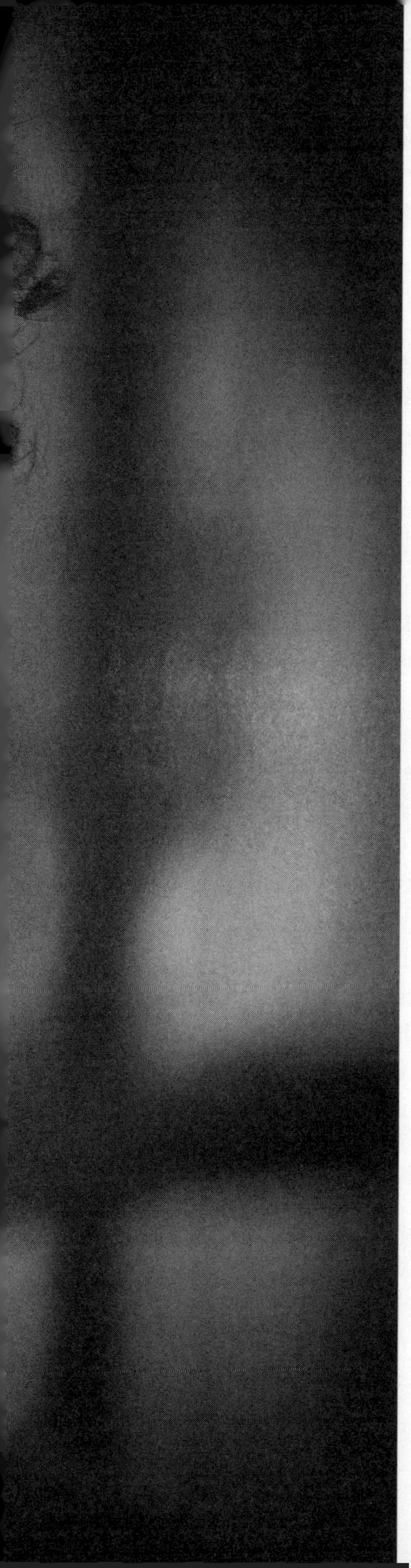

Dina Abou El Soud

Kämpferische Geschäftsfrau

»Mein Hostel war das ›House of the Revolution‹«

Dina ist eine absolute Ausnahme in Ägypten: eine selbstständige Geschäftsfrau, die sich aus eigener Kraft emporgearbeitet hat. In ihrer Geburtsstadt Alexandria hat es die 1975 Geborene nicht lange gehalten, mit 26 zog sie nach Kairo, wo sie, wie sie erstaunt feststellte, das erste Mal in ihrem Leben alleine war. Damals hatte sie bereits den Plan, eine kleine Pension zu eröffnen – aber bis dahin sollte es noch ein langer Weg sein. Sie studierte Tourismus und arbeitete einige Jahre lang als Reiseführerin und in verschiedenen Hotels, um Geld zu verdienen und die Branche kennenzulernen. Dann suchte sie monatelang nach einem geeigneten Ort, in diesem großen, chaotischen Kairo mit seiner grandiosen, aber völlig heruntergekommenen historischen Bausubstanz. Die Erfahrungen, die sie dabei mit windigen Immobilienhaien und suspekten Eigentümern machte, vor allem aber die Hürden, die sie überwinden musste, um als Frau von ihren Verhandlungspartnern überhaupt akzeptiert und ernst genommen zu werden, haben sie geprägt, sie tough gemacht und in ihrer feministischen Haltung bestärkt.

Heute nimmt ihr sympathisches, zentral gelegenes »Dina's Hostel« den 5. Stock eines Hauses aus dem frühen 20. Jahrhundert ein, mit hohen renovierten Räumen, altem Parkett, Mehrbettzimmern – und einem erratischen Lift. Die Gäste sind vorwiegend ägyptische Studenten aus der Provinz und junge Backpacker, dazu der eine oder andere ältere Weltreisende mit bescheidenem Budget. Die Atmosphäre ist freundlich und entspannt – nichts deutet darauf hin, dass der Spitzname von Dina's Hostel während des Umsturzes »House of the Relvolution« lautete und dass sich hier auch in der heiklen Phase danach die Aktivisten aller Fraktionen die Klinke in die Hand gegeben haben.

Betonplatten zertrümmern als Nachschub für die Steinewerfer

Dina ist eine große Frau, die Stärke ausstrahlt und Vertrauen erweckt. Sie sagt von sich selbst, dass sie einen guten Blick dafür habe, was getan werden muss. Am Tahrir, auf dem sie Anfang 2011 die Tage und großteils auch die Nächte verbringt, ist diese Fähigkeit gefragt. »Ich habe versucht, mich nützlich zu machen, und dort geholfen, wo gerade Not am Mann war: Betonplatten zertrümmern, damit die Steinewerfer Nachschub bekommen, Wasser austeilen, den Platz aufräumen, Informationen verbreiten. Manchmal ging es auch einfach nur darum, anderen zuzuhören und sie zu beruhigen.« Das Einzige, was sie nicht getan hat, war, Verletzte zu verarzten: »Weil ich es nicht ausgehalten habe, so viel Blut zu sehen.«
»Die Zugänge bewachen, Neuankömmlinge auf Waffen untersuchen, Essen verteilen – viele Frauen haben genau das Gleiche gemacht wie ich«, meint Dina bescheiden. Aber Zeit und Arbeit sind nicht alles, was sie einbringt: Sie öffnet die Türen ihres frisch renovierten Hostels, das weit genug von Tahrir entfernt liegt, um in einer ruhigen Zone zu sein, und nah genug, um in einem zehnminütigen Fußmarsch erreicht zu werden. »So um eins oder zwei in der Früh bin ich immer noch einmal über den Platz gegangen und habe ein paar Leute eingeladen, in mein Hostel zu kommen, wenn ich das Gefühl hatte, sie könnten eine heiße Dusche und eine warme Mahlzeit vertragen.« Es ist Ende Januar/Anfang Februar – da wird es auch in Kairo nachts empfindlich kalt, und es gibt nicht genug Zelte auf dem Tahrir, um die Menge an Demonstranten zu fassen.
Natürlich muss sie vorsichtig sein: Unter die Aktivisten haben sich längst Regierungsspitzel gemischt, und es wäre kontraproduktiv, zu viel Aufmerksamkeit auf sich oder das Hostel zu lenken. »Ich habe natürlich versucht aufzupassen. Die Leute immer nur einzeln angesprochen, ohne Mithörer, und so getan, als würde ich sie

in eine Privatwohnung einladen. Außerdem habe ich sie gebeten, diskret zu sein und niemandem davon zu erzählen.« Hat das etwas genützt? »Das kann man nicht wissen. Tatsächlich hat das Regime überall seine Spione gehabt, bei den Aktivitäten, den politischen Diskussionen, in den Zelten – es gab in Wirklichkeit gar keine Möglichkeit, sich vor ihnen zu schützen.«

Am 17. Februar 2011 hält Mubarak eine Rede, die das ganze Land mit angehaltenem Atem verfolgt. Doch das Erhoffte bleibt aus: Der Präsident tritt nicht zurück. »Die Enttäuschung war riesig«, erinnert sich Dina heute. »Mir kam es so vor, als hätte jemand die Luft aus einem Ballon herausgelassen.« Die Hoffnung ist weg, und plötzlich wird den Demonstranten bewusst, wie kalt es ist, wie hungrig und erschöpft sie sind und wie gering ihre Chancen auf Erfolg. »Ich glaube, die Leute sind damals nur noch geblieben, weil ihnen nichts Besseres eingefallen ist, weil zu bleiben die einzige Möglichkeit schien, wenigstens einen kleinen Teil der Forderungen durchzusetzen. Wir waren an unserem absoluten Tiefpunkt angekommen.«

Dina geht am nächsten Tag noch einmal zum Tahrir, aber nur kurz: »Die Leute waren einfach fertig. Es hat neue Reden gegeben, aber ich habe gar nicht richtig zugehört. Es war, als würde über dem Platz eine schwarze Wolke hängen. Die Stimmung war so depressiv, dass ich es nicht ausgehalten habe und zum Hostel zurückgegangen bin.« Wenige Minuten nach ihrer Ankunft die überraschende Wendung: Vizepräsident Omar Suleiman tritt vor die Kameras, um ein 30-sekündiges Statement von Mubarak zu verlesen, das dessen Rücktritt verkündet.

Dina kann es gar nicht fassen: »Ich bin natürlich sofort zum Tahrir zurück. Dort waren alle außer sich vor Freude. Ich bin zwischen diesen jubelnden und weinenden Menschen herumgegangen – und konnte es noch immer nicht glauben. Die Leute haben mich angesprochen: ›Warum lachst du nicht? Freust du dich denn nicht?!‹ Es hat sicher drei bis vier Stunden gedauert, bis ich endlich lächeln konnte – ich muss in einem Schockzustand gewesen sein!«.

Das »House of the Revolution« wird zum politischen Zentrum

Auch nach dem Sturz von Mubarak bleibt Dina engagiert. Sie öffnet ihr »House of the Revolution« für die verschiedenen Bewegungen und NGOs, die an den Protesten beteiligt waren. Nummer neun für die Revolutionäre Koalition, Nummer zwölf für die Jugendkoalition, etc.: Die Gästezimmer verwandeln sich in Besprechungsräume, in denen leidenschaftlich diskutiert wird und politische Programme fieberhaft ent- und wieder verworfen werden. Es ist der Moment, in dem alles möglich scheint, aber auch alles auf dem Spiel steht: Man braucht einander, will sich aber gleichzeitig voneinander abgrenzen. Jeder weiß: Wer sich jetzt nicht richtig positioniert, wird bei der bevorstehenden politischen Neuordnung Ägyptens keine Rolle spielen.

Entsprechend angespannt und explosiv ist die Stimmung. Dina lässt sich davon allerdings nicht beeindrucken; sie will den demokratischen Prozess an sich unterstützen, nicht eine einzelne Partei. »Mein Hostel war zeitweise das Hauptquartier verschiedener Fraktionen, die eigentlich gar nicht miteinander konnten. Ich habe vermittelt, falls es einmal nötig war, aber eher darauf geachtet, dass die einzelnen Gruppen nicht wissen, wer gerade im Nebenraum tagt.« Bei den Sitzungen, an denen sie selbst teilnimmt, fällt ihr etwas immer wieder auf: Während die Präsenz der Frauen am Tahrir, im Kugelhagel, sehr willkommen war, beginnt deren Einfluss in der Zeit danach recht schnell zu schwinden. »In dem Moment, in dem es um die Verteilung von Macht und um Einfluss ging, drängten sich auf einmal die Männer vor, nach dem Motto: ›Vielen Dank, ihr wart mutig und toll, aber jetzt übernehmen wir. Keine Sorge, wir werden eure Anliegen schon vertreten, ihr könnt ruhig zu Hause bleiben.‹ Oder: ›Jetzt geht es um Wichtigeres, um Demokratie und Grundrechte, das ist nicht der richtige Zeitpunkt für Frauenthemen. Darum kümmern wir uns später.‹ Und wer stand an der

Spitze der Jugendkoalition? 14 muslimische Männer! Von denen übrigens kein Einziger auf dem Tahrir eine Rolle gespielt hat. Das hat mich wirklich empört.«

Gründung und Zerfall der Revolutionären Frauenkoalition

Als sie einmal auf die Frage, ob sie an einem Meeting teilnehmen könne, zur Antwort erhält: »Ja, klar, wenn du nette Mädels mitbringst!«, reicht es Dina. Sie beschließt, selbst eine Bewegung zu gründen, die sich für Frauenrechte einsetzen soll. Der Beginn ist alles andere als einfach: »Das war eine ganz neue Aufgabe für mich, ich habe am Anfang viele Fehler gemacht. Zum Beispiel habe ich Sitzungen nur zwei Stunden vor ihrem Beginn einberufen – und mich dann gewundert, dass niemand gekommen ist! Ich wusste auch nicht, wie man eine Agenda entwirft oder ein Meeting eröffnet. Das habe ich alles erst lernen müssen!«

Aber die Mühe macht sich bezahlt: Unter dem Namen »Revolutionäre Frauenkoalition« finden sich 21 NGOs zusammen, die sich wöchentlich treffen, um sich auszutauschen, ihre Strategien untereinander abzustimmen und gemeinsame Aktionen zu planen. Am Tahrir, wo die Demonstrationen weitergehen, errichtet die Koalition sogar ihr eigenes Zelt. »Bei Frauen kam das sehr gut an, aber die Männer haben uns weiterhin ignoriert, haben um unser Zelt einen Bogen gemacht und uns zu wichtigen Strategiesitzungen nicht eingeladen. Wir mussten also auf zwei Ebenen kämpfen: gemeinsam mit allen anderen gegen die Regierung und als Frauen gegen die Ausgrenzung.«

Und dann tut sich noch eine weitere Front auf: die interne Konkurrenz. Das Ende der Ära Mubarak leitet eine (wie man mittlerweile weiß, sehr kurze) Hochblüte der Zivilgesellschaft ein. Internationale NGOs eröffnen neue Büros oder weiten ihre Tätigkeit in

Ägypten aus, unterstützen die nationalen Organisationen, die wie Pilze aus dem Boden schießen, oder gehen mit ihnen Kooperationen ein. Das frische Geld ermöglicht vieles – doch es zerstört auch einiges. In diesem Fall sind es Idealismus und Solidarität. »Projektpläne und Budgets sind immer wichtiger geworden«, erinnert sich Dina. »Irgendwann habe ich bemerkt, dass manche Mitglieder unserer Koalition zu den Meetings nichts mehr beitragen, sondern nur noch kommen, um Ideen abzuschöpfen, die sie dann als eigene Projekte einreichen.« Dina reagiert pragmatisch: Sie reduziert die Anzahl der Teilnehmer, lädt keine Organisationen mehr ein, sondern nur noch individuelle Repräsentantinnen, mit denen die Vertrauensbasis stimmt. Erst wenn die konkrete Umsetzung von Aktivitäten beginnt, wird der große Kreis informiert.

Obgleich sie diese Entwicklung bedauert, hadert sie nicht damit. »Jeder soll machen, was er für richtig hält. Eine Zeit lang habe ich selbst überlegt, eine NGO zu gründen. Aber dann bräuchte ich ein Büro, Personal, etc. Ein riesiger Aufwand, für den dann auch noch die Finanzierung gesichert werden müsste. Da ist es mir lieber, wenn ich nur für mich selbst verantwortlich bin und alles, was ich an Geldern bekomme, direkt in meine Projekte weiterleiten kann.«

Eine frauenfeindliche Gesellschaft

Dinas eigene Projekte sind praktisch ausgerichtet und stellen die Interessen der Frau in den Mittelpunkt. »Wir dürfen uns keinen Illusionen hingeben: Wir leben nach wie vor in einer männerdominierten, durch und durch frauenfeindlichen Gesellschaft«, erklärt Dina. »Man muss nur auf die Straße gehen, um Beispiele dafür zu finden. 12-jährige Jungen prügeln auf ein 16-jähriges Mädchen ein, weil es ihre Avancen ignoriert, jüngere Brüder ohrfeigen ihre älteren Schwestern in aller Öffentlichkeit … Ich könnte zahllose Vorfälle dieser Art nennen. Und die Reaktion der Umstehenden?

KAFEIN

Immer die gleiche: ›Aha, da schlägt wohl jemand seine Frau/Tochter/Schwester. Eine Familienangelegenheit. Mischen wir uns nicht ein.‹«

Was die Massenvergewaltigungen und sexuellen Belästigungen betrifft, die nach der Revolution geradezu epidemische Ausmaße angenommen haben, kann sie immerhin eine positive Tendenz feststellen: »Dass as-Sisi und seine Frau eines der Opfer im Krankenhaus besucht haben, war ein ganz wichtiges Signal. Außerdem wurden kürzlich erstmals Täter ausgeforscht, angeklagt und tatsächlich auch verurteilt, zu Strafen zwischen zwei und 15 Jahren. Unlängst hat sich zum ersten Mal eine Gruppe von Frauen gegen einen Mann zur Wehr gesetzt, als dieser eine von ihnen belästigte: Sie haben ihn mit ihren Schuhen geschlagen und so in die Flucht getrieben.«

Aber die Strafverfolgung der Täter und die Anerkennung der Opfer werden nicht reichen, um die Situation entscheidend zu verbessern: »Die Vergewaltigungen sind das Symptom eines Problems, das viel tiefer liegt: die schlechte gesellschaftliche Stellung der Frau.« Mit ihren Projekten setzt Dina genau an diesem Punkt an. »Man kann über Gleichberechtigung reden, so viel man will – wenn nicht gewisse Mindestbedingungen erfüllt sind, wird sich nichts ändern.«

Am 16. März 2012 führt Dina mit ihrer Koalition unter großem medialen Echo den »Tag der ägyptischen Frau« wieder ein, der an die heldenhafte Rolle der Frauen in der Revolution von 1919 erinnern sollte und rund 50 Jahre lang nicht gefeiert worden war. »Wir hatten uns im Vorfeld eine Reihe von Aktivitäten überlegt, uns dann aber dafür entschieden, einen ›medizinischen Konvoi‹ zu organisieren: Wir brachten Ärzte zum Tahrir-Platz und richteten dort eine Zone ein, wo sich Frauen beraten und untersuchen lassen konnten.« Das war nicht nur als reine Hilfeleistung gedacht, wie Dina erklärt, denn: »Ich bin davon überzeugt, dass konkrete Aktionen, die ein Problem veranschaulichen, mehr dazu beitragen, die

Menschen für die Situation der Frau zu sensibilisieren, als Worte es könnten.«

Mit ihrem aktuellen Projekt will Dina Frauen in ihrem Alltag im wahrsten Sinne des Wortes zu mehr Raum verhelfen. »Platz ist in Kairo ein kostbares Gut. Die meisten Familien leben in winzigen Wohnungen; es spielt sich also notgedrungen ein großer Teil des Lebens auf der Straße ab. Gleichzeitig haben viele Häuser große Flachdächer, die man nutzen könnte, die aber meist völlig verwahrlost sind.« Die Idee ist nun, die Dächer zu entrümpeln und zu begrünen, um Frauen eine geschützte Begegnungszone zu verschaffen, in der sie sich ungestört austauschen können und die kleineren Kinder zudem die Möglichkeit haben, fern von der Gewalt der Straße zu spielen.

Das Projekt kommt im Wesentlichen ohne finanzielle Unterstützung aus. Wie das möglich ist? »Ich arbeite mit Freiwilligen und versuche darüber hinaus Win-win-Situationen zu kreieren. Zum Beispiel lade ich Firmen ein, bei der Entrümpelung der Dächer zu helfen – dafür dürfen sie die Metallteile, die in dem Schutt sind, verkaufen. Dann versuche ich, mit der Universität für Bodenkultur ein Forschungsprojekt zu initiieren, damit sie die Pflanzen gratis zur Verfügung stellt. Die Pflanzen wiederum müssen essbar sein, damit die Frauen auch motiviert sind, sie zu gießen und zu pflegen.« Als Nebeneffekt will Dina mit den Dachgärten die Frauen auch ein wenig vom Fernseher weglocken, wo die Seifenopern vor allem alte Stereotype perpetuieren. Die Vorbereitung für die Umsetzung läuft auf Hochtouren, es sind bereits zehn Dächer für die Pilotphase ausgewählt.

Parallel dazu hat die umtriebige Dina nur ein paar Schritte von ihrem Hostel entfernt ein Café namens »Kafein« eröffnet. Seit Dezember 2014 gibt es noch ein weiteres, das zweistöckige »Eish & Malh«, gelegen in Kairos lebhaftem Geschäftsviertel. Dina ist zweifelsohne durchsetzungsfähig und arbeitet hart. Mit ihren Ideen, ihrem Blick für das Wesentliche und der seltenen Gabe, ihren Idealismus

auf pragmatische Weise umzusetzen, traut man ihr zu, dass sie ihre Projekte zum Erfolg führt. Aber – auch wenn sie selbst nicht auf diese Idee käme: Noch wichtiger als das, was sie tut, ist sie selbst als Vorbild für die Frauen. Eine selbstbewusste Macherin, die nicht zaudert oder zagt oder sich von der Meinung anderer entmutigen lässt. Und die vor allem nicht darauf wartet, dass die Dinge von alleine besser werden, sondern vorlebt, wie man auch als Frau in Ägypten sein Schicksal in die Hand nehmen und erfolgreich sein kann.

Sara Fouad

Politische Analystin und Kämpferin für Frauenrechte

»Wir werden einen hohen Blutzoll zahlen müssen«

Sara, dichtes dunkles Haar, intellektuelle schwarze Brille, wirkt mädchenhaft und charmant – so als könnte sie kein Wässerchen trüben. Dabei ist sie eine unsentimentale, klarsichtige Analystin und seit ihren Teenagerjahren politisch aktiv. Ein Engagement, das nicht von ungefähr kommt: Sie stammt aus einer Familie, die in ihrem Heimatdistrikt Kafer El Sheikh, im Nildelta rund 150 Kilometer nördlich von Kairo gelegen, sehr angesehen ist; Vater und Onkel üben als Anwalt und als Gewerkschaftsführer wichtige, öffentlichkeitswirksame Funktionen aus. Saras Mutter ist Lehrerin, die ältere Schwester Juristin, der jüngere Bruder studiert Medizin. Sie selbst hat in Kairo Wirtschaft und Politikwissenschaften studiert. Mittlerweile, seit der Heirat ihrer Schwester, lebt die 27-Jährige dort alleine, was für eine ägyptische Familie, mag sie noch so liberal sein, ausgesprochen ungewöhnlich ist.

Ihr Vater hatte 2006 durch einen kritischen Artikel den Unmut der Behörden auf sich gezogen. Sein prominenter Status und die Unterstützung der Gewerkschaft bewahrten ihn zwar vor dem Gefängnis, nicht aber seine Familie vor Überwachung und Schikanen. Laut Sara »Kleinigkeiten« im Vergleich zu dem, was anderen in dem »grenzenlos gewalttätigen Regime von Mubarak« passierte. Aber immerhin: Die Telefone wurden abgehört, ihre Schwester konnte nicht Staatsanwältin werden, und für sie selbst bedeutete es, dass ihr Karriereziel, im Außenministerium zu arbeiten, unerreichbar bleiben würde.

Obwohl Saras Vater Leiter der regierungskritischen »Kifaya«-Bewegung (»Es ist genug!«) des Distrikts ist, versucht er, die Tochter von der Politik fernzuhalten. Sara versteht, dass er sie vor den Gefahren, die der Aktivismus mit sich bringt, beschützen will und respektiert seinen Wunsch. Zumindest nach außen hin. Zumindest für eine Weile.

Bei CANVAS in Belgrad: interessant, aber gefährlich

2009, Sara hat gerade ihr Studium abgeschlossen, gewinnen die politischen Interessen wieder die Oberhand. Sie reist nach Serbien, um an einem von CANVAS organisierten Workshop teilzunehmen und Modelle erfolgreicher Unabhängigkeitsbewegungen für demokratische Übergänge und Strategien zu studieren.

Sara erlebt den Workshop als spannend und motivierend, nicht zuletzt wegen der Ideen für zivilen Ungehorsam und gewaltfreien Widerstand, die präsentiert werden. Trotzdem will sie die Rolle von CANVAS nicht überbewertet sehen: »Es ist kompletter Nonsens, wenn behauptet wird, dass Serbien für die Revolution in Ägypten verantwortlich sei. Die haben wir schon selbst gemacht! In Wirklichkeit waren damals von den 15 Teilnehmern in Belgrad nur zwei von der ›Jugendbewegung des 6. April‹«, erinnert sich Sara. Das ist jene Gruppe, die 2011 maßgeblich zum Erfolg der Proteste gegen Mubarak beiträgt und dafür für den Friedensnobelpreis nominiert werden sollte.

Bei dem Vorwurf der »internationalen Einflussnahme« geht es allerdings weniger um Ruhm und Ehre, sondern um eiskaltes Kalkül: Die Regierung setzt ihn gezielt ein, um die jungen ägyptischen Aktivisten pauschal als Landesverräter und vom Ausland kontrollierte Spione zu diffamieren und bei Bedarf daraus Anklagen zu fabrizieren. Einer der beiden Workshop-Teilnehmer ist mittlerweile tatsächlich in Haft, von der zweiten Person, einer Frau, hat Sara nichts mehr gehört. Sie vermutet, dass diese tatsächlich ein vom Regime entsandter Spitzel war. Seit 2014 ist die »Jugendbewegung des 6. April« übrigens wegen »Diffamierung des Staates und illegaler ausländischer Kontakte« verboten.

Das Jahr 2011 bricht an, und es liegt Spannung in der Luft. »Da gab es diese Facebook-Seite ›Wir sind alle Khaled Said‹, die von Folter und Menschenrechtsverletzungen der Polizei berichtet hat. Wir

haben sie damals alle verfolgt. Einer der Leser hat in einem Kommentar gefragt: ›Warum machen wir es nicht wie die Menschen in Tunesien und protestieren?‹ Damit hat er ausgesprochen, was wir alle dachten. Ich glaube, dass das einer jener wichtigen Momente war, in dem ein zündender Funke auf Tausende überspringt und dazu beiträgt, den Protest relativ weniger zur einer Massenbewegung anschwellen zu lassen.«
Am 25. Januar 2011, just dem »Nationalen Ehrentag der Polizei«, machen sich also Tausende auf, um vor das Innenministerium zu ziehen und mit dem Ruf »Brot – Freiheit – soziale Gerechtigkeit« gegen Polizeigewalt, Arbeitslosigkeit und Inflation zu protestieren. Obwohl die Polizei hart durchgreift, es Hunderte Verletzte und sogar Tote gibt, tut es Sara noch heute leid, nicht dabei gewesen zu sein – ausgerechnet an diesem Tag, der heute als der Beginn der ägyptischen Revolution gilt. Dass damals etwas ganz Entscheidendes passiert ist, war allen Beteiligten sofort klar. »Meine Freunde haben mir mit leuchtenden Augen davon erzählt, teilweise auch unter Tränen, weil sie so ergriffen waren. Von der kollektiven Begeisterung, dem Gemeinschaftsgefühl und der Solidarität unter den Demonstranten. »Jetzt geht es richtig los, da musst du dabei sein!«
Wie aber soll sie das machen, ohne dass ihre Familie davon erfährt? Der Zufall kommt ihr zu Hilfe: Der Beginn eines Projekts, an dem sie teilnehmen soll, eine Umfrage für das Al-Ahram-Zentrum für Strategische und Politische Studien, verzögert sich wegen der Unruhen. Wenn Sara morgens das Haus verlässt, gibt sie vor, zur Arbeit zu gehen, schließt sich in Wirklichkeit aber den Protesten an.

»Geh nicht hin – es ist viel zu gefährlich!«

Von diesem Moment an findet man sie mitten im Geschehen. So auch am 28. Januar, dem »Tag des Zorns«. Obgleich sie Schwierigkeiten hat, den vereinbarten Treffpunkt zu erreichen, weil der Taxifahrer sie nicht einmal in die Nähe bringen will. Er warnt: »Geh nicht hin! Die Polizei wirft Tränengas, es gibt Verhaftungen – es ist viel zu gefährlich!« Sie hört nicht auf ihn und bereut es schon wenige Augenblicke später: Da die Handynetze lahmgelegt sind, kann sie ihre Freunde nicht erreichen. Sie findet sich also allein im unbeschreiblichen Chaos vorstürmender, sich zurückziehender und dann erneut vordrängender Demonstranten wieder. Die Polizei hält mit Gummiknüppeln und Gummigeschossen dagegen. Die Luft, vom beißenden Tränengas schwer, ist kaum zu atmen. Ihr fällt auf, dass relativ wenige Frauen dabei sind, wohl weil man mit blutigen Zusammenstößen gerechnet hatte.

Als sich die Demonstration aufspaltet, hat Sara Glück, sie ist in jenem Teil, der zwar langsam, aber ohne allzu großen Widerstand weiter vorrücken kann. Einige Stunden später, in der Nähe des Tahrir, ist es dann so weit: Die Polizeitruppen greifen auch ihren Zug an. Vorne wird geschossen, die Spitze muss also zurückweichen, von hinten drängen gleichzeitig andere nach – und das alles an einer Engstelle, an der es kaum Ausweichmöglichkeiten gibt. Sara, in der Mitte gefangen, wird die Luft abgedrückt, sie fürchtet, von der Masse zertrampelt zu werden. In Todesangst gelingt es ihr, sich mit viel Mühe und Glück an den Rand durchzukämpfen, wo sie halbwegs sicher ist und wieder freier atmen kann.

Was sich ihr von diesem Tag eingeprägt hat – abgesehen von den Momenten der Angst, des Kampfes gegen die aufkeimende Panik, den Augenblicken der Euphorie und der Aufregung, Teil eines großen, vielleicht sogar lebensverändernden Ereignisses zu sein –, ist der Geruch, der über den Straßen lag: »Am 28. wurde im ganzen Land demonstriert, und in anderen Städten, zum Beispiel in Suez, waren die Zusammenstöße noch viel gewaltsamer als hier. Ich glaube, die Polizei hat an diesem Tag ihre Vorräte an ›frischem‹ Tränengas aufgebraucht und dann auf alte, abgelaufene Bestände zurückgegriffen. Uns allen ist aufgefallen, dass das Gas am Abend noch viel aggressiver und beißender war als in der Früh.«

Mit Beginn der nächtlichen Ausgangssperre kehrt sie zwar in ihre Wohnung zurück, aber gegen 22 Uhr hält sie es dort nicht länger aus. »Die Leute auf der Straße waren entsetzt, mich zu sehen: ›Bist du verrückt, dich so spät noch hinauszutrauen! Weißt du nicht, dass Mubarak die Gefängnisse geöffnet hat? Dass die Stadt jetzt voller Verbrecher ist und die Polizei damit einen Vorwand hat, auf alles zu schießen, was sich bewegt?‹« Tatsächlich sind in dieser Nacht bereits Gangs unterwegs, die in der Bevölkerung Angst und Terror verbreiten; es kommt zu Plünderungen, Polizeistationen brennen. Die gepflegte junge Frau, der man den bürgerlichen Hintergrund ansieht und die alleine unterwegs ist, da sie – der Mobilfunk ist noch immer unterbrochen – ihre Freunde nicht erreichen kann, muss ein auffälliger Fremdkörper gewesen sein. Trotzdem hat sie keine Angst: »Ich habe mich in diesem Moment unglaublich stark gefühlt. Das war mein Land. Und ich war eine Aktivistin.«

Oder ist sie doch eine feindliche »Spionin«, die, so will es die Regierungspropaganda, von der Europäischen Union für das Demonstrieren 200 Euro pro Tag bekommt, plus gratis Essen von Kentucky Fried Chicken? Sara rollt die Augen, während sie davon erzählt »Im Endeffekt haben uns diese absurden Behauptungen allerdings mehr genützt als geschadet. Sie haben viele Neugierige zum Tahrir gelockt, die sehen wollten, ob an den Gerüchten etwas dran wäre. Dort haben sie aber weder Spione noch Fast Food gesehen. Stattdessen haben sie höfliche und idealistische junge Menschen getroffen, die das wenige, das sie zu essen hatten, miteinander teilten. Nicht wenige dieser Neugierigen sind dann gleich geblieben, um sich den Protesten anzuschließen.«

Neuer Schlachtruf: »Mubarak muss weg!«

Sara gelingt es, am »Marsch der Millionen« am 1. Februar 2011 teilzunehmen, obwohl es für sie mittlerweile schwierig geworden ist, unauffällig zu verschwinden, da die Familie ihr die Schwester als Aufpasserin zur Seite gestellt hat. Die Kamel-Attacke auf dem Tahrir am Tag darauf verfolgt sie allerdings nur im Internet (»Kamele am Tahrir!? Ich habe geglaubt, ich träume!«), nachdem sie von Freunden per SMS die Warnung erhalten hat: »KOMM NICHT!«. Der Großteil der Taxifahrer ist gegen die Revolution, der öffentliche Verkehr im Zentrum ist lahmgelegt – den Tahrir zu erreichen wird dadurch mehr und mehr zu einer logistischen Herausforderung.

Als sie es drei Tage später wieder zum Tahrir schafft, ist sie überwältigt von der positiven, beinahe Festival-artigen Atmosphäre, von der Kameradschaft unter den Leuten auf dem Platz und der Entschlossenheit, die alle eint. »Am Beginn der Demonstration standen noch ganz spezifische Forderungen im Vordergrund: Der Innenminister soll zurücktreten, der Ausnahmezustand aufgehoben werden, freie und faire Wahlen, etc. Durch die exzessive Gewalt bei der Kamel-Attacke, bei der das Regime nicht nur busweise Schlägertrupps herangekarrt, sondern auch Scharfschützen eingesetzt hat, haben sich die Fronten verhärtet. Der neue Schlachtruf lautete: ›Mubarak muss weg!‹.«

Am Abend des 11. Februar will Sara den Tahrir gerade verlassen. Es war ein langer Tag gewesen, die Hoffnung auf eine Entscheidung hatte sich nicht erfüllt. Sara hat den Eindruck, dass Mubarak, obzwar angezählt, dennoch versuchen würde, die Proteste auszusitzen. Plötzlich kommt Bewegung in die Menge. Die Menschen auf den Balkonen der angrenzenden Häuser beginnen, wild zu gestikulieren und zu rufen, um Sara herum fangen einige an zu schreien: »Mubarak ist zurückgetreten!«, »Mubarak ist zurückgetreten!« Sara fühlt sich wie in Trance und kann es anfangs gar nicht zu glauben. Andere brechen in Tränen aus, einige kollabieren. Seit 1981 war Mubarak an der Macht gewesen. Die meisten Demonstranten hatten ihr gesamtes Leben unter seiner Herrschaft verbracht.

Kampf gegen sexuelle Aggression

Auf die Euphorie folgt die Ernüchterung; die Flitterwochen zwischen dem Obersten Rat der Streitkräfte, der die Übergangsregierung stellt, und den Aktivisten währen nur kurz. Sara fühlt sich schmerzlich an die Worte der CANVAS-Repräsentantin Breza erinnert, die explizit davor gewarnt hat, dieselben Fehler zu machen wie Serbien, wo die Protestbewegung zu idealistisch und vertrauensselig war. Viel zu spät hätten sie damals bemerkt, dass das alte Regime durch die Hintertüre zurückgekommen sei.

»Wir in Ägypten waren genauso naiv«, muss sich Sara heute eingestehen. »Und noch dazu irrsinnig arrogant. Wir fühlten uns allen anderen überlegen, weil wir geschafft hatten, was der letzten Generation in 30 Jahren nicht gelungen war. Dabei haben wir einen ganz entscheidenden Fehler gemacht: Wir haben Mubarak mit seinem Regime verwechselt. Und wir haben noch etwas übersehen: dass wir, als gebildete Mittelklasse, die diese Revolution vorangetrieben hat, nicht die gesamte Bevölkerung repräsentieren. Denn es gab unendlich viele Ägypter, für die die Revolution ganz konkrete negative Konsequenzen hatte. Dadurch haben wir viel an Rückhalt verloren und sind aus allen Wolken gefallen, als auf einmal Stimmen laut wurden, die sich Mubarak wieder zurückwünschten.«

Dann kommt der Amtsantritt Mursis und der Muslimbrüder – für Sara der »Anfang vom Ende der Revolution«. Besonders deutlich lässt sich das an der Position der Frauen illustrieren, die trotz der starken und sichtbaren Rolle, die diese bei den Demonstrationen gespielt haben, in mancher Hinsicht sogar schlechter geworden ist als zuvor. Sowohl in der politischen Arena, wo Frauen großteils auf abgeschlagenen Listenplätzen unter »ferner liefen« rangieren, als auch im Alltag, in dem sich das Bedrohungsszenario massiv verschlimmert hat.

Was ihre persönlichen Erlebnisse als Demonstrantin betrifft, kann Sara von der Kameraderie auf dem Tahrir nur schwärmen. Man hat

füreinander gesorgt, und mehr als einmal, als die Situation wirklich gefährlich wurde, haben sie wildfremde Menschen aus dem Getümmel gezogen und in einen sichereren Bereich gebracht. Gleichzeitig weiß sie als freiwillige Mitarbeiterin der zum Schutz von Frauen gegründeten NGO Opantish[5] ganz genau über die Übergriffe Bescheid, die während der Revolution und, in noch höherem Maße, danach passiert sind. »An sich ist das Phänomen der Gruppenvergewaltigung in Ägypten nicht neu. Neu ist allerdings die Zahl der Fälle. Und dass Vergewaltigungen teilweise als politisches Mittel eingesetzt werden, um die Frauen von den Demonstrationen, aber auch generell von den Straßen fernzuhalten.«
Die Opantish hat sich damit einen Namen gemacht, Interventions-Teams zu Demonstrationen zu senden, die versuchen, bei einer Vergewaltigung einzugreifen, den Ring der Täter zu durchbrechen und das Opfer zu retten. Am 30. Juni 2013 hatte ein enger Freund von Sara Dienst – nicht weniger als acht Mal musste er eingreifen. Insgesamt wurden an diesem Tag 44 Fälle gemeldet. Wenig später, am 3. Juli, waren es sogar 120 Fälle. Erschreckende Zahlen, wobei man davon ausgehen muss, dass die Dunkelziffer bedeutend höher ist.
Sara unterstützt die Opantish bei ihren Kampagnen in den sozialen Medien, um die Bevölkerung für diese Problematik zu sensibilisieren. Sie hält bewusstseinsbildende Workshops, in denen Frauen über ihre Rechte aufgeklärt werden, und unterstützt Opfer dabei, die richtigen Ansprechpartner und Anwälte zu finden.
»Was mich wirklich empört, ist, dass alle noch immer von ›Sexueller Belästigung‹ sprechen«, ärgert sich Sara. »Dabei wird dieser Begriff den Vorfällen nicht im Geringsten gerecht. ›Massenvergewaltigung‹ ist der richtige Ausdruck für das, was hier passiert! Und die Opfer werden nicht nur schwerst traumatisiert, viele landen auch mit grauenvollen Verletzungen im Krankenhaus.« Allzu oft wird die Schuld daran dem Opfer zugeschoben, oder die Menschen leugnen, dass das Problem überhaupt existiert.

Aber abgesehen davon empfindet Sara die Machtergreifung as-Sisis und seine De-facto-Militärdiktatur in vieler Hinsicht als großen »Rückschritt für Ägypten. Niemand ist mehr sicher, jeder kann in die Mühlen des Staates geraten: Es hat nicht nur Massaker gegen angebliche ›Terroristen‹ gegeben. Menschen werden wahllos verhaftet. Die Gefängnisse sind mittlerweile voll von Muslimbrüdern, man geht von mindestens 16000 aus, die ohne Gerichtsurteil festgehalten werden, andere Schätzungen sprechen von bis zu 40000. Darunter auch Menschen, die wie Muslimbrüder aussehen. Oder Muslimbrüder verteidigen. Oder zur falschen Zeit am falschen Ort waren. Dazu kommen mindestens 40 neue Fälle, in denen Menschen in Polizeigewalt gefoltert und getötet wurden.«
Saras Resümee fällt dementsprechend nüchtern aus: »Eine Revolution ist ja nicht das Ziel an sich, sondern nur der erste Schritt zum Ziel, dem Regimewechsel. Aber so ein Aufstand entwickelt sich organisch, er ist nicht von außen organisiert. Deshalb sind die Demonstranten auch keine homogene Einheit, sondern eine Koalition von Gruppen mit verschiedensten Interessen. Wie man aus dieser Situation zu einem geordneten Übergang gelangt, das ist die Frage.« Eine Frage, auf die Ägypten keine befriedigende Antwort gefunden hat. »Ich glaube, dass das ganze Land mittlerweile in eine Depression gefallen ist. Die Leute haben das Gefühl: ›Du kannst machen, was du willst – das letzte Wort hat immer das Regime.‹ Deswegen denken sie nicht gerne über die Zukunft von Ägypten nach. Es wird sicher wieder besser werden – eines Tages. Aber das wird Zeit kosten und Kraft. Und wir werden einen hohen Blutzoll zahlen.«
Nachtrag: Jüngsten Medienberichten zufolge schießt sich die Regierung gerade auf nationale und internationale NGOs ein. Sie sind mittlerweile der direkten Kontrolle des Innenministeriums unterstellt, müssen ihre Geldflüsse offenlegen und stehen unter General-

verdacht, was Spionage und ausländische Einflussnahme betrifft. Was das für Sara und ihren Job als politische Analystin für Ärzte ohne Grenzen konkret bedeutet, war bei Drucklegung des Buches noch nicht klar.

ALGERIEN

»Moslems gehen nach Mekka, Revolutionäre gehen nach Algerien«[1]

Die Folter wurde toleriert, wenn nicht sogar gefordert.«[2] Das Geständnis des einäugigen Generals Paul Aussaresses – ab 1957 Leiter der militärischen Geheimdienstoperationen in Algerien, schlägt am 03. Mai 2001 ein wie eine Bombe. Warum der französische General, der die Gräueltaten des Algerienkonflikts repräsentiert wie kaum ein anderer, diesen Tabubruch begeht, ist nicht ganz klar. Späte Reue eines alten Mannes, der nichts mehr zu verlieren hat? Oder ist er mit 83 einfach »zu alt, um zu lügen«, wie er in einem Interview sagt?

Reue hört sich jedenfalls anders an: »Bin ich ein Verbrecher? ... Nein, nur ein Soldat, der seine Soldatenarbeit tat, für Frankreich, weil Frankreich es verlangte.«[3] Mit »Frankreich« meint er nicht nur die Interessen seines Heimatlandes, sondern auch ganz konkret politische Entscheidungsträger wie Präsident Charles de Gaulle und François Mitterrand, der in dieser Zeit unter anderem Justizminister war. Die Problematik an sich ist jedenfalls nicht neu: Schon während des Konflikts tauchen zahlreiche Zeugenaussagen und Berichte auf. Bereits 1958 erscheint sogar ein Buch zu dem Thema, *La gangrène et l'oubli*, das von der Folter an sieben algerischen Studenten berichtet. Diesmal allerdings nicht in einem fernen, unterentwickelten algerischen Dorf, sondern mitten im Zentrum des eleganten, aufgeklärten, intellektuellen Paris, kaum 100 Meter vom Elysée-

Palast entfernt – in dem Charles de Gaulle zu der Zeit als Ministerpräsident regiert. Obwohl der Inhalt der Publikation von offizieller Seite als »kommunistische Propaganda« und »Lüge« verunglimpft wird, verkaufen sich im Nu 30000 Exemplare; die restlichen werden nach vier Tagen beschlagnahmt und vernichtet.

Anklagen und sogar Gerichtsurteile gab es in den folgenden Jahrzehnten immer wieder – Geständnisse aber fehlten. Vielleicht war es damals auch nur ein cleverer PR-Schachzug zur Lancierung eines Buchs über den Algerienkrieg[4] – aber dass sich nun über 40 Jahre später erstmals ein Täter, ein bedeutender noch dazu, zu den Vorfällen bekennt, ist eine Sensation, die am französischen Selbstbild rüttelt. Denn, wie Bernard-Henry Lévy 2014 schreibt: »Nichts (…) ist schockierender als die Vorstellung, dass die französischen Offiziere, die folterten und später friedlich zu Hause in ihrem Bett starben, mit ihren Dienstgraden, Pensionen und Auszeichnungen stets gesellschaftliche Anerkennung erfahren haben«.[5] Die Aufarbeitung dieses dunklen Kapitels der französischen Geschichte hat, rund 50 Jahre nach der Unabhängigkeit Algeriens, offenbar gerade erst begonnen.

Von 1954 bis 1962 dauerte der blutige Kampf, von dem in Frankreich lange nur als »Konflikt« oder »Operationen zur Aufrechterhaltung der Ordnung« während der »Ereignisse in Algerien« gesprochen wurde. Obwohl die »Grande Nation« 1,7 Millionen Soldaten mobilisierte, 24000 Tote und 60000 Verwundete zählte, bedurfte es 1999 eines eigenen Beschlusses der Nationalversammlung, um die Verwendung des Begriffs »Algerienkrieg« offiziell zu gestatten.

Die Zahlen der Opfer auf algerischer Seite sind weniger präzise, sie schwanken, je nach Quelle, zwischen 400000 und 1,5 Millionen. Am Ende des unübersichtlichen Konflikts, mit seiner Vielzahl von Interessengruppen und den unfassbaren Grausamkeiten, die von allen Seiten begangen wurden, ist die Welt eine andere geworden: Frankreichs Vierte Republik ist kollabiert, Algerien ist, erstmals in seiner Geschichte, ein eigenständiges, unabhängiges Land, und das Zeitalter der Entkolonialisierung hat begonnen. Doch zurück zum Anfang.

Ein Massaker und seine Folgen

Am 08. Mai 1945, dem Tag, an dem in Europa das Ende des Zweiten Weltkriegs gefeiert wird, tut sich in Algerien eine neue Front auf: In Sétif, einem kleinen Ort in der Nähe von Constantine, gehen Tausende auf die Straße, um gegen den Hunger und gegen die Unterdrückung durch die französische Kolonialmacht zu demonstrieren.
Dabei kommt es zu Übergriffen auf »Pied-noirs«, Franzosen, die zum Teil bereits in dritter Generation in Algerien leben: Innerhalb von fünf Tagen werden 130 massakriert, weitere 100 verwundet. Auf algerischer Seite gibt es allerdings, je nach Quelle, zwischen 1300 und 45 000 Tote: Es war das erklärte Ziel der Kolonialverwaltung gewesen, mit absoluter Härte durchzugreifen, um jegliche Form von Widerstand für alle Zeiten zu eliminieren.
Auf den ersten Blick scheint das zu gelingen: Die folgenden Jahre verlaufen relativ ruhig. Doch unter der Oberfläche brodelt es. Wenn der algerische Schriftsteller Kateb Yacine erzählt: »Ich war damals 16 Jahre alt. Den Schock über das grausame Hinschlachten von Tausenden Muslimen habe ich nie vergessen. Von diesem Moment an wurde ich zum Nationalisten«[6], dann spricht er für eine ganze Generation. Algerien war zu einer tickenden Zeitbombe geworden.
Neuneinhalb Jahre später, am 01. November 1954, geht sie hoch. Die algerische Nationale Freiheitsfront (FLN) verfügt mittlerweile über einen militärischen Arm und will die mehrfach geforderte Unabhängigkeit endlich erzwingen. An diesem Tag, der als »Rotes Allerheiligen« (Toussaint rouge) in die algerische Geschichte eingehen soll, werden zeitgleich im ganzen Land zivile und militärische Ziele angegriffen. Zusätzlich ruft die FLN von einer Radiostation in Kairo aus die Bevölkerung dazu auf, sich ihrem bewaffneten Kampf anzuschließen.
Allen Beteiligten muss klar sein, dass Frankreich das riesige, ökonomisch wichtige Gebiet, das seit 1834 Militärkolonie und seit 1848 laut Verfassung sogar »integraler Bestandteil des französi-

schen Territoriums« ist, nicht einfach ziehen lassen kann. Was sollte auch aus den rund 1,2 Millionen Algerienfranzosen werden, die mittlerweile dort heimisch sind? Premier Pierre Mendès reagiert also erwartungsgemäß, als er Algerien als »unwiderruflich französisch« bezeichnet und betont, dass es, wenn es um die Einheit der Republik geht, keine Kompromisse geben könne. Damit sind die Fronten geklärt. Die Gegner bringen sich in Stellung.

Guerillakrieg

Es ist ein asymmetrischer Krieg, der hier beginnt. Auf der einen Seite die haushoch überlegene französische Armee, mit kampferprobten Fallschirmregimentern und der gefürchteten Fremdenlegion. Auf der anderen die Aufständischen, deren Zahl von rund 500 am Beginn erst langsam bis zu ihrem späteren Höchststand von 40 000 Kämpfern anwachsen wird, die jedoch vor allem erbärmlich ausgerüstet sind. Der Jubelruf über eine erfolgreiche Aktion von 1958, der auf einer frankophilen historischen Website zitiert wird – »Innerhalb von fünf Wochen gelang es den Grünen Baretten, den Rebellen enorme Verluste zuzufügen: 600 wurden getötet und 475 Waffen eingezogen«[7] –, gibt einen guten Einblick in die tatsächliche Schlagkraft der sogenannten Maquisards.
Letztere verfügen aber über drei große Vorteile. Erstens, sie kennen das Kampfgebiet wie ihre Westentasche – und zwar nicht nur die engen Gässchen der städtischen Medinas, sondern vor allem auch das Maquis, das bewaldete Hochland, wo die entscheidenden Gebietsgewinne stattfinden. Zweitens können sie auf die Unterstützung der algerisch-stämmigen Bevölkerung zählen: Ob die Betreffenden dabei nun selbst zur Waffe greifen, ihre Häuser als Unterschlupf zur Verfügung stellen oder ihre bescheidenen Rationen aufbrauchen, um heimlich, vor Sonnenaufgang, 50 Fladenbrote für die Kameraden im Feld zu backen – der Übergang vom Zivilisten

zum aktiven Kämpfer ist fließend. Und drittens kämpfen sie alle gemeinsam um ihre Existenz und für die Zukunft ihrer Kinder: diskriminiert auf allen Ebenen, ist ihnen die Demütigung, in der eigenen Heimat Bürger zweiter Klasse zu sein, unerträglich geworden. Der Modus operandi der Aufständischen entspricht der klassischen Guerilla-Taktik, mit »hit and run«-Aktionen, dem Aufstellen von Fallen und nächtlichen Aktivitäten. Ab 1956 wird der Kampf auch in den Städten ausgetragen. Berühmt geworden sind die hübschen, jungen, westlich aussehenden Algerierinnen, die »Belles d'Algérie«, die eingesetzt werden, um an belebten Orten Bomben zu platzieren. Die Explosionen, vor allem die im Air-France-Büro und dem beliebten Milk Bar Café im Zentrum von Algiers, fordern zahlreiche Opfer, darunter auch Frauen und Kinder.

Finden und eliminieren – um jeden Preis

General Jacques Massu, Kommandant der 10. Fallschirmjäger-Division und später aller Truppen in der Region von Algier, erhält zu dieser Zeit die explizite Order, die Lage in der Hauptstadt unter Kontrolle zu bringen, die Terroristen zu finden und zu eliminieren. Die Wahl der Mittel ist ihm freigestellt; seinen Sicherheitsbehörden werden dafür »Sondervollmachten« gewährt, die sie auch ausschöpfen. Aussaresses, damals erst Oberst, ist Massus Mann fürs Grobe, der mit seiner Einheit durchaus erfolgreich Jagd auf die FLN-Führer in der Kasbah macht.
Die Rebellen im Maquis verfolgt man mit »search and destroy«-Missionen, die Flächenbombardements, Giftgasangriffe und den Einsatz von Napalm inkludieren. Ganz nebenbei wird dabei übrigens Kriegsgeschichte geschrieben: dass Helikopter zur Aufklärung eingesetzt werden, ist eine neue Taktik, die rasch Schule macht und bereits wenige Jahre später zum Standardrepertoire der Amerikaner in Vietnam gehört. Zusätzlich betreibt Frankreich eine Politik

der verbrannten Erde: Man versucht, den Rückhalt der Rebellen zu schwächen, indem man Dorfbewohner kollektiv abstraft, ganze Orte niederbrennt oder die Bevölkerung absiedelt und in vom Militär kontrollierten Camps zusammenfasst.
Wie lange die Rebellen dieser Übermacht standgehalten hätten, ist strittig. Der Sieg wird jedenfalls auf politischer Ebene errungen. Nach mehreren Regierungswechseln in Frankreich, etlichen gescheiterten Attentaten von Unabhängigkeitsgegnern auf Charles de Gaulle, einem gerade noch verhinderten militärischen Coup und dem Ende der Vierten Republik wird am18. März 1962 ein Waffenstillstand ausgerufen. Ein Referendum, bei dem Algerien sowohl in Frankreich als auch in der Kolonie mit großer Mehrheit das Recht auf Selbstbestimmung zugestanden wird, mündet am 5. Juli 1962 in die lang ersehnte Unabhängigkeit.

Die Frauen an der Front

Es gibt vor allem ein Element, das die algerische Revolution so besonders macht: Obwohl ein guter Teil der Bevölkerung sehr konservativ ist, erhalten die Frauen wichtige Rollen im Aufstand, und man integriert sie von Anfang an in alle Sektoren: als »Mujahidat«, die Teil der kämpfenden Truppen ist, als »Fida'iyat«, die – wie die oben erwähnten Bombenlegerinnen – im städtischen Umfeld operiert, als »Moussabila«, zuständig für das Sammeln von Geld und Hilfsgütern sowie tätig als Verbindungsoffizier, und schließlich die »Mouarouina«, ein Begriff, der alle Frauen umfasst, die sich auf die eine oder andere Weise für die Revolution engagieren, ohne formell Teil einer Rebellengruppe zu sein. »Chahidate« nennt man jene Frauen, die für die Revolution gestorben sind.
Rund 11 000 Frauen wurden nach dem Krieg offiziell als »combattantes«, Kämpferinnen, anerkannt. Die tatsächliche Zahl könnte allerdings noch deutlich höher liegen, da die einzelnen Guerilla-

Zellen unabhängig voneinander und unter äußerster Geheimhaltung agierten. Obwohl hochverehrt, leiden viele dieser Frauen ihr Leben lang unter den Folgen körperlicher und seelischer Traumata aus dieser Zeit, vor allem jene, die der französischen Armee in die Hände gefallen waren.

Louisette Ighilahriz ist eine der wenigen, die den Schritt an die Öffentlichkeit gewagt haben. Dennoch fällt es ihr schwer, von ihrer Folter und Vergewaltigung in Gefangenschaft zu erzählen: »Es gibt Worte, die man nicht aussprechen kann. (…) In Algerien ist man zu diskret dafür«,[8] antwortet sie einer Richterin auf deren Fragen. Tatsächlich haben die Revolutionäre auf die Leiden ihrer Kampfgenossinnen mit Diskretion und mit großem Anstand reagiert: Viele der zum Teil schwer verstümmelten Frauen wurden von ihren Kameraden geheiratet, um ihnen ein sozial und finanziell abgesichertes Umfeld zu gewähren.

Die Kämpferinnen, »anciennes combattantes«, wie sie mittlerweile genannt werden, prägen das Frauenbild des Landes und das Selbstverständnis der Frauen bis heute. Da gibt es zum Beispiel Frauen wie Yasmina Taya, Präsidentin der nationalen Menschenrechtskommission, die sich während des »schwarzen Jahrzehnts« des Terrorismus weigerte, einen Schleier zu tragen, obwohl sie bereits auf der Todesliste der Islamisten stand. Oder Frauen wie die Mutter meiner Freundin Fatima, die ihrer Tochter klipp und klar erklärt: »Dafür habe ich nicht mein Leben riskiert, dass du dich jetzt von deinem Mann unterdrücken lässt. Lass dich scheiden!« – und das, obgleich man als Alleinerziehende in Algerien kein einfaches Leben hat. Wenn also Houria Toubal in ihrem Porträt sagt: »Meine im Kampf erworbene Stärke kann man mir nicht mehr nehmen«, dann gilt das nicht nur für sie selbst, sondern für mehr als eine Generation.

Houria Toubal

»Ancienne combattante«

»Die Besten von uns sind tot«

Wissen Sie, was eine 9mm ist? Das war meine Waffe. Mit der hätte ich mich erschießen müssen, wenn ich den Franzosen in die Hände gefallen wäre, weil ich Geheimnisträgerin war.« Die Frau, die das Interview mit diesen Worten eröffnet, ist eine 75-jährige Dame, die mit ihrem rosa Kopftuch und ihrer herzlichen, unkomplizierten Art auf den ersten Blick wie die personifizierte Harmlosigkeit wirkt. Aber kaum gerät man in den Bann ihrer Erzählung, erkennt man, dass man einer außergewöhnlich starken, geradlinigen und kompromisslosen Person gegenübersteht. Sie selbst hingegen hält sich für nichts Besonderes, denn sie ist überzeugt: »Die Besten von uns sind tot.«

Hourias Vater hatte bereits im Zweiten Weltkrieg für Frankreich gekämpft und war nicht bereit, einem neuerlichen Einberufungsbefehl – diesmal nach Indochina – Folge zu leisten. Er schloss sich deshalb den Protesten an, die damals in ganz Algerien aufflackerten und mit immer größerer Vehemenz die Unabhängigkeit forderten. Am 08. Mai 1945 nahm er mit seinen Brüdern an einer Großdemonstration in Algiers teil – keiner von ihnen kehrte zurück. Im Massengrab verscharrt, in eine Schlucht geworfen, auf dem Scheiterhaufen verbrannt? Ihr Ende ist, wie das vieler der 45 000 Männer, die während dieser ersten Welle der Proteste getötet wurden, bis heute ungeklärt.

Die Erinnerung daran schmerzt Houria auch noch 69 Jahre später: »Ich konnte seinen Tod nie verwinden. Wir wissen nach wie vor weder, wie mein Vater starb, noch wo er begraben wurde.« Sechs Kinder ließ er zurück. Houria, die Älteste, war zu diesem Zeitpunkt keine sieben Jahre alt, ihr kleinster Bruder gerade einmal drei Monate. »Auch die Familien der anderen Opfer waren groß. Ich darf gar nicht daran denken, wie viele dieses Massaker zu Waisen gemacht hat!« Houria – der Name bedeutet übrigens »Freiheit« – schwor, ihren Vater eines Tages zu rächen.

1954 beginnt der offene Aufstand. Houria ist zu diesem Zeitpunkt noch zu jung, um aktiv daran teilzunehmen. Auch wird sie zu Hause gebraucht: Die Mutter ist arbeitslos und die Geschwister sind noch klein. Drei Jahre später, kaum 19 Jahre alt, geht sie endlich »ins Maquis«, den dichten Buschwald der algerischen Hochebene, um sich den aufständischen Truppen anzuschließen. Sie ahnt es damals nicht, aber der Preis für ihre Entscheidung ist hoch: Um etwas über ihren Aufenthaltsort und ihre Kontakte zu erfahren, wird eine ihrer Schwestern von der französischen Militärverwaltung verhaftet. Da diese auch unter der Folter nichts erzählt (auch gar nichts erzählen könnte, da sie von Houria nicht eingeweiht worden war), lässt man sie nach einigen Tagen gehen. Rund zwei Jahrzehnte danach wird sie allerdings, mit nur 38 Jahren, an den Spätfolgen der damaligen Verhöre sterben.

Lazarette in Höhlen, Spritzen mit Wasser desinfiziert

Houria wird einer Einheit zugeteilt, die für die medizinische Versorgung der Kämpfer verantwortlich ist. Eine glückliche Fügung, wie sich schnell herausstellt: »Ich hatte in meinem Leben noch nie einen Verletzten gesehen. Aber ich kam an – und begann sofort, Leute zu behandeln und ihre Wunden zu vernähen, als hätte ich nie etwas anderes getan.«

Vielleicht war es angesichts der herrschenden Bedingungen sogar ein Vorteil, dass sie keine Ahnung von den üblichen medizinischen Standards hatte: »Wir haben unsere Lazarette teils unter freiem Himmel errichtet, teils in Höhlen versteckt, je nachdem, was gerade möglich war. Immer wieder mussten wir von null anfangen, weil wir ständig auf der Flucht vor den Franzosen waren.« Die Ausrüstung ist primitiv, die hygienischen Zustände sind katastrophal. »Es gab keine Anästhesie und nur ganz, ganz wenig Alkohol. Wir mussten sehr sparsam damit umgehen. Die Spritzen haben wir nur mit Wasser ausgekocht, wir hatten keine Möglichkeit, sie richtig zu desinfizieren.« Es ist trotzdem irgendwie gegangen. »Ich habe übrigens in sechs Jahren keine einzige Infektion gesehen, obwohl wir zum Teil im Schlamm und im Dreck gelebt und uns auf den Märschen oft genug die Füße wund gelaufen haben. Viele sind an ihren Kampfverletzungen gestorben – aber normale Krankheiten gab es interessanterweise kaum.«

1958, während des Angriffs auf Azzaba, lernt Houria die verheerenden Folgen von Napalm kennen, das von Frankreich im Algerienkrieg immer wieder eingesetzt wird. »Das war der absolute Horror. Ich habe zuerst gar nicht begriffen, was passiert: Da liegt ein Soldat vor mir am Boden, brüllt und windet sich vor Schmerz, aber es ist nichts zu sehen! Tatsächlich hat er gebrannt, nur waren die Flammen unsichtbar. Meine Kollegen wussten zum Glück, dass man dieses Feuer nicht mit Wasser löschen kann, sondern ersticken muss. Wir haben also Sand und Erde auf die Napalm-Opfer geschüttet und versucht, sie so zu retten.«

Man watet über einen Teppich von Leichen

Am 29. Mai 1958 gelingt es den Rebellen bei Guelma, einen Alouette-Helikopter abzuschießen. »Meine Kameraden haben den Hubschrauber gesehen und gewusst: Da sitzt jemand Wichtiger drinnen«, erinnert sich Houria. Sie haben sich nicht getäuscht: Colonel Pierre Jeanpierre befindet sich an Bord, Kommandant des ersten Fallschirmjäger-Regiments der Fremdenlegion. Er ist nicht nur hochdekoriert, er ist vor allem auch hochverehrt: ein legendärer Held mehrerer Kriege, dessen Tod in den Radiosendern der Kolonialmacht mit den Worten »Die Sonne ist gestorben«[9] verlautbart wird.

Für die Revolutionäre, die Colonel Jeanpierre erst kurz zuvor verächtlich als »poussins« (Küken) bezeichnet hatte, ist das ein erhebender Moment. Aber auch nicht mehr als das: ein Moment. Denn die Rache der französischen Armee ist fürchterlich. »Man hat die Soldaten aus der ganzen Region zusammengezogen, um uns zu umzingeln und uns die Fluchtwege abzuschneiden.« Dann beginnt das Bombardement. »24 Stunden lang, Geschwader nach Geschwader. Man hat vor Flugzeugen und Bomben den Himmel nicht mehr gesehen.« Die Verluste der Rebellen sind enorm, nur wenige können entkommen. Von Hourias Gruppe überlebt, abgesehen von ihr selbst, nur Amar Chetaîbiu, der Anführer der Gruppe. »Mit ihm bin ich dann 40 Kilometer weit marschiert, durch die Berge, die ganze Nacht hindurch.« Es ist ihr erster langer Marsch; er endet mit offenen Beinen und blutenden Füßen. Egal. Sie hat überlebt. Ein anderes Mal wird ihre Einheit eine Woche lang durchgehend bombardiert. »Wir lagen in unseren Verstecken auf den Boden gepresst und konnten uns nicht rühren.« Es ist August und die Hitze ist unerträglich: »Wir hatten so gut wie nichts zu essen und, was schlimmer war, nichts zu trinken – und das bei 48 Grad. Manche waren so verzweifelt, dass sie in Tassen gepisst und ihren eigenen Urin getrunken haben. Ich erinnere mich noch genau daran, wie es sich anfühlt, wenn man am Verdursten ist: Die Zunge wird trocken und scharf wie ein Messer.« Als das Bombardement endet, betritt sie eine Welt, die nicht wiederzuerkennen ist. »So weit man sehen konnte, alles tot: nicht nur die Menschen, sondern auch die Tiere. Vögel, Hasen, Schlangen, Mäuse – niemand hat das Bombardement überlebt. Wir sind über ein Leichenfeld gewatet.«

Hunger, Sprengfallen und tiefe Freundschaft

Doch meistens kann man sich ohnehin nur nachts fortbewegen, und auch dann oft genug nur auf dem Bauch oder auf den Knien. »Immer wieder gab es 24 Stunden lang nichts zu essen, wir haben zeitweise wirklich gehungert. Wasser haben wir aus den Bächen getrunken. Und ständig mussten wir Minenfelder durchqueren.«

Dazu kommen Sprengfallen, die sich in harmlos aussehenden Gegenständen verbergen: »Bonbons, eine Dose Sardinen – man musste vorsichtig sein, wenn man etwas fand.«
Im selben Jahr wird Houria einer neuen Einheit zugeteilt, bei der sie bis zum Ende der Kampfhandlungen bleibt. Von der Kameradschaft, die sie dort erfährt, schwärmt sie noch heute: »Wir hatten generell sehr gute Anführer. Aber dort habe ich wirklich ganz außergewöhnliche Menschen kennengelernt. Die Männer verhielten sich uns Frauen gegenüber je nach Alter väterlich oder brüderlich; obwohl wir doch jung und schön waren, gab es nicht eine einzige unangenehme Situation mit meinen Waffenbrüdern oder einen Moment, in dem ich mich bei ihnen nicht sicher gefühlt hätte.«
Diese Ritterlichkeit wird offenbar nicht nur der eigenen Seite zuteil: Einmal fallen ihnen zwei französische Journalistinnen in die Hände, die mit einigen feindlichen Soldaten gefangen genommen werden. Die Frauen rechnen mit dem Schlimmsten, aber das Gegenteil passiert: »Wir haben sie wie Gäste behandelt und sie gebeten, sich umzusehen und sich ein objektives Urteil über uns zu bilden. Nach einer Woche haben wir sie nach Tunesien in Sicherheit gebracht.« Ob genuiner Humanismus oder raffinierte PR-Strategie, es zahlte sich jedenfalls aus: »Die Aufständischen sind keine Wilden«, schreibt eine der Journalistinnen danach. »Alles, was sie verlangen, ist ihre eigene Fahne.«
An ihrem neuen Einsatzort trifft Houria auf Mériem Bouatoura, die Leiterin des Feldkrankenhauses, in dem sie arbeitet. Zwischen den beiden Frauen entwickelt sich eine ganz spezielle Freundschaft. »Die Franzosen hatten mir den Vater genommen, meine Familie war bitterarm – als ich ins Maquis ging, hatte ich erstens einen Grund und zweitens nichts zu verlieren. Die Situation von Mériem war eine ganz andere, sie war aus rein altruistischen Motiven hier. Obwohl sie eigentlich aus einer sehr wohlhabenden, einflussreichen Familie aus Sétif stammte, hat sie niemals irgend-

welche Privilegien beansprucht. Wenn es ihrer Familie gelang, ihr etwas zu schicken – und das waren tolle Sachen und immer viel –, hat sie es verschenkt oder mit allen geteilt. Sie ist sogar eine Zeit lang barfuß herumgelaufen, weil sie ihre Schuhe jemand anderem gegeben hatte.«

Fünf Jahre lang sind die zwei unzertrennlich, dann stirbt Mériem den – womöglich sogar selbst gewählten – Märtyrertod. 1961 ist ein schwieriges Jahr. Immer öfter müssen sich Houria und ihre Kameraden vor den Franzosen verstecken und bisweilen zu zweit oder zu dritt stundenlang in flachen, selbst gegrabenen Erdhöhlen ausharren. Für Mériem ist das nichts. »Lieber in der Stadt sterben, als hier auf dem Land gefangen genommen werden«, erklärt sie Houria und: »Ich will, dass mein Name mit Blut geschrieben wird.« Am 4. September 1961 verlässt sie das Maquis, um »nur für ein paar Tage« nach Constantine zu gehen. Ihre Waffe, eine Mitraillette, nimmt sie mit. Was dann passiert ist, hat Houria erst viel später erfahren: »Jemand muss sie verraten haben, jedenfalls wurde das Haus, in dem sie war, von drei oder vier französischen Soldaten umstellt und die ganze Nacht belagert.« Am nächsten Morgen kommt Verstärkung, das Haus wird gestürmt. Mériem, die scheinbar leblos auf dem Boden liegt, richtet sich plötzlich auf und beginnt, mit ihrer Mitraillette zu feuern. Es gelingt ihr, mehrere Soldaten zu töten, bevor sie selbst im Kugelhagel zusammensinkt.

»Mériem hat ihr Leben der Revolution geopfert. Sie war ein Engel, eine Heilige. Wenn ich sage, dass die Besten von uns tot sind, dann meine ich Menschen wie sie.« Auch heute, mehr als 50 Jahre danach, kann Houria nicht davon erzählen, ohne Tränen in den Augen zu haben.

Zwischen Schweinen versteckt

Sie selbst ist zu dieser Zeit schon längst nicht mehr ausschließlich Krankenschwester. Als »Sozialbeauftragte« hält sie direkten Kontakt mit der Bevölkerung. Da sie dadurch viel unterwegs ist, bekommt auch sie eine Waffe – die eingangs erwähnte 9mm. »Ich habe natürlich auch gelernt, wie man sie benutzt: auseinandernehmen, reinigen, wieder zusammenbauen, schießen. Aber mir war immer klar: Die Waffe ist eigentlich für mich gedacht. Ich habe zu viel über die Stellungen und Strukturen der Revolutionäre gewusst – ich hätte den Franzosen nicht lebend in die Hände fallen dürfen.«

Immer wieder gibt es Situationen, in denen sie nur wie durch ein Wunder mit dem Leben davonkommt: »Die Franzosen haben sogenannte Ratissages, Säuberungsaktionen, veranstaltet, bei denen sie ein Gebiet abgeriegelt und Meter für Meter durchkämmt haben. Das waren dann zwei oder drei Soldaten pro Baum – ein Durchkommen war unmöglich. Da konnte es passieren, dass ich wochenlang von meiner Truppe abgeschnitten war. Einmal musste ich mich für mehrere Tage im Wald verstecken. Tatsächlich habe ich damals zwischen den Wildschweinen gehaust.« Als sie ins Lager zurückkehrt, hängt ihr die Kleidung in Fetzen vom Leib, sie ist fast nackt und über und über mit Schlamm beschmiert. »Da haben sogar meine Kameraden große Augen gemacht, obwohl die doch einiges gewohnt waren!«

Ein anderes Mal ist die Gefahr noch größer – und die Erniedrigung auch: »Wir wussten, dass eine Ratissage bevorstand, und ich hätte mich schon längst wieder unserer Truppe anschließen sollen. Aber ich war für Verwundete verantwortlich, die ich in ihrem Zustand nicht alleine lassen wollte.« Als Houria mit einwöchiger Verspätung endlich aufbricht, gerät sie mitten in die Operation. »Ich kauerte in einem Busch und versuchte, nicht zu atmen. Alles war voll von Soldaten. Franzosen, aber auch Algeriern in Uniform. Ich war mir sicher, dass ich diese Nacht nicht überleben würde.«

Sie rechnet mit allem – nur nicht mit dem, was tatsächlich passiert: »Zwei kommen direkt auf mich zu. Ich hocke zwischen den Blättern des Busches, die Waffe in der Hand, denke: ›Jetzt ist es aus, jetzt haben sie mich gleich!‹ Dann macht einer von den beiden seine Hose auf – und pinkelt mich an! Er war nur wenige Zentimeter von mir entfernt, aber er hat mich nicht gesehen.«
Ihre Erklärung für ihr geradezu wundersames Überleben: »Ich glaube, wenn man aufrichtig ist und versucht, das Richtige zu tun, dann wird man von Gott beschützt. So haben wir auch unsere Unabhängigkeit bekommen.«

Lernen, in der »Normalität« zu leben

Trotzdem fällt ihr die Zeit danach alles andere als leicht. »Es war sehr schwierig für mich, in das zivile Leben zurückzufinden. Das kam mir alles irgendwie gar nicht mehr wie das richtige Leben vor.«
Vielen anderen geht es ebenso: Man kommt siegreich aus dem Feld zurück und findet sich in einer zerstörten Gesellschaft wieder. Die Eltern alt oder verstorben, man selbst – ob man es sich nun eingestehen will oder nicht – schwer traumatisiert, oft auch körperlich am Ende.
Houria weiß nicht einmal mehr, wie man einen Rock trägt, dass man damit anders sitzt oder geht als in Uniform. Sie zeigt auf ein Foto, auf dem sie jung, attraktiv, mit einer großen, dunklen Sonnenbrille zu sehen ist: »Auch das hat nichts mit Mode zu tun. Die musste ich tragen, weil meine Augen bei einem französischen Giftgasangriff geschädigt wurden.« Jahrelange medizinische Behandlungen folgen. Aber am schlimmsten war etwas ganz anderes für sie: »Ich bin fast verrückt geworden vor Trauer um Mériem. Offen gestanden habe ich mir zeitweise gewünscht, bei denen zu sein, die uns vorangegangen sind.«
Trotzdem macht sie weiter. Arbeitet wieder als Krankenschwes-

ter, kümmert sich um die Familie, schließlich müssen die jüngeren Schwestern noch verheiratet werden, und nimmt im Auftrag der Organisation panafricaine des femmes (OPF) an internationalen Konferenzen teil. Erst zwölf Jahre nach der Unabhängigkeit, mit 36, heiratet sie selbst.

Ihrem Vorsatz, die Geschichte von Mériem zu verbreiten, ist sie bis heute treu geblieben. »Es ist mir ein ganz großes Anliegen, dass unsere Jugend ihre Wurzeln kennt. Dass sie ihr Land liebt und die Ideale nicht verrät, für die wir ins Maquis gegangen sind und für die viele von uns ihr Leben gelassen haben« Das Foto von Mériem hat in ihrer Wohnung einen Ehrenplatz. Houria schenkt mir einen Abzug davon, liebevoll gerahmt.

Heute wohnt Houria in einem gepflegten Apartment in Annaba, mit einem wunderbaren Ausblick auf das Meer. Sohn und Tochter leben ganz in der Nähe, die drei Enkelkinder sieht sie oft. Die Jüngste, drei Jahre alt, mit dichten dunklen Locken und strahlenden Augen, wurde Hourias Freundin zu Ehren Mériem genannt. Allerdings hat sie bis dato nicht viel Heiligmäßiges an sich: »Sie ist unfassbar eigenwillig und stur«, erklärt ihre Mutter. Nachsatz, mit Seitenblick auf Houria: »Das hat sie von ihrer Großmutter geerbt.«

»Ich habe mein Leben lang gekämpft«, sagt Houria heute von sich, und sie kämpft noch immer, trotz ihrer 76 Jahre. »Das Familienrecht zum Beispiel benachteiligt uns Frauen enorm, da muss man etwas tun.« Wenn also eine Frau bei ihrer Scheidung nicht weiterkommt, geht sie mit zu Gericht und hilft ihr, ihre Ansprüche durchzusetzen – auch indem sie dem Richter erklärt, »was Sache ist«. Zu Ramadan wiederum deckt sie einmal pro Woche vor ihrem Haus einen langen Tisch und lädt Migranten ein, die sonst kein Abendessen bekämen. Diese Dinge tut sie, ohne Aufhebens darum zu machen, einfach weil sie findet, dass sie getan werden müssen. »Wir sind auf der Erde, um Gutes zu tun«, von diesem Gedanken lässt sie sich leiten.

Ihr Status als »ancienne combattante« verschafft ihr gesellschaftlichen Respekt und den Anspruch auf eine kleine staatliche Pension. Laut Houria ist das wirklich Entscheidende aber etwas anderes: »Die Stärke, die man im Maquis erworben hat, gibt man nie mehr ab. Dort haben wir gelernt, mit Mangel umzugehen; ich komme auch heute noch mit sehr wenig aus. Ich habe also das Privileg, nichts zu fürchten und niemanden zu brauchen. Ich muss keine Kompromisse machen: Ich bin frei.«

Leïla Sedira

Nom de guerre »Laroussi«

»Todesangst macht kreativ«

Leïla Sedira, geborene Belakehal, nom de guerre »Laroussi«, empfängt mich mit einem großen, strahlenden Lächeln, obwohl sie nach einer Beinoperation auf Krücken geht und offensichtlich Schmerzen leidet. Die zierliche 76-Jährige lebt in einem eleganten Haus in einem ruhigen Vorort von Constantine, der auf Felsen gebauten »Stadt der Brücken«, die den Ruf hat, die Wiege der Revolution zu sein.

Letzteres könnte man auch vom Haus der Familie Belakehal sagen, in die Leïla 1938, als dritte von acht Töchtern, hineingeboren wird. »Mein Vater war politisch sehr aktiv«, erzählt sie über ihre Kindheit. »Vor allem im Rahmen der Société Oulémas Musulmans, die sich vordergründig für die Alphabetisierung und Volksbildung der Algerier einsetzte, gleichzeitig aber daran arbeitete, in der Bevölkerung ein politisches Bewusstsein zu erwecken.« Das Geschäft ihres Vaters ist Treffpunkt für die Führungskader dieses Vereins. »Wenn ich dort als Kind ausgeholfen habe, bekam ich die Diskussionen über soziale Ungerechtigkeit, Ausbeutung und kolonialistische Unterdrückung aus nächster Nähe mit. Ich versuchte dann immer, ganz leise zu sein und mich im Hintergrund zu halten, damit die Erwachsenen vergaßen, dass ich da war und mich nicht wegschickten.« Während der Revolution gehen dann bei den Belakehals die Mudjahedeen ein und aus, die nach ihren Einsätzen im Maquis einen sicheren Unterschlupf brauchen.

»Wenn man jung ist, verletzt einen so etwas sehr«

»Tatsächlich wurden wir Algerier in unserem eigenen Land auf allen Ebenen diskriminiert.« Wenn Leïla davon erzählt, sieht man ihr an, dass sie das auch heute noch, so viele Jahre später, empört. »Im Schulsystem hat man das besonders deutlich gesehen: Es war die Strategie Frankreichs, uns von jeglicher höherer Bildung auszuschließen«.

Für den Großteil der algerischen Kinder endet der Schulbesuch deshalb bereits mit zwölf Jahren, am Ende der französischen Primarstufe. Danach werden sie in eine Lehre gesteckt: Die Mädchen sollen Näherinnen oder Schneiderinnen, die Buben Bauarbeiter werden oder ein anderes nützliches Handwerk erlernen. Nur für jene, die wirklich ganz außergewöhnlich gut sind, existiert die theoretische Möglichkeit, in die nächste Klasse aufzusteigen. »Mein Vater hatte die Schule früh verlassen müssen – es war ihm deshalb wichtig, mir eine gute Bildung zu ermöglichen. Er hat also Lobbying betrieben, ist von einem Entscheidungsträger zum nächsten gelaufen, hat gebettelt, interveniert und geschmiert, damit ich weiterhin in die Schule gehen durfte. Er hat dafür sehr viel Geld bezahlt.«
Der Vater hat Erfolg und Leïla erhält die Erlaubnis, in die Sekundarstufe aufzusteigen, als eine von gerade einmal zwölf Algerierinnen im gesamten Lycée Laveran. Obwohl sie eine hervorragende Schülerin ist, belastet es sie doch, dass sie doppelt so viel leisten muss wie ihre französischen Kolleginnen. Als man sie beschuldigt, abgeschrieben zu haben, wird sie beinahe der Schule verwiesen. »Man hat mich vor allen anderen als Lügnerin und Betrügerin hingestellt, es war eine furchtbare Demütigung. Nachdem sich meine Unschuld herausgestellt hatte, habe ich vergeblich auf ein Wort der Entschuldigung gewartet. Wenn man jung ist, verletzt einen so etwas sehr. Es hat mich damals viel Kraft und auch Mut gekostet, weiterzumachen.«

Ein kleines Wunder gelingt: Sie schafft es, die Schule abzuschließen. 1956 ruft die Nationale Befreiungsfront (FLN) zum Streik der Studenten auf – und Leïla macht mit, trotz all der Opfer, die sie selbst und ihr Vater für ihre Bildung erbracht haben, und wohl wissend, dass ihr von diesem Moment an der Weg an die Uni verschlossen ist. Aber sie kann und will nicht mehr Teil eines Systems sein, in dem sie, als Algerierin, nicht willkommen ist.

Handgranate oder Parfum?

Wie sehr Leïla von den politischen Aktivitäten ihres Vaters beeinflusst ist, zeigt sich daran, dass sie seinen Vornamen – Laroussi – als Decknamen wählt, als sie selbst beginnt, die Rebellen zu unterstützen. Der zweite wichtige Einfluss kommt von ihrer älteren Schwester Nafisa, die sich den Aufständischen als »Fida'iyat« anschließt, eine jener Frauen, die im städtischen Umfeld bewaffnete Aktionen setzen. »Das hat unter allergrößter Geheimhaltung stattgefunden; nicht einmal meine Eltern haben davon gewusst. Einmal hatte sie zu Hause eine Handgranate in einer hübschen Schachtel versteckt. Meine Mutter hat sie durch Zufall entdeckt – Nafisa ist beinahe das Herz stehen geblieben. Aber meine Mutter wollte nur wissen, was in diesem interessanten, seltsam geformten Flakon sei – womöglich Parfum? Sie hat nicht einmal Verdacht geschöpft. Das zeigt, wie ahnungslos sie war.«
Leïla ist als Einzige in der Familie eingeweiht und knüpft selbst erste Kontakte zu den Rebellen. Als Nafisa mit 22 ins Maquis geht, übernimmt sie deren Rolle und beginnt, die Revolution aktiv zu unterstützen. Zuerst von zu Hause aus, als Näherin: »Unsere Leute waren ja ganz erbärmlich ausgestattet, die Ausrüstung war zusammengeklaut und irgendwie improvisiert. Einige Männer haben also Uniformen von der französischen Armee gestohlen, und wir haben sie gewaschen, wenn nötig geflickt, gebügelt und dann an unsere Leute im Feld weitergegeben.« Bald weitet sie ihre Tätigkeit aus. »Am Anfang habe ich nur kleine Botengänge gemacht oder Medikamente besorgt. Nachdem ich mich bewiesen hatte und sie wussten, dass man mir vertrauen konnte, hat man mich mit wichtigeren Aufgaben betraut.« Ab diesem Zeitpunkt überbringt sie Nachrichten und wichtige Dokumente, schmuggelt Waffen und begleitet gelegentlich einzelne Mujaheddin, um deren Reisen unverdächtiger aussehen zu lassen.

Tatwaffe im Einkaufskorb

Wenn sie das Haus im Auftrag der Revolution verlässt, trägt sie das traditionelle Gewand der Region: ein weißes mehrlagiges Kleid, das eine große, rundliche Silhouette kreiert, dazu ein langes Tuch über den Haaren und ein kleiner Schleier, der die untere Hälfte des Gesichts bedeckt. »Diese Kleidung hat der Revolution sehr geholfen. Man konnte darunter nicht nur Dinge verstecken, der Schleier war auch nützlich, um die Anonymität zu wahren: Je weniger jemand weiß, desto weniger kann er oder sie unter der Folter verraten.« Sie sind in verschiedene Zellen aufgeteilt, man kannte aber jeweils nur seinen direkten Vorgesetzten. Wer die anderen Mitglieder waren, erfuhr man nicht. Es wurde auch darauf geachtet, dass niemand mehr Information besaß als unbedingt nötig. »Wenn ich zum Beispiel jemandem eine Nachricht zustellen musste, dann habe ich mich am Treffpunkt mit einem vereinbarten, möglichst unverdächtig klingenden Code zu erkennen gegeben, zum Beispiel: ›Heute ist es sonnig‹, und mein Gegenüber musste mit der richtigen Phrase antworten. Dann habe ich ihm die Information gegeben. Beziehungsweise den Teil der Information, den ich besaß.«

Wenn es also hieß: »Um exakt 11:00 lieferst du diese Box da und da ab«, dann wurde Leïla nicht darüber informiert, was in der Schachtel war. Nie hatte sie hineingeschaut. »Aber wenn sie recht schwer war, wusste ich natürlich, dass es eine Waffe ist.« Einmal erhält sie den kryptischen Auftrag, sich an einem bestimmten Ort mit einem großen Korb voller Obst und Gemüse einzufinden. Während sie also am vereinbarten Ort wartet, läuft plötzlich ein Mann auf sie zu und wirft etwas in ihren Korb hinein. Sie schaut nach: eine Pistole. Der Mann hatte gerade ein Attentat verübt und nun die Tatwaffe bei ihr entsorgt.

Bei ihren Einsätzen kommt es ihr sehr zugute, dass es sich ein französischer Soldat nicht erlauben kann, eine traditionell gekleidete Frau einer genaueren Durchsuchung oder gar einer Leibesvisitation zu unterziehen. Erst ab 1958 werden Polizistinnen eingesetzt, »das hat dann alles viel schwieriger gemacht«.

Verrat und Folter

Als Nafisa ins Maquis geht, wartet der Vater eine Woche. Dann erst meldet er ihr Verschwinden bei der Polizei. Er versucht, es so aussehen zu lassen, als ginge es um eine Liebesgeschichte: »Mein frivoles Kind … Liebhaber … die Familie entehrt …« Er ruiniert die Reputation seiner Tochter, um die Sicherheit der Familie nicht zu gefährden. Das gelingt, aber nicht für lange.

Im Dezember 1957 kehrt Nafisa zurück. Es geht ihr schlecht: Sie ist verletzt, hat eine tiefe Wunde am Bein, eine Kampfverletzung. Obwohl sie nur zwei Tage bleibt und das Haus nicht verlässt, erfährt die Polizei davon. Die Franzosen umstellen das Gebäude »mit einer kleinen Armee«, um sie zu verhaften. Nafisa ist schon wieder weg, aber Leïlas Vater und sie selbst werden mitgenommen. Der Denunziant ist bei dem Verhör dabei. »Er hatte zwar ein Tuch über dem Kopf, ich habe ihn aber trotzdem erkannt: einer unserer Nachbarn, der uns offenbar unter der Folter verraten hat.«

Ihr Vater kommt nach neun Tagen wieder frei, mit einer offenen Wunde im Gesicht, die sich entzündet und schließlich dazu führt, dass er ein Auge verliert. Leïla wird in ein Lager verschleppt, das berüchtigte, auf einer ehemaligen Farm errichtete Folterzentrum Cité Ameziane. Dort verbringt sie 22 Tage, in denen sie, aus Angst vor Vergewaltigung, kaum schläft. Sie ist zwar in Einzelhaft, bekommt aber das Schreien, Brüllen, Weinen anderer Gefangener ganz genau mit. Über sich selbst erzählt sie nur, dass sie auf »bestialische Weise« gefoltert wurde, unter anderem auch mit Stromschlägen: »Dabei wurde man in einen Wasserbottich gestellt und Elektroden an die Brüste geklemmt.« Dazu kommt permanenter

Psychoterror: »Da wird man dann zum Beispiel um drei Uhr früh vor grelle Scheinwerfer gezerrt. Im Raum sind Menschen, die man nicht sehen kann, da sie hinter einem Vorhang versteckt sind. Die werden dann verhört: ob sie mich kennen, was sie über meine Aktivitäten und Verbindungen wissen, und sie werden gedrängt, mich zu denunzieren.«
Ihre Eltern machen damals alles zu Geld, was sie besitzen. »Meine Mutter hat ihren gesamten Schmuck verkauft, um mich zu retten.« Als es endlich gelingt, sie auf Kaution freizubekommen, ist Leïla nur noch ein Schatten ihrer selbst. 21 Kilo hat sie in der Gefangenschaft verloren; sie kann ihre Röcke nicht mehr tragen, weil diese nicht mehr auf der Hüfte halten. Physisch und psychisch am Ende, wünscht sie sich nur noch eines vom Leben: »Ausschlafen, einmal nur richtig ausschlafen.«
Genau wie ihr Vater hat sie in der Haft eisern geschwiegen, niemanden verraten und nichts zugegeben. Dabei waren die Dinge, derer man sie beschuldigte, im Großen und Ganzen zutreffend gewesen. »Man hatte mich entweder gut beobachtet oder sie hatten zuverlässige Informanten. Aber wozu etwas erzählen? Das hätte doch überhaupt nichts gebracht! Gefoltert wurde man ja in jedem Fall.«

»Nehmen Sie Bonbons!«

Nach diesen traumatisierenden Wochen hält sie sich für einige Zeit von allem fern, aber nach und nach, als sie merkt, dass sie nicht mehr so streng observiert wird, nimmt sie ihre heimlichen Tätigkeiten wieder auf. 1958, 1959 – weitere Verhaftungen folgen, wieder wird sie gefoltert, unter anderem von den wegen ihrer Brutalität gefürchteten Bérets noirs. »Auch mein Vater ist noch einige Male vorgeladen worden, da man verdächtige Leute bei uns gesehen hatte. ›Stimmt‹, hat mein Vater geantwortet, ›es waren Rebellen hier. Aber wie könnt ihr mir unterstellen, dass ich sie aus ideologischen Gründen aufgenommen habe? Sie haben mich gezwungen, sie einzulassen! Ihr selbst hattet mich doch verhaftet – seitdem halten sie mich für einen potenziellen Verräter.‹ Das war natürlich gelogen – wir haben die Revolution nach wie vor mit vollem Einsatz unterstützt.«

Nicht nur mit vollem Einsatz: auch mit vollem Risiko. Immer wieder gerät sie in äußerst gefährliche Situationen; was sie rettet, sind viel Glück und ihre Fähigkeit, sich aus allem herauszureden. Einmal, als sie Waffen transportiert, die auf dem Boden eines Sacks mit Bonbons versteckt sind, gerät sie in eine Straßensperre des französischen Militärs. Sie wird angehalten und nach dem Woher/Wohin befragt. »Zu einem Fest, auf dem Bauernhof so-und-so.« Weiß der Soldat, dass in dieser Gegend gar kein Hof dieses Namens existiert? Er wirkt jedenfalls nicht überzeugt – und Leïla ist klar: Wenn sie den Sack ausleeren muss, ist sie verloren. Also macht sie den Sack schnell selbst auf und hält ihn den Soldaten hin: »Nehmen Sie sich doch ein paar Bonbons! Nehmen Sie! Es sind genug da, Sie sollen auch etwas davon haben!« Die verblüfften Soldaten greifen zu – und winken sie ohne weitere Fragen durch.

Ein anderes Mal ist sie weit außerhalb der Stadt, mitten im Nirgendwo mit einer großen Menge eleganter Damenunterwäsche unterwegs, als sie angehalten wird. Diesmal behauptet sie, die Frauen auf einer entlegenen Farm für eine Hochzeit auszustatten. »Ich hatte natürlich überhaupt keine Ahnung, ob es hier überhaupt eine Farm gab. Und der Polizist hatte sich offenbar noch nie darüber Gedanken gemacht, dass die Kämpferinnen im Maquis von Zeit zu Zeit neue Unterwäsche brauchen, sonst hätte er mich nicht so einfach ziehen lassen.« Tatsächlich wollten die Frauen im Feld auch unter ihrer Uniform ordentlich bekleidet sein – das war für sie eine Frage der Würde. Aber da sie zu schamhaft waren, um ihre männlichen Kameraden mit so einer delikaten Mission zu behelligen, war Leïla damit beauftragt worden.

Dass sie die folgende Situation überlebt hat, hält Leïla heute noch für ein Wunder: Sie sitzt zusammen mit vier Mudjahedeen in einem kleinen Auto, als sie vor sich eine Straßensperre sehen. Sie haben einen Aufklärer vorangeschickt und sich deshalb sicher gefühlt – doch irgendetwas muss schiefgelaufen sein. War der Aufklärer geflohen? Gefangen? Tot? Jedenfalls ist es zu spät, umzukehren, die Polizisten haben sie bereits entdeckt. Ihre Beifahrer ziehen die Waffen, darunter eine Maschinenpistole, ihr selbst drückt jemand einen Revolver in die Hand. »Mir war sofort klar: Wenn es zu einem Schusswechsel kommt, sind wir alle tot. Ich habe die anderen also angefleht, mir ein paar Sekunden Zeit zu geben, um mit den Soldaten zu reden – obwohl ich in dem Moment noch nicht die geringste Idee hatte, was ich ihnen sagen würde.«

Das Auto nähert sich der Sperre, bremst, bleibt vor den Polizisten stehen. Sekunden, die für Leïla in Zeitlupe vergehen. Sie hofft, dass man ihr die Panik nicht ansieht, lehnt sich aus dem Fenster und strahlt den nächststehenden Polizisten an: »Wir fahren zu einer Beschneidung! Ein großes Fest! Wie lange habt ihr Dienst? Wir schicken jemanden vorbei, der euch zum Essen abholt!« – »Merci«, antwortet der, »das ist sehr nett, aber wir dürfen unseren Posten leider nicht verlassen. Au revoir und gute Fahrt!« Die Abdrücke, die der zwischen ihre Knie gepresste Revolver hinterlassen hat, sind noch lange zu sehen.

»Ich glaube nicht, dass ich besonders mutig bin«, sagt Leïla heute über sich. »Die Angst war unser ständiger Begleiter. Aber man findet Mut, wenn man muss. Und in Todesangst wird man sehr kreativ. Außerdem hatten wir mit dem eigenen Leben gewissermaßen schon abgeschlossen – nicht wir waren wichtig, nur das Land hat gezählt.«

»Als hätte ich meine Flügel verloren«

Den Tag der Unabhängigkeit, den sie als »glückliche Verrücktheit« bezeichnet, kann sie noch unbeschwert erleben und mit den Rebellen feiern. Erst danach bringen diese ihr schonend bei, was sie ihr und ihrer Familie verheimlicht hatten: Nafisa, ihre bewunderte, heiß geliebte, energiegeladene ältere Schwester, war wenige Tage zuvor gefallen. Als nicht lange danach ihre nächstjüngere Schwester bei einem Unfall stirbt, ist Leïla vor Schock und Trauer wie gelähmt. »Wir drei sind schon als Kinder immer zusammengesteckt, wir standen uns sehr, sehr nahe. Und plötzlich waren beide weg! Für mich war es damals so, als hätte ich meine Flügel verloren.« Leïla, die starke Revolutionärin, die von Schmerz, Angst und Folter völlig ungerührt erzählen kann, hat jetzt Tränen in den Augen. Damals kompensiert sie ihre Trauer, indem sie sich in die Arbeit stürzt, um das unabhängige Algerien auf sozialer, kultureller und politischer Ebene aufzubauen. Sie wird Mitglied der Nationalen Befreiungsfront, leitet das Regionalbüro der Partei in Constantine und sitzt von 1965 bis 1989 im Rat der Nation, in den sie 2008 ein weiteres Mal gewählt wird. Gleichzeitig reist sie als Mitbegründerin und Repräsentantin der Nationalen Organisation der Algerischen Frauen um die Welt.

Auch nach 1968, nach ihrer Heirat, ist sie noch viel unterwegs. Denn obwohl ihr Mann sie grundsätzlich unterstützt, will er durch ihre Tätigkeit dennoch nicht inkommodiert werden. »Sie wissen ja, wie Männer sind. Ich habe ihm also immer für die Dauer meiner Reise vorgekocht und auch die Kleidung hergerichtet, mit kleinen Notizzetteln, auf denen stand, für welchen Tag was gedacht ist. Das war der Preis, den ich für meine Freiheit zahlen musste.« Womöglich zahlt sie aber einen viel höheren Preis: Dreimal ist sie mit einem Sohn schwanger, dreimal erleidet sie eine Fehlgeburt. »Vielleicht habe ich mich damals nicht genug geschont«, gesteht sie sich heute ein. Mit knapp 50 – sie hat die Hoffnung auf Kinder bereits aufgegeben – wird sie noch einmal schwanger. Sie bekommt eine Tochter, ein hübsche junge Frau, die mittlerweile studiert; ihr Lebensglück.

Von dieser Tochter erhofft sich Leïla, dass sie, gemeinsam mit ihren Freundinnen, die Ideale ihrer Generation weiterträgt. Denn nach einem Leben im Kampf für Freiheit, soziale Gerechtigkeit und vor allem Frauenrechte ist sie überzeugt: »Wenn es einem Land gut geht, wenn es prosperiert, dann nicht wegen seiner Männer. Sondern dank seiner Frauen.«

MALEDIVEN

*»Wir sind auch eine Demokratie.
Nur ohne politische Parteien«*

Was für die einen das Paradies ist, kann für die anderen die Hölle sein. Oder eben eine Diktatur. Die Malediven waren jahrzehntelang eine paradiesische Diktatur.
Schneeweiße Sandstrände, türkisblaues Wasser, tropisches Klima, exklusive Hotelressorts – für Hunderttausende Touristen pro Jahr ist der Inselstaat im Indischen Ozean, nahe der Südspitze Indiens und südwestlich von Sri Lanka, der Urlaubstraum schlechthin. Für Menschenrechtler ist er ein streng islamischer Polizei- und Folterstaat. Dass beides gleichzeitig so einfach möglich ist, liegt an der topografischen Besonderheit der Republik Malediven, die nach knapp 80-jähriger britischer Protektoratsherrschaft seit Juli 1965 unabhängig ist. Sie besteht aus 1196 meist unbewohnten Inseln. Nur auf 220 leben Einheimische. Streng getrennt von ihnen, auf 87 anderen Inseln, genießen Touristen ihre Ferien. Wenn Touristen die Einheimischen-Inseln besuchen wollen, brauchen sie eine Sondergenehmigung. Auf den Urlauberinseln wiederum sind Malediver nur als Hotelpersonal zugelassen. Wenn überhaupt, denn die meisten Hotels bevorzugen ausländische Arbeitskräfte aus Indien, Sri Lanka oder Bangladesch. Weil die billiger sind. Was dazu führt, dass unter den rund 350 000 Maledivern eine hohe Arbeitslosigkeit herrscht, während geschätzt 100 000 meist illegale Arbeitskräfte aus dem Ausland in den Ressorts arbeiten.

Der einzige Berührungspunkt von Einheimischen und Touristen außerhalb der Hotelanlagen ist die Hauptinsel Male mit dem internationalen Flughafen. In Male leben 134 000 Menschen, also etwa ein Drittel der maledivischen Bevölkerung, auf nur 5,7 Quadratkilometern zusammen. Male ist damit eine der am dichtesten besiedelten Städte der Welt, eine stickige Verkehrshölle, Hochhaus an Hochhaus. Elend und Armut sind allgegenwärtig. Die Malediven gehören zu den ärmsten Ländern der Welt. Urlaubertraum? Sicher nicht! Die meisten Erholungsuchenden steigen dann auch direkt am Flughafen in die Boote ein, die sie zu ihren einsamen, nur von Palmen und Brotfruchtbäumen bewachsenen Sandstränden mit den vorgelagerten kristallklaren Lagunen und Korallenriffen bringen.

Im Jahr 2012 hat das Auswärtige Amt eine Reisewarnung für die Hauptinsel Male ausgegeben. Wegen politischer Unruhen. Die Unruhen sind längst vorüber, die Reisewarnung ist Geschichte. Im Jahr 2013 waren nach Angaben des Auswärtigen Amtes mehr als 1,1 Millionen Touristen auf den Malediven. Die Einnahmen aus dem Tourismus bringen geschätzt 1,2 Milliarden Euro und damit 30 Prozent des Bruttoinlandsprodukts. Tendenz steigend.

Der Urlaubertraum geht also weiter. Der Albtraum für die Einheimischen aber auch: Im Jahr 2014 findet die Menschenrechtsaktivistin Zaheena Rasheed in Male eine Machete in ihrer Tür und auf dem Handy blinkt eine SMS mit einer Todesdrohung. Zaheena sagt, dies sei nichts Besonderes in ihrem Land, und hat damit leider recht.

Eine präsidiale »Demokratie« – mit dem Gesetz der Scharia

Dabei hatte Zaheena noch im Jahr 2008 so große Hoffnungen. Damals fanden zum ersten Mal Mehrparteien-Wahlen statt, nach denen der Langzeit-Präsident und Diktator Maumoon Abdul Gayoom nach 30 Jahren an der Macht abdanken musste. Im Oktober 2008 wurde der, auch von Zaheena unterstützte, Reformer und Hoffnungsträger Mohamed Nasheed zum ersten demokratisch legitimierten Präsidenten gewählt. Aber er konnte sich nur vier Jahre im Amt halten. Im Februar 2012 wurde Nasheed von der Polizei aus dem Amt geputscht. Dies war damals auch der Grund für die Reisewarnung des Auswärtigen Amtes. Inzwischen regiert seit November 2013 mit Präsident Abdulla Yameen Abdul Gayoom ein Halbbruder des früheren Diktators. Und unter seiner Führung verwandeln sich die Malediven immer mehr zu einem radikalislamischen Staat.

Der Islam (die Malediver gehören in der überwiegenden Mehrheit der sunnitischen Glaubensrichtung an) ist die alleinige Staatsreligion. Religionsfreiheit ist ausdrücklich ausgeschlossen. Wer eine andere Religion öffentlich ausübt, wird strafrechtlich verfolgt. Kirchen sind verboten, theoretisch ist auch Touristen die Einfuhr jeglicher christlicher Literatur verboten. Das muslimische Glaubensbekenntnis ist Bedingung für die maledivische Staatsbürgerschaft. Im Januar 2008 wurde allen maledivischen Staatsbürgern, die sich zum Christentum bekannt hatten, die Staatsbürgerschaft entzogen. Hunderte wurden dadurch zu Staatenlosen.

Grundlage für das maledivische Rechtssystem ist das religiöse Gesetz des Islam, die Scharia. Der Präsident ist nach der Verfassung die oberste Autorität für die Verkündung des Islam. Er ernennt alle Richter der Inselrepublik. Auch wesentliche Grundrechte, wie die Meinungs- und Versammlungsfreiheit, dürfen nur im Rahmen des islamischen Rechts ausgeübt werden. Drakonische Körperstrafen wie das Abhacken der Hand von Dieben sind aber seit 1973 abgeschafft. Die Hauptstrafe ist das Verbannen auf abgelegene Inseln. Wohin schon Langzeitpräsident Maumoon Abdul Gayoom gerne auch politische Gegner abschieben ließ. Mit 30 Jahren an der Macht (von 1978 bis 2008) war er der am längsten regierende Staats- und Regierungschef Asiens. Zaheena Rasheed, die Menschenrechtsaktivistin, die wir auf den nächsten Seiten porträtieren, ist während seiner Amtszeit geboren. Und sie sagt, lange Zeit sei ihr, wie wohl den meisten Malediviern, dessen Regierungsstil als normal vorgekommen. Erst als sie in Indien auf dem Gymnasium war und dort mit einem echten demokratischen politischen System in Berührung kam, fiel es ihr wie Schuppen von den Augen, was in ihrem Land in Wahrheit passiert. Dass Malediver in Indien die dort deutlich besseren Schulen besuchen oder etwa auch zu medizinischen Behandlungen ins Nachbarland reisen, ist bis heute Usus. In der Schule in Indien hatte Zaheena selbstbewusst erklärt: »Wir sind auf den Malediven auch eine Demokratie, nur ohne politische Parteien.« Gleich danach ist ihr bewusst geworden, dass diese Aussage Nonsens war.

Gayoom hatte sein politisches System zwar als präsidiale Demokratie bezeichnet, de facto war es aber eine Diktatur ohne Gewaltenteilung, ohne Opposition. Der Präsident war gleichzeitig Regierungschef und (bis 2004) auch Verteidigungs- und Justizminister. Außerdem war er (bis 2006) Herr über Finanzen und Zentralbank. Er führte Armee, Polizei, Feuerwehr. Sein Kabinett besetzte er mit Verwandten in Schlüsselpositionen.

Sich selbst bezeichnete er als engen Freund des irakischen Präsidenten Saddam Hussein.

Was ihm viele Malediver allerdings bis heute positiv anrechnen, ist, dass das Land zu seiner Regierungszeit wirtschaftliche Fortschritte gemacht hat. Sogar die Weltbank lobte das lebhafte Wirtschaftswachstum, das die armen Fischerinseln durch die Öffnung für den Tourismus erreicht hatten. Die Lebenserwartung ist seit 1980 von damals 50 Jahren mittlerweile auf 71 Jahre angestiegen, die Kindersterblichkeit drastisch gesunken.[1]

Maumoon Abdul Gayoom wurde in insgesamt sechs Wahlen bestätigt. Bei einigen war er der einzige Anwärter. Seine letzte Wiederwahl, im Oktober 2003, hatte die Form einer Volksabstimmung. Es standen nur die Möglichkeiten Ja oder Nein zur Verfügung. Gayoom kam auf 90,28 Prozent.

Während seiner Amtszeit gab es wiederholt Putschversuche. 1990 etwa forderte eine Riege jüngerer Präsidentenberater Gayoom auf, das Verbot regierungskritischer Äußerungen abzuschaffen. Seine Reaktion: Er ließ regierungsunabhängige Medien verbieten und kritische Journalisten inhaftieren. Mit ähnlichen Mitteln versuchte er auch ab 2003, die lauter werdenden oppositionellen Stimmen zu unterdrücken. Im September 2003 brachen Aufstände aus, nachdem im Gefängnis drei Häftlinge unter dubiosen Umständen ums Leben gekommen waren. Um die Massendemonstrationen zu beenden, versprach Gayoom Reformen, verhängte jedoch nach seiner Wiederwahl den Ausnahmezustand und ließ Hunderte Menschen nach Demonstrationen in Gefängnissen verschwinden.

Ein kurzes Zwischenhoch im Paradies

Aber die Opposition – darunter auch Zaheena Rasheed – lässt sich nicht länger einschüchtern. Immer mehr Menschenrechtsaktivisten und NGOs machen sich für demokratische Wahlen stark. Und sind damit schließlich erfolgreich: Am 28. Oktober 2008 gewinnt der 41-jährige Ozeanologe und Journalist Mohamed Nasheed, einer der Mitbegründer der oppositionellen Maledivischen Demokratischen Partei (MDP) die ersten freien Wahlen. Nasheed war unter der Präsidentschaft Gayooms ingesamt 13 Mal verhaftet worden. Die Menschenrechtsorganisation Amnesty International hatte ihn als gewaltlosen politischen Gefangenen betreut. Im insgesamt

sehr schmutzigen Wahlkampf hatte Gayoom seinem Herausforderer Nasheed vorgeworfen, er wolle Muslime zu Christen bekehren, dabei gehört auch Nasheed der sunnitischen Glaubensrichtung des Islam an. Nasheed bezeichnete Gayoom als Diktator, was zuvor niemand öffentlich und ungestraft gewagt hatte.
Während seiner Präsidentschaft setzte sich Mohamed Nasheed vor allem sehr werbewirksam für den Umweltschutz ein. So tagte sein Kabinett etwa im Oktober 2009 eine halbe Stunde lang unter Wasser. In voller Taucherausrüstung saßen alle um einen hufeisenförmigen Tisch in sechs Metern Tiefe. Im Anschluss erklärte Nasheed, es habe bei der Sitzung weniger Debatten als sonst gegeben, dafür sei mehr Arbeit erledigt worden. Denn man habe die Welt darauf aufmerksam gemacht, dass die Malediven, die nur rund einen Meter über Meeresspiegel liegen, als Erste vom Untergang bedroht seien. Wenn der Meeresspiegel bedingt durch Treibhauseffekt und zunehmende Erderwärmung weiter ansteigt. Es gelang Nasheed während seiner Präsidentschaft aber nicht, die Polizei- und Sicherheitskräfte unter seine Kontrolle zu bekommen. Außerdem wurden die radikalislamischen Kräfte immer stärker. 2011 zerstörte ein religiöser Mob ein Monument mit einem eingravierten Buddha-Bild. Und im Jahr 2012 wurden 35 buddhistische und hinduistische Ausstellungsstücke im Nationalmuseum in Male zerstört, das älteste aus dem 6. Jahrhundert vor Christus. Präsident Nasheed warfen die Islamisten vor, mit seinem zu liberalen Regierungsstil die Prinzipien des Islam zu untergraben. Um die Gegner zu beruhigen, ordnete die Nasheed-Regierung – offenbar schon stark geschwächt – im Dezember 2011 an, sämtliche Wellnessbereiche in Touristenressorts zu schließen, da diese nicht mit islamischen Prinzipien vereinbar seien. Im Februar 2012 wurde der Präsident durch einen Polizeiputsch gestürzt. Die im darauffolgenden Jahr angesetzten Wahlen verliefen chaotisch, wurden zunächst als manipuliert erklärt, dann immer wieder verschoben und in der letzten Minute von der Polizei verhindert. Schließlich wurde Abdulla

Yameen Abdul Gayoom, der Halbbruder des früheren Diktators, zum Sieger erklärt.
In den maledivischen Gefängnissen sitzen nach wie vor viele politische Häftlinge ein. Laut Menschenrechtsorganisationen werden Häftlinge geschlagen und gefoltert, vor Gericht werden ihnen Anwälte verwehrt. Und wer diese Zustände öffentlich anprangert, muss um sein Leben fürchten – wie Zaheena Rasheed.

Zaheena Rasheed

Journalistin und Kämpferin für Menschenrechte

»Du bist die Nächste, die verschwindet!«

Stockdunkle Nacht in Male«, so beginnt Zaheena Rasheeds Facebook-Eintrag, mit dem sie Ende September 2014 einen der schlimmsten Momente in ihrem Leben beschreibt. »Um 17:39 habe ich eine Todesdrohung erhalten.« Eine SMS von unbekannter Nummer. »Du bist die Nächste, die verschwindet!« Und in die Tür ihres Büros hat jemand eine Machete gerammt.

Zaheena ist eine lebenslustige 27-jährige Frau. Eine zierliche Asiatin mit langen dunklen Haaren. Ihre Augen scheinen permanent leise zu lachen. Und wenn sie – wie so oft und gerne – laut lacht, schüttelt es den ganzen Körper. Als Kind der Malediven ist sie auch ein Kind des Meeres. Sie taucht und schnorchelt, wann immer sie Zeit dazu hat. Und sie liebt es, Freunde zu treffen, auszugehen.

Seit der Morddrohung geht Zaheena kaum mehr aus. Schon gar nicht alleine. Ihre Familie oder Freunde holen sie ab und bringen sie wieder nach Hause. »Aber an meiner Arbeit und meinem Engagement für Menschenrechte werde ich absolut nichts verändern«, sagt sie mit fester Stimme. Und macht sich gleich darauf Mut: »Weißt du, solche Todesdrohungen sind nicht außergewöhnlich auf den Malediven! Viele Leute haben so etwas schon erhalten. Jetzt eben auch ich!«

Andere werden also auch bedroht. Aber ist das wirklich beruhigend? Ist sie tatsächlich so gefasst? »Nein. Im ersten Moment bin ich ausgeflippt.« Und natürlich hat sie an ihren Freund und Kollegen Ahmed Rilwan gedacht. Er ist, vielleicht müsste man auch schreiben, er war wie Zaheena Journalist und Blogger bei der maledivischen Online-Zeitung *Minivan News*. »Minivan« bedeutet »unabhängig« in der maledivischen Sprache Dhivehi. Und wie Zaheena hat sich Ahmed seit Jahren für Demokratie und Menschenrechte starkgemacht. Er hat angeprangert, dass auf den Malediven, diesem Touristenparadies aus mehr als 1000 Inseln im Indischen Ozean, Grundrechte wie Rede- und Meinungsfreiheit massiv eingeschränkt sind. Außer dem Islam wird keine weitere Religion geduldet. Religionsfreiheit wird sogar ausdrücklich ausgeschlossen.

De facto, sagt Zaheena, werde ihr Staat derzeit von kriminellen Banden und radikalislamischen Gruppen beherrscht.

Im Fadenkreuz radikaler Islamisten

Das war nicht immer so. Im Jahr 2008 gab es einen Lichtblick. Nach 30 Jahren Diktatur unter Maumoon Abdul Gayoom wurde der Reformer Mohamed Nasheed zum ersten demokratisch legitimierten Präsidenten gewählt.

Zaheena war an dieser prodemokratischen Revolution maßgeblich beteiligt. Extrem turbulente, aber auch hoffnungsfrohe Jahre waren das. Seitdem ist viel passiert.

Jetzt also die Todesdrohung: »Du bist die Nächste!« Was gemeint ist, ist klar: Die Nächste nach ihrem Kollegen und Freund Ahmed Rilwan. Im Juli 2014 hatte der 28-jährige Ahmed Freunden gesagt, dass er sich verfolgt fühle. Von Männern, die wie Islamisten aussähen. Und dass er seit einiger Zeit anonyme Drohungen erhalte.

Wenige Wochen später, am 7. August 2014, verschwand er.

Seitdem fehlt von Ahmed Rilwan jede Spur.

»Zunächst ist uns sein Verschwinden gar nicht aufgefallen«, erzählt Zaheena. »Er lebte allein und er hatte immer wieder die Tendenz, sich für ein paar Tage zurückzuziehen und das Handy auszuschalten, wenn ihm alles zu viel wurde.«

Dieses Verhalten macht es der Polizei dann auch leicht, auf tiefer gehende Ermittlungen zu verzichten. Relativ rasch lautet die offizielle Version, der ohnehin häufig seltsame Ahmed Rilwan sei wohl freiwillig irgendwohin verschwunden oder habe Selbstmord verübt.

Die Polizei hat auch in Zaheenas Fall bisher so gut wie nicht ermittelt. »Die Beamten könnten feststellen, von welcher unterdrückten Nummer die SMS mit der Todesdrohung kam. Aber die haben kein Interesse. Manche sagen, die Polizei sei häufig selbst verwickelt.«

Zaheena vermutet, dass radikale Islamisten hinter der Drohung stecken. Diejenigen, die sie auch für das Verschwinden ihres Kollegen verantwortlich macht.
Natürlich hat Zaheenas Familie nun große Angst um sie. »Alle sagen, ich soll jetzt besonders vorsichtig sein.« Aber sie wird weiter gegen diese Zustände anschreiben, die sie für unerträglich hält. »Und wir machen weiterhin Druck auf die Polizei, anständig zu ermitteln. Denn die Macht der Sprache kann zu Veränderungen führen. Ich habe die Möglichkeit, durch meine Texte und mein eigenes Verhalten andere Menschen zu ermutigen. Wenn ich jetzt aufgebe, wie kann ich dann erwarten, dass andere weiterhin für Menschenrechte eintreten?«

Gewaltfreier Widerstand – nach dem Vorbild von Mahatma Gandhi

Zaheenas eigener Mut und Widerspruchsgeist ist schon in jungen Jahren erwacht. Als Teenager wird sie von ihrer Familie auf eine High School nach Indien geschickt. Die Malediven sind zu diesem Zeitpunkt offiziell eine »Präsidialrepublik«. In Wahrheit aber eine Diktatur ohne Gewaltenteilung. Präsidenten Gayoom, seit 1978 im Amt, hält alle Machthebel in seinen Händen und ist bei einigen seiner insgesamt sechs Präsidentschaftswahlen der einzige Anwärter. Er geht sogar so weit, sich bereits im Vorfeld ohne Rücksprache mit seiner Partei als Präsidentschaftskandidat für die kommende Wahl auszurufen. Kritiker werden wegen Hochverrats zu lebenslanger Haft verurteilt oder verschwinden spurlos. Zaheena kennt es als Kind und Jugendliche nicht anders.
Aber in Indien, gemäß der Verfassung von 1950 eine parlamentarische Demokratie und gemessen an der Zahl der Einwohner sogar die größte Demokratie weltweit, kommt sie mit einem völlig anderen politischen System in Berührung. In der Schule lernt die

16-Jährige, wie wichtig Gewaltenteilung und freie Wahlen sind. Sie erfährt die Geschichte von Mahatma Gandhi, der Ikone des gewaltfreien Widerstands gegen jede Art von Unterdrückung.

Und dann hört sich Zaheena irgendwann im Schulunterricht sagen, was sie in ihrer Heimat eingebläut bekommen hat: »Die Malediven sind auch eine Demokratie. Wir haben nur keine politischen Parteien.«

Heute hält sie diesen Moment für ihr persönliches Erweckungserlebnis als politische Aktivistin. »Denn ich hatte den Satz noch nicht zu Ende gesagt – da wurde mir plötzlich klar, wie dumm diese Aussage ist. Eine Demokratie ohne Parteien und ohne Wahlmöglichkeiten! Was für ein Widerspruch! Was für ein Betrug an den Menschen!

Zurück auf den Malediven, entwickeln sich die Dinge rasant.

Zaheena sucht Kontakt zu NGOs, die sich für Menschenrechte, Demokratie, freie Wahlen und Umweltschutz einsetzen. 2007 ist für sie ein Schlüsseljahr. Sie kommt in Kontakt mit CANVAS. Der serbischen NGO, die aus der Widerstandsbewegung Otpor! in Belgrad hervorgegangen war und nach dem erfolgreichen Sturz des serbischen Diktators Milosevic im Jahr 2000 prodemokratische Reformwillige weltweit in gewaltlosem Widerstand schult. Außerdem führt Zaheena den ersten Zivilrechtsprozess gegen die maledivische Regierung. Wegen unrechtmäßiger Entlassung. Und sie gewinnt den Prozess. Als 20-jährige Frau in einem islamischen Staat!

Aber der Reihe nach:

CANVAS hat Zaheena und andere Mitglieder der Menschenrechts-NGOs zu einem Workshop in gewaltfreier Kommunikation eingeladen. Eine Woche sind sie auf Sri Lanka. Gemäß der Strategie von CANVAS, die Schulungen aus Sicherheitsgründen besser nicht im betroffenen Land selbst zu machen. »Bei dem Workshop hatten wir alle eine tolle Zeit!«, erinnert sich Zaheena. »Aber vor allem ist mir klar geworden, dass es möglich ist, Regime friedlich zu stürzen. Sie können sich nur so lange halten, wie sie von der Gesellschaft aktiv oder passiv mitgetragen werden.« Danach ist die damals 19-Jährige noch entschlossener, für Demokratie zu kämpfen.

Und wie war das mit ihrem Prozess gegen die schier allmächtige diktatorische Regierung? Dazu muss doch extremer Mut gehören?

»Ja, schon. Aber ich musste das einfach machen, ich wollte mir diese Ungerechtigkeit nicht gefallen lassen«, erzählt sie.

Zaheena arbeitet zu der Zeit im Planungs- und Beobachtungsstab bei einem Atoll-Entwicklungsprojekt. Und sie sympathisiert mit der oppositionellen Maledivischen Demokratischen Partei (MDP) von Mohamed Nasheed. Oppositionsparteien sind auf den Malediven de facto erst seit dem Jahr 2005 zugelassen. Noch im Jahr zuvor sind Hunderte Regimegegner verschwunden, als sie sich für die Opposition starkgemacht haben. Demonstrationen gegen die Regierung werden regelmäßig mit extremer Brutalität von der Polizei niedergeknüppelt. Zaheena dokumentiert diese Polizeigewalt und verliert daraufhin ihren Job beim Entwicklungsprojekt. Was jedoch zu dieser Zeit eine ganz normale und allgemein akzeptierte Sanktionsmethode der Regierung ist – noch dazu eine der harmloseren –, will Zaheena nicht akzeptieren.

Ihre Eltern erfahren von der Klage der Tochter gegen die Machthaber erst aus Medienberichten. »Sie hatten doch so viel Angst um mich. Wir haben deshalb so gut wie nie über meine Aktivitäten geredet. Meine Mutter war verrückt vor Angst und total außer sich, als sie von dem Prozess hörte.« Dass Zaheena ihre Klage gewinnt, gilt als wichtiger Durchbruch der Menschenrechtsaktivisten.

»Du wärst wohl besser als Junge geboren worden«

Es ist aber auch ihr privater Durchbruch, um innerhalb ihrer Familie als Rebellin anerkannt zu werden. Ihr Vater verdient sein Geld als Bootsbesitzer. Die Mutter ist Koranlehrerin. Auf die Frage, ob sie selbst religiös sei, antwortet Zaheena sofort und entschieden:

»Überhaupt nicht!« Für die Mutter sei das aber niemals ein Problem gewesen.

Zaheena hat zwei Schwestern und drei Brüder. Sie selbst ist eines der mittleren Kinder, »aber die älteste der drei Schwestern«, betont sie. »Meine Mutter hat immer zu mir gesagt: ›Du wärst wohl besser als Junge geboren worden, so rebellisch, wie du bist.‹« Das ist lieb gemeint und soll ein Kompliment für ihren Mut bedeuten. Aber auch die Feststellung: Als Junge hättest du es leichter gehabt.

Auf die Nachfrage, ob sie selbst das auch so empfindet, stutzt Zaheena kurz. Dann lacht sie dieses trockene, laute Lachen, das ihren Körper fast wie ein Husten schüttelt. »Nee, natürlich nicht!« Nur drei Worte, aber unausgesprochen klingt etwas anderes durch: Das ist nun mal die allgemein vorherrschende Meinung zum Thema Männer und Frauen auf den Malediven. Die kann Zaheena nur so akzeptieren. Warum sollte sie sich darüber aufregen oder überhaupt näher damit befassen? Und sie selbst hat ja wohl bisher hinreichend deutlich gemacht, dass sie in vielem anders ist.

Generell hat Zaheena die Angewohnheit, Dinge, die ihr selbstverständlich erscheinen, nicht weiter zu kommentieren. Typisch auch ihre Antwort auf die Frage, wie das so mit der Rollenverteilung zwischen weiblichen und männlichen Demokratieaktivisten auf den Malediven sei. »Weißt du, die Frauen machen sehr viel. Bei Kampagnen oder Unterschriftsaktionen sind sie meistens diejenigen, die von Haus zu Haus gehen. Aber wenn es um die Außendarstellung geht, dann richten sie es sich am liebsten ganz bequem auf dem Rücksitz ein und lassen die Männer das Steuer übernehmen!« Ende des Kommentars. Aus ihrer Stimme ist absolut nicht festzustellen, ob sie das nur versteht oder sogar gut findet oder etwa verurteilt.

Also noch mal die Nachfrage, wie sie dieses Verhalten beurteilt. Wieder diese Stutzen von Zaheena, dann wieder dieses Husten-La-

chen. »Klar verstehe ich das. Ich weiß doch, wie das hier funktioniert. Aber es ist schon ein Paradox. Es passt nicht zusammen, dass die Frauen so viel Energie in diese Arbeit investieren und dann keine Führungsposition einfordern. Und ich selbst bin ja auch nicht so. Ich saß doch schon oft vorne am Steuer.«
Nach dem gewonnenen Prozess gegen die Regierung geht es für Zaheena erst einmal vielversprechend weiter.
Am 28. Oktober 2008 wird der von ihr favorisierte Reformer Mohamed Nasheed zum ersten demokratisch legitimierten Präsidenten der Malediven gewählt. Zaheena hat die ersten freien Wahlen in ihrem Staat als Journalistin begleitet. Wechselt danach in die Pressestelle des neuen Präsidenten.

Die Unmöglichkeit, alte Strukturen zu zerschlagen

Aber sehr lange hält sie es nicht in der Politik. Sie ist lieber Journalistin. Und sie will nun mit Anfang 20 erst einmal studieren. Politische Wissenschaften. Sie geht in die USA.
»Von dort sind es zehn Stunden Zeitunterschied zu den Malediven. Deshalb habe ich geschlafen, als in meiner Heimat diese schrecklichen Ereignisse stattfanden.«
Am 7. Februar 2012, gleich nach dem Aufwachen, sieht Zaheena, dass ihre Mailbox voller Nachrichten von zu Hause ist. Präsident Nasheed ist von der Polizei aus dem Amt geputscht worden. Die Situation auf den Malediven chaotisch.
War ihr klar, dass dies so kommen konnte?
»Ja, denn nach Jahrzehnten Diktatur in einem Land ist es unheimlich schwer, alle alten Strukturen komplett zu zerschlagen. Etwa bei Militär und Polizei. Da gab es extrem starke Kräfte, die den Regimewechsel überdauerten. Und als Präsident Nasheed endgültig aufräumen wollte, waren sie stärker als er.«
Und was hat sie an diesem 7. Februar 2012 gedacht? Ist sie froh,

nicht inmitten des politischen Chaos und der gefährlichen Situation auf den Malediven, sondern in den USA zu sein? Überlegt sie, jetzt für immer dort zu bleiben?

»Nein, im Gegenteil. Ich hätte ja in den USA bleiben können. Ich hatte noch ein Stipendium, ein Angebot. Aber ich habe es damals sehr bedauert, dass ich nicht bei meinen Leuten in der Heimat war. In solchen Momenten ist es doch viel leichter, wenn man zusammen ist. Außerdem war mir immer klar, dass ich nach dem Studium wieder zurück auf die Malediven gehe.«

Nach dem Sturz von Nasheed schließt sich Zaheena in den USA der Kampagne zur Unterschriftensammlung in ihrer Heimat an. Es ist ein Hilferuf nach internationaler Unterstützung für die Demokraten und Menschenrechtler auf den Malediven. Innerhalb einer Woche unterschreiben 35 553 Menschen. Die Petition übergibt Zaheena persönlich im State Department in Washington DC. »Ich war das Gesicht dieser Aktion«, sagt sie. »Natürlich haben daran noch viele andere mitgearbeitet. Aber eine muss ja öffentlich mit Namen und Gesicht dafür einstehen.« Sie wendet sich in einem offenen Brief im Internet an die Öffentlichkeit: »Liebe Freunde, Ihr kennt mich vielleicht nicht, aber ich schreibe, um mich bei Euch zu bedanken. Mein Name ist Zaheena. Ich bin eine junge Maledivenrin, habe vor Kurzem die Universität abgeschlossen und bin Mitglied der Maledivischen Bewegung für Demokratie. Ich schreibe Euch, um meine persönliche Dankbarkeit auszudrücken. Eure große Unterstützung der Petition für Präsident Nasheeds Sicherheit und für Demokratie und Sicherheit auf den Malediven hat mich sehr berührt.« Daneben ein Foto, das sie bei der Übergabe der Unterschriften zeigt. Diesmal lächelt Zaheena nicht. Sie blickt ernst und besorgt in die Kamera.[2]

»Die Antwort des State Departments war eine Standardversion. Aber sie haben schon zum Ausdruck gebracht, dass es für sie einen Unterschied darstellt, dass unsere Botschaft so viele Unterstützer hat. Der internationale Druck war maßgebend daran beteiligt, die demokratischen Wahlen von 2008 durchzusetzen und den Malediven Demokratie zu bringen. Und 2012 war er sehr wichtig, um wenigstens zu erreichen, dass das Land nicht vollkommen im Chaos versinkt.«

Nach wie vor ein Paradies – für Touristen

Aber bis heute sind die Malediven nicht wirklich zu einer Demokratie zurückgekehrt. Der Staat wird derzeit offiziell von Abdulla Yameen geführt, der im November 2013 nach mehrmals verschobenen und von der Polizei verhinderten Wahlen zum Sieger erklärt worden war.
»Die wahren Herrscher aber sind kriminelle Clans und religiöse Extremisten«, Zaheena wird richtig wütend, wenn sie darüber spricht. »Wir gelten bei Touristen als Paradies. Weil sie nichts anderes als ihre Hotelanlagen und traumhaften Strände sehen. Aber für die Einheimischen in Male sind Morde an der Tagesordnung. Die wenigsten werden aufgeklärt.«
Zaheena will vorerst nicht mehr politisch aktiv werden. Was aber nichts mit der Morddrohung gegen sie zu tun hat. Sie hält es unter den jetzigen Umständen für sinnvoller, als Journalistin zu arbeiten. »Journalismus ist Aktivismus! Eine sehr starke Macht. Und für mich lässt sich guter Journalismus nicht damit vereinbaren, gleichzeitig für eine Partei aktiv zu sein.«
Die Antwort auf eine andere Frage hat sie lange elegant umschifft. Nämlich, wie sie lebt. Ob alleine oder vielleicht mit einem Freund. Erst auf Nachfrage sagt die 27-Jährige: »Nein, mit meiner ganzen Familie. Ich teile ein Zimmer mit meinen Schwestern. Schon immer.« Pause. Dann mit resigniertem Unterton: »So ist die Wohnungssituation hier in Male!« Zumindest ist sie nicht allein, in Zeiten, in denen ihr mit dem Tod gedroht wird. »Ja, das stimmt!«, antwortet sie knapp. Und ob sie sich schon ihre eigene Familie und

Kinder wünsche? Da ist es wieder, dieses kurze Stutzen über eine solche Frage an sie: »Aber nein! Ich bin froh, dass ich keine Kinder habe! Ich bin doch erst 27!« Sie will das Leben genießen. Und ganz wichtig ist ihr die Freiheit zu reisen. »Das Reisen ist ein großes Privileg. Möglichst viele Menschen sollten von Zeit zu Zeit ihre Heimat verlassen können, um zu sehen, wie es anderswo auf der Welt aussieht. Das würde vieles verändern. Davon bin ich überzeugt.« Sie selbst hat ja auch erst in Indien gemerkt, dass zu einer wahren Demokratie freie Wahlen und verschiedene Parteien gehören.

PHILIPPINEN

Ein Glassarg und ein Schuhmuseum für das Diktatorenpaar

Er ist ein extrem charismatischer und intelligenter Mann. Sie eine Schönheitskönigin. Er lässt kritische Studenten inhaftieren. Sie kauft Schuhe. Er lässt Journalisten foltern, Gewerkschaftsführer verschwinden. Sie kauft Schuhe. Er lässt Oppositionsführer ermorden. Sie kauft Schuhe. Am Ende steht die Bilanz: 30 000 und 1200. Mehr als 30 000 Menschen hat Ferdinand Marcos während seiner mehr als 30 Jahre dauernden Diktatur auf den Philippinen in Militärlager wegsperren und dort foltern lassen. Viele verschwanden für immer. Seine Frau Imelda Romualdez war während dieser Zeit damit beschäftigt, ihre Füße mit möglichst teuren Designer-Schuhen zu schmücken. Insgesamt 1200 Paar raffte sie zusammen. Die schier endlosen Regalreihen überladen von teuren Schuhen gehen als Symbol für Dekadenz und Raffgier des philippinischen Diktatorenpaares um die Welt, als Ferdinand und Imelda Marcos am 25. Februar 1986 endlich vom zornigen Volk aus dem Land gejagt werden. Schuhe sind bis heute das erste und häufig auch das einzig Konkrete, was man im Westen mit der Marcos-Diktatur in Verbindung bringt.

Natürlich ist es zu viel kurz gefasst, die Schrecken dieses drei Jahrzehnte andauernden Regimes auf sündteure High Heels zu reduzieren. Imeldas Beitrag zur skrupellosen Ausbeutung und Unterdrückung der philippinischen Bevölkerung war längst nicht nur darauf beschränkt, Staatsgelder für Schuhe zu verschwenden. Sie bekräftigte und unterstützte ihren Mann in seiner verbrecherischen Politik. Als exaltierte Botschafterin der Philippinen traf Imelda Marcos fast alle Regierungschefs und Diktatoren der Welt, etwa Muammar al-Gaddafi, Mao Zedong oder Fidel Castro. Oft auch ohne ihren Mann, der während ihrer Reisen zu Hause blieb. Das Paar soll außerdem mehrere Milliarden Euro aus Staatsbesitz beiseitegeschafft haben – Bargeld, seltene Bilder, Juwelen und andere Wertgüter. Bis heute fahndet eine philippinische Kommission nach Marcos mutmaßlichem Diebesgut.

Den Diktator können die Ermittler nicht mehr befragen. Er ist 1989 auf Hawaii gestorben, wohin er nach der erfolgreichen Revolution gegen ihn geflohen war.

Seine Witwe ging nach seinem Tod auf die Philippinen zurück. Und lebt dort bis heute wieder in großem Pomp. In einem der teuersten Mietshäuser, mit eigenen Dienern. Mehr noch: Sie kehrte sogar in die Politik zurück. Sitzt mittlerweile im Repräsentantenhaus. Auch enge Familienmitglieder haben teils hohe politische Ämter inne. Für ihre gigantische Schuhsammlung ließ Imelda ein eigenes Museum bauen. Und für ihren toten Ehemann errichtete sie ein Mausoleum auf dem Marcos-Familiengrundstück in Batac im Norden der Insel. Dort liegt er nun – der Verantwortliche für eine höchst korrupte und blutige Diktatur – in einem gut gekühlten Glassarg.

An ihrem 85. Geburtstag im Juli 2014 besuchte Imelda ihren verstorbenen Ferdinand äußerst medienwirksam. Die Fotos gingen um die Welt: Die Diktatoren-Witwe im roten Kleid mit hochtoupiertem schwarzem Haar, wie sie einen Kuss auf das Glas des Sarges drückt. Nur Zentimeter vom Gesicht ihres seit 25 Jahren toten Mannes entfernt.

Imelda hat Ferdinand Marcos aufbahren lassen, weil sie sich ein Ehrenbegräbnis für ihn wünscht. Auf dem Heldenfriedhof der philippinischen Hauptstadt Manila, wo traditionell alle Präsidenten liegen. Aber diese Ehre verweigern die Behörden bisher.

Touristen als Geiseln und islamistischer Terror

Ein Diktator im Glassarg und ein Museum für die Schuhsammlung seiner Witwe. Es sind nach wie vor überwiegend skurrile oder beunruhigende Nachrichten, die von der Philippinischen Republik bis in den Rest der Welt vordringen. Einem Staat und Archipel mit 7107 Inseln im westlichen Pazifischen Ozean, etwa 880 davon bewohnt, mit insgesamt 100 Millionen Einwohnern.

So auch immer wieder Meldungen über Geiselnahmen von Touristen durch die islamistische Terrorgruppe Abu Sayyaf. Die etwa Anfang des Jahres 2014 zwei deutsche Segler von ihrer Yacht östlich der Philippinen verschleppt hat. Außer dem deutschen Paar waren zu diesem Zeitpunkt nach Einschätzung philippinischer Geheimdienste noch mindestens zehn weitere Geiseln in der Hand von Abu Sayyaf. Die Terroristen forderten für die deutschen Segler Lösegeld in Millionenhöhe, drohten, die Geiseln zu köpfen. Abu Sayyaf hat dem radikalislamischen IS ihre Verbundenheit erklärt. Die Gruppe kämpft im muslimischen Süden der sonst überwiegend katholischen Philippinen für einen eigenen Staat. Und finanziert diesen Kampf mit Lösegeldern aus Geiselnahmen.

Die deutsche Bundesregierung entsandte einen Vermittler nach Manila. Nach einem halben Jahr kamen die 55-jährige Deutsche und ihr 74-jähriger Mann wieder frei. Über Details des Deals machte das Auswärtige Amt in Berlin keine Angaben.

Es warnt aber seit Langem vor Reisen in bestimmte Regionen der Philippinen, vor allem auf die Insel Mindanao. Und rät generell zu erhöhter Vorsicht auch in der philippinischen Hauptstadt Manila, wo ebenfalls grundsätzlich die Gefahr von Anschlägen und Entführungen besteht. Außerdem ist die allgemeine Kriminalitätsrate einschließlich schwerer Gewaltverbrechen hoch.

Ein weiterer offizieller Sicherheitshinweis für Philippinen-Reisende lautet: Vorsicht gegenüber Polizisten! Es ist durchaus möglich, dass Ausländer wegen angeblich begangener Ordnungswidrigkeiten von

Staatsbeamten erpresst werden. Dass die Polizei in Manila kein besonderes Interesse an den Tag legt, Einheimischen und Touristen ein Gefühl der Sicherheit zu vermitteln, sondern es im Gegenteil eher vorzieht, diese präventiv zu verunsichern, haben wir persönlich bei unserem Treffen mit Cecilia Pe Lero erlebt.

Luxuriöse Villen, Whirlpools und Striplokale – hinter Gittern

Cecilias Eltern gehörten zu den Millionen Philippinos, die während der Marcos-Diktatur keine Perspektive mehr in dem wirtschaftlich komplett ausgebeuteten Land sahen und daher emigrierten. Cecilia ist in die Heimat ihrer Eltern zurückgekehrt, um dort für mehr Demokratie und Menschenrechte zu kämpfen. Denn auch wenn die Diktatur längst vorüber ist, Stabilität und Sicherheit gibt es auf den Philippinen nach wie vor nicht. Das Land ist, wie gesagt, hochkorrupt und entsprechend sind die Zustände unter anderem im Justizsystem. Die Todesstrafe wurde zwar 2006 abgeschafft, aber in den philippinischen Gefängnissen vegetieren Häftlinge oft mehr tot als lebendig. Die Verhältnisse sind erbärmlich. 20 Männer auf 50 Quadratmetern in einer komplett verdreckten Zelle. Unter ihnen Zehntausende Minderjährige, viele warten schon seit Jahren vergeblich auf eine Anhörung vor Gericht. Gleichzeitig wurde Ende 2014 bekannt, dass philippinische Drogenbosse mit ihrem Geld ein regelrechtes Luxusleben hinter Gittern führen. Sie bauen sich im Gefängnis große Villen mit Whirlpools, betreiben Striplokale im Knast – und selbstverständlich sind überall Drogen in Umlauf.

Korruption dürfte auch der Grund sein, warum die Kommission zur Aufdeckung von Marcos' Diebstählen an Staatsbesitz nach mehr als einem Vierteljahrhundert noch immer keinen durchschlagenden Erfolg vorweisen kann. Rund 100 Ermittler nahmen die Bankkonten der Diktatorenfamilie im Ausland unter die Lupe. Sie untersuchten ein Netz von Unternehmen, mittels derer der frühere Präsident mutmaßlich Geldwäsche betrieben hat. Aber schon bald wurden viele Kommissions-Mitglieder selbst zum Ziel von Korruptionsvorwürfen. So sollen sie zum Beispiel Kommissionsgelder für private Zwecke verwendet oder bei Reiseabrechnungen betrogen haben. Sogar der frühere Vorsitzende wurde wegen Veruntreuung von umgerechnet 230 000 Euro angeklagt. Er bestreitet alle Vorwürfe, wie auch alle anderen der unter Verdacht stehenden Ermittler auf »nicht schuldig« plädieren. Bisher wurde keiner verurteilt. Inzwischen fordern immer mehr Philippinos, die Kommission, die jährlich etwa 1,8 Millionen Euro kostet, aufzulösen und die Vergangenheit ruhen zu lassen – auch wenn sie noch längst nicht aufgearbeitet ist.

Was Gott zusammengefügt hat, darf keine Frau mehr lösen

Aber daran haben sich die Philippinos im Laufe ihrer schwierigen, von vielen wechselnden Unterdrückungsregimen gezeichneten Geschichte ohnehin schon gewöhnt. Das Vertrauen in Politik und Staat ist längst verloren. Nach wie vor stark ist aber der Einfluss der katholischen Kirche. Die Philippinen sind das größte christlich geprägte Land in Südostasien. Und neben dem Vatikan das einzige, das kein Scheidungsrecht hat. Der hohe Anteil an Christen mit etwa 90 Prozent, dem nur rund 5 Prozent Muslime gegenüberstehen, erklärt sich durch die spanische Kolonialherrschaft. Der Islam kam zwar bereits Ende des 13. Jahrhunderts über Handelskontakte von arabischen Händlern auf die südlichen Philippinen. Aber als die Spanier 1565 die Philippinen als Kolonie Neuspanien zugliederten, bekehrten sie den größten Teil der Bevölkerung zum Christentum.

Aus der Zeit der spanischen Kolonialisierung stammt auch der als größter philippinischer Freiheitskämpfer bis heute verehrte Nationalheld José Rizal. Er war ein Universalgenie: Schriftsteller, Mediziner, Maler, Bildhauer, Dichter. Und ein großer Reformer. Rizal kritisierte den Machtmissbrauch der katholischen Kirche und forderte etwa Rede- und Versammlungsfreiheit. Seine Schriften wurden zu Idealen und Parolen des Widerstandes gegen die spanischen Besatzer. Obwohl sich Rizal selbst ausschließlich für mehr Gerechtigkeit einsetzte und ausdrücklich gegen die Loslösung von Spanien und gegen eine Revolution aussprach, wurde er wegen Anstiftung zur Revolution und Verrat zum Tode verurteilt. Er wurde am 30. Dezember 1896 auf dem Campo de Bagumbayan in Manila erschossen. Heute ist der Platz nach ihm benannt. Die philippinische Revolution gegen die Spanier konnte das Todesurteil nicht mehr stoppen. Sie ging in ihrer Endphase in einen spanisch-amerikanischen Krieg über und nach den spanischen kamen die amerikanischen Kolonialherren. Bis zum 4. Juli 1946. An diesem Tag wurden die Philippinen offiziell in die Unabhängigkeit entlassen. Zuvor zahlte der Staat aber noch einen hohen Blutzoll während des Zweiten Weltkriegs. In den Jahren 1942 bis 1945 starben unter dem brutalen japanischen Besatzungsregime eine Million Menschen.

Unabhängigkeit – Demokratie nicht inbegriffen

Nach der Entlassung der Philippinen in die Unabhängigkeit zogen sich die Amerikaner jedoch nicht vollständig zurück. Sie behielten einige Jahrzehnte lang wirtschaftliche Sonderrechte. Außerdem militärische Stützpunkte. Wie groß der amerikanische Einfluss auf die philippinische Republik ist, zeigt sich auch daran, dass dort eine Präsidialrepublik nach amerikanischem Muster etabliert wurde. Ohne dass sich allerdings die philippinischen Präsidenten an die mit dem amerikanischen Modell verbundenen Demokratievorstellungen hielten. Ferdinand Marcos, der Präsident, der zum Symbol für Unterdrückung, Nepotismus und Raffgier wurde, startete zunächst vielversprechend. Bei seiner Wahl am 9. November 1965 ist der 48-Jährige extrem populär. Offiziell angetreten, um Korruption und Armut zu bekämpfen, macht er sich aber sofort daran, das Land auszubeuten und sämtliche einträgliche Wirtschaftszweige in Familienbesitz zu bringen. Außerdem verdient er Millionen beim Verschachern von Privilegien. Gegen Kritiker und politische Widersacher geht er skrupellos vor. Als sich 1972 abzeichnet, dass Oppositionsführer Benigno Aquino, ein ehemaliger Journalist und Kriegsreporter, die bevorstehenden Präsidentschaftswahlen gewinnen wird, ruft Marcos das Kriegsrecht aus. Er lässt Oppositionszeitungen und -sender schließen und Tausende Oppositionelle verhaften. Viele verschwinden spurlos oder ihre Leichen werden schwer verstümmelt aufgefunden. Eine Praxis, die vom Militär zynisch »abwracken« genannt wird. Einen guten Grund für die Verhängung des Kriegsrechts liefern Marcos eine Serie von Bombenanschlägen. Vermutlich ausgeführt vom Militär, um die Bevölkerung zu verunsichern. Auch der Oppositionsführer Benigno Aquino wird unter Kriegsrecht verhaftet und von einem Militärtribunal zum Tode verurteilt, das Urteil aber nicht vollstreckt. Benigno tritt in einen Hungerstreik und darf nach einem Herzinfarkt in die USA ausreisen. Vom Exil aus setzt er die Oppositionsarbeit fort. Marcos hebt 1980 das Kriegsrecht wieder auf. 1981 findet sogar eine Wahl statt, die aber massiv gefälscht wird.

Tod auf dem Rollfeld

Am 21. August 1983 kehrt Benigno Aquino auf eigenen Wunsch aus dem amerikanischen Exil auf die Philippinen zurück. Warnungen von Imelda Marcos, besser nicht zu kommen, ignoriert er.

Marcos lässt ihn noch beim Verlassen des Flugzeugs erschießen. 1986 lässt Marcos eine vorgezogene Präsidentenwahl ansetzen, die er wieder manipuliert. Aber mittlerweile hat sich eine breite Oppositionsbewegung formiert. Für die »People's-Power-Bewegung« ist Aquino durch seinen Tod zum Märtyrer geworden. An seinem Begräbnis nehmen zwei Millionen Menschen teil. Und nach der gefälschten Wahl 1986 demonstrieren mehr als eine Million in Manila gegen Marcos. Entscheidend für den Erfolg der Proteste ist, dass sie von der mächtigen katholischen Kirche unterstützt werden. Sie weiten sich rasch auf das ganze Land aus. Das Militär verweigert Marcos die Unterstützung, als dieser fordert, die Proteste mit Gewalt aufzulösen. Daraufhin fliehen Ferdinand Marcos und seine Frau Imelda am 25. Februar 1986 mit Hilfe der auf den Philippinen stationierten US-Armee nach Guam und von dort weiter nach Hawaii.

Neue philippinische Präsidentin wird die Witwe des ermordeten Oppositionsführers Benigno Aquino, Corazon Aquino. Sie bleibt es bis 1992. Die Republik zur Ruhe zu bringen, gelingt aber weder ihr noch ihren Nachfolgern wirklich.

Benigno und Corazon Aquino hatten vier Töchter und einen Sohn – Benigno »Noynoy« Aquino. Besser bekannt als: Benigno Aquino III. Er ist nun seit 2010 philippinischer Präsident. In seinem Hals steckt eine Kugel, die nicht entfernt werden kann. Sie stammt von einem Putschversuch im Jahr 1987 gegen seine Mutter Corazon, als beide durch Schüsse schwer verletzt wurden. Einer von vielen Putschversuchen, Meutereien, Unruhen und Krawallen seit dem Ende der Marcos-Diktatur. Die Kugel in seinem Hals erinnert den philippinischen Präsidenten daran, wie weit entfernt das Land von einer stabilen Demokratie ist und wie gefährlich nah der vollkommene Zusammenbruch.

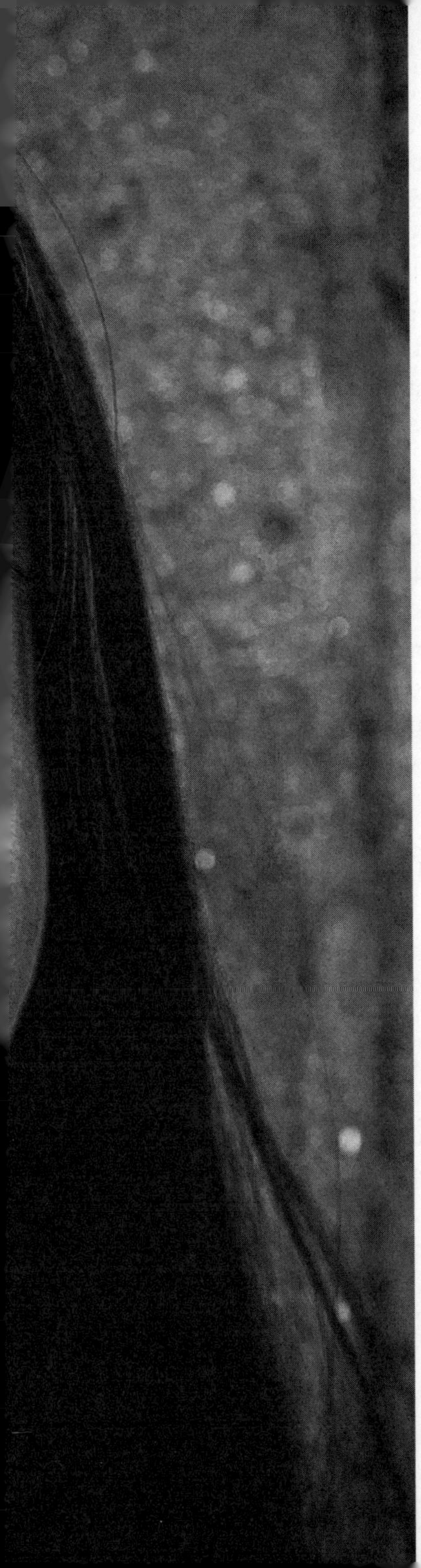

Cecilia Pe Lero

NGO-Aktivistin

»Das Wissen um diese furchtbare Diktatur hat mich geprägt«

Der Polizeiposten ist neu. Cecilia ist überrascht. Aber sie lässt es sich nicht anmerken. Bleibt cool und freundlich, als der Beamte nach den Ausweisen fragt und umständlich beginnt, Namen und Geburtsdaten aufzuschreiben. Sonst, so erklärt er, dürften wir nicht weitergehen. Nicht in die Favela, das Armenviertel, das gleich hinter seinem Posten beginnt. Obwohl es sich um eine öffentliche Straße handelt. Warum er das macht? »Wenn wir Meldung bekommen, dass dort jemand umgebracht worden ist, dann haben wir wenigstens schon die Personalien der Toten. Schützen können wir euch sowieso nicht.«

Cecilia schaut ihm äußerst gelassen in die Augen. Sie lächelt nicht. Was sie ohnehin selten tut. Sie ist nicht der Typ Frau, der versuchen würde, einen Beamten mit Charme zu bestechen. Niemals, auch wenn sie es könnte. Denn sie ist eine sehr attraktive Frau. Lange dunkle Haare, hohe Wangenknochen, Mandelaugen. Und sie betont ihre Weiblichkeit. Trägt zu den Jeans ein körperbetontes T-Shirt. Die 29-Jährige ist fotogen, und sie weiß es auch. Es macht ihr Spaß, dass ein Fotograf mit ihr durch Manila zieht, um sie an Orten abzulichten, die ihr wichtig sind. Sie posiert ohne Scheu, flirtet selbstbewusst mit der Kamera. Aber keine Sekunde mit dem Menschen dahinter. Ihre Augen schauen meistens ernst, manchmal fast ein wenig traurig.

Nur, wenn sie sich im Straßengewirr der philippinischen Hauptstadt ihren Weg durch spielende Kinder bahnen muss, die hier scharenweise mit lautem Geschrei und Gelächter durch die engen Gassen wuseln, dann scherzt sie mit den Kleinen und hat ein Strahlen in den Augen. Das aber sofort wieder diesem nach innen gekehrten Blick weicht, wenn sie über ihren Job spricht. »Mittlerweile bin ich in einem Alter, wo ich anfange, übers Kinderkriegen nachzudenken. Aber ich bin nicht sicher, ob das mein Weg ist. Ich lebe für meine Arbeit und meine Mission.«

Nach dem Erlebnis mit dem Polizisten wird sie sagen, der habe uns absichtlich Angst machen wollen. Und uns außerdem aufhetzen gegen die Ärmsten der Armen, zu denen sie uns unbedingt führen will. Damit wir es mit eigenen Augen sehen. Wie grausam die Armut in diesem Moloch Manila sein kann. Und vor allem, wie grausam die Politik damit umgeht.

»José Rizal ist ein Hero und ein Genie!«

Armut ist ein wichtiges Thema für Cecilia. Sie selbst lebt zwar in einer schicken, teuren Wohnanlage. Ihr modernes Appartement, eingerichtet mit viel Glas, Metall und der dominierenden Farbe Schwarz, könnte auch in New York sein, wo Cecilia aufgewachsen ist. Aber sie kennt ihre Wurzeln. Ihre Eltern haben ihr immer wieder eingebläut, wie arm sie damals waren, als sie in den 70er-Jahren in die USA ausgewandert sind. Auf der Flucht vor der Marcos-Diktatur, die das Land ausbluten ließ. Marcos wurde gestürzt, als Cecilia ein Jahr alt war. »Aber das Wissen um diese furchtbare Diktatur und die Erfahrungen meiner Eltern haben mich geprägt.«

Und sie ist aus den USA in das Heimatland ihrer Eltern zurückgekehrt, um dafür zu kämpfen, dass diese Gesellschaft durchlässiger wird. Dass die Schere zwischen den extrem Armen und den extrem Reichen sich etwas schließt. Wirtschaftliche und politische Sicherheit, Demokratie und Menschenrechte – diesen Zielen hat sie ihr Leben gewidmet. Und sie will das nicht nur in der Heimat erreichen. Cecilia hat Kontakte zu prodemokratischen Revolutionärinnen und Revolutionären weltweit.

Sie schult sie in friedlichem Widerstand.

Ihr großes Vorbild ist José Rizal, der Nationalheld der Philippinen. Wenn sie über ihn spricht, hat Cecilia wieder dieses Leuchten in den Augen. »Er ist ein Hero und ein Genie! Er hat Ende des 19. Jahrhunderts gegen die Unterdrückung der Philippinos durch die damalige spanische Kolonialherrschaft gekämpft. Er hat den Machtmissbrauch der Kirche kritisiert, auch den sexuellen Miss-

brauch der philippinischen Frauen durch die spanischen Mönche. Und er hat Rede- und Versammlungsfreiheit gefordert. Es ist unglaublich, was er in seinem Leben alles geschafft hat. Dabei war es so kurz, weil er mit nur 35 Jahren wegen Anstiftung zur Revolution und Landesverrat zum Tode verurteilt wurde.«[1]

Am Ort seiner Hinrichtung steht jetzt ein großes Rizal-Denkmal. »Das möchte ich dir unbedingt zeigen. Dieser Platz ist sehr wichtig für mich. Wenn ich Kraft tanken möchte, gehe ich manchmal auch in den Park des Rizal-Museums und setze mich auf eine Bank. Wir können im Museum auch den Kerker besichtigen, wo er vor seiner Hinrichtung inhaftiert war.«

Besser im Slum als ganz ohne Schutz

Aber jetzt geht es erst einmal in die Favela.

Es stinkt jämmerlich, als der Polizist uns endlich die Papiere zurückgibt und den Zugang zum Armenviertel frei macht. Bei über 40 Grad Hitze und extremer Luftfeuchtigkeit. Es gibt keine Toiletten. Die Menschen verrichten ihre Notdurft neben oder hinter den Wellblechhütten, in denen sie hausen. 3000 Kinder, Frauen und Männer sind es in dieser Favela. Und obwohl die meisten Männer erkennbar betrunken sind, die Menschen hier bettelarm und wir mit einer teuren Fotoausrüstung unterwegs, kommt zu keiner Zeit bedrohliche Stimmung auf. Cecilia weiß ganz genau, was sie tut. Sie hat unseren Besuch im Vorfeld angemeldet. Bei der Vorsteherin des Slums. Cecilia hatte ihr auch erklärt, warum sie mit einem deutschen Fotografen kommen möchte. Weil sie es für einen Skandal hält, dass die Regierung die Favela räumen will. Und zwar ohne den 3000 Menschen irgendeine Alternative anzubieten. »Sie sollen weg, weil hier ein großes Shopping-Center geplant ist«, sagt Cecilia. »Ich weiß, dass du ihre Lebensumstände in diesem Gestank und Dreck absolut schockierend findest. Das sind sie ja auch. Aber hier haben diese Menschen wenigstens ein klein wenig Schutz. Sie sind in ihrer Gemeinschaft und sie haben irgendeine Art Dach über dem Kopf. Ab und zu kommen Hilfsorganisationen und verteilen Medikamente oder Lebensmittel. Wenn man diese armen Bedürftigen von hier vertreibt, ist niemandem geholfen.«

Political junkie trifft Guru des friedlichen Widerstands

Wir sind in Kontakt mit Cecilia gekommen, weil sie die jüngste der CANVAS-Trainerinnen ist. Also für die serbische NGO arbeitet, die Workshops auf der ganzen Welt hält, bei denen prodemokratische Aktivistinnen und Aktivisten in gewaltfreier Sprache ausgebildet werden. »Der CANVAS-Gründer Srdja Popovic hat mich dafür angeworben«, erzählt Cecilia. »2007 ist er auf die Philippinen gekommen, weil er hier neue Trainer rekrutieren wollte. Ich war damals schon sehr aktiv in der NGO-Szene in Manila und den USA. Ich war ein richtiger ›political junkie‹.« Da war es nur logisch, dass Cecilia auch an dem Abendessen mit Vertreterinnen und Vertretern der philippinischen NGO-Szene teilnahm, zu dem Srdja Popovic als Stargast geladen war.
Srdja gilt als Guru des friedlichen Widerstands. Ein internationaler Revolutionstrainer, seit er im Jahr 2000 mit der Studentenbewegung Otpor! (Widerstand!) dazu beigetragen hat, dass der serbische Diktator Milosevic friedlich gestürzt wurde. Jetzt jettet Srdja um die Welt und gibt das Wissen weiter, wie man mit kreativen Mitteln mächtige Widersacher in Verlegenheit bringt. Dabei geht es längst nicht immer um die großen Revolutionen, sondern vor allem auch darum, mit kleinen Schritten mehr Demokratie und Menschenrechte zu erreichen. Es ist also sicher kein Zufall, dass Srdja gerade auch auf den Philippinen nach Trainerinnen und Trainern sucht. Denn in Manila regiert zwar kein Diktator mehr, als er

beim Abendessen auf Cecilia trifft. Aber es mangelt an jeder Front an dringend nötigen Reformen.

Von dem großen, blonden, schlaksigen Srdja ist Cecilia sofort begeistert. »Er ist ein extrem cleverer Stratege. Und er brennt für seine Sache. Beim Abendessen hat er zu mir gesagt: ›Sag mir, warum du CANVAS-Trainerin werden möchtest. Überlege dir das genau. Ich werde dein Leben ruinieren.‹« Weil sie ständig unterwegs sein wird, um sich zum Beispiel mit Aktivistinnen und Aktivisten aus Iran oder Syrien zu Workshops zu treffen. Weil sie ins Fadenkreuz von internationalen Geheimdiensten geraten wird. Und weil sie möglicherweise damit konfrontiert werden wird, dass Aktivisten aus Unrechtsregimen, die sie persönlich kennengelernt und geschult hat, von einem Tag auf den anderen spurlos verschwinden. »Ich habe da nicht überlegen müssen, mir war sofort klar, dass ich es mache. Diese Arbeit ist so wichtig. Also habe ich Srdja geantwortet: ›Sag lieber du mir, warum du mein Leben nicht ruinieren solltest!‹« Kurz darauf, im März 2008, fliegt Cecilia zum ersten Mal nach Belgrad zum Trainer-Lehrgang.

Cecilia vertritt klar und selbstbewusst ihre Meinung. Sie weiß genau, was sie will. Und sie ist keine Utopistin. »Man muss auch bei diesen Workshops realistisch bleiben. Die Situation wird nicht über Nacht anders. Aber steter Tropfen höhlt den Stein. Und wichtig ist, dass jede Art von Kampagne gut und professionell organisiert ist.« Zu Hause in Manila arbeitet Cecilia zurzeit bei einer kleinen Linkspartei mit, die mit einem Abgeordneten im Parlament vertreten ist. Eine ihrer Forderungen: Die Favela, in die sie uns geführt hat, soll so lange bleiben, bis die Regierung eine bessere Alternative für diese Menschen zu bieten hat. Und sie möchte, dass die Regierung ein Programm gegen die weitverbreitete Landflucht auflegt. »Denn dies ist doch der Grund, warum es in Manila immer mehr Menschen gibt, die in Armenvierteln hausen. Sie sehen in ihren Dörfern keine Perspektive mehr, ziehen in die Hauptstadt und landen im Slum.«

Eine Reisende zwischen zwei Welten

Das Thema lässt sie nicht los. Denn auch ihre Familie stammt ursprünglich aus einem kleinen Dorf. »Aber durch ihr Auswandern in die USA haben sie mir vollkommen andere Lebensperspektiven eröffnet, als sie jemals hatten. Dafür bin ich ihnen sehr dankbar. Gleichzeitig bin ich als Philippinin in den USA auch ständig mit Rassismus und Diskriminierung konfrontiert worden. Nicht in der direkten Nachbarschaft, denn ich bin in einem Viertel aufgewachsen, wo nur Philippinos gelebt haben. Die blieben weitgehend unter sich. Meine Eltern waren auch nicht so, dass sie mich aktiv dazu aufgefordert hätten, mich in die amerikanische Kultur zu integrieren. Aber das habe ich automatisch getan. Und ich habe dann sehr rasch gespürt, wo die Trennlinien zwischen Amerikanern und Ausländern verlaufen. Da war es fast zwangsläufig so, dass ich gesagt habe, ich will aktiv werden und für Menschenrechte kämpfen.«
Die erste NGO, bei der Cecilia während ihrer Zeit auf dem College in den USA mitarbeitet, setzt sich für die Gleichberechtigung von Frauen und für Minderheitenrechte ein. Je aktiver die junge Frau wird, desto stärker spürt sie den Wunsch, zurück in die Heimat der Eltern zu gehen. »Weil dort meine Wurzeln sind und vor allem weil ich wusste, dass dort noch viel mehr zu tun ist als in den USA.« Leicht ist ihr die Entscheidung aber nicht gefallen. »Ich war sehr aufgeregt. Ich hatte ja keine Ahnung, was mich auf den Philippinen erwartet.« Sie kennt das Land bisher ja nur aus den Nachrichten, die sie regelmäßig mit ihren Eltern über Satellitenfernsehen anschaut.
»Aber ich war so inspiriert von meiner Arbeit. Und ich habe gemerkt, auf den Philippinen gibt es einen Hunger nach frischem Blut, nach jungen Leuten, die etwas bewegen. Ich wollte das unbedingt machen.«
Nach dem College verlässt sie die USA und zieht zu Verwandten auf die Philippinen. »Meine Eltern waren absolut nicht stolz

darauf, dass ich das gemacht habe. Sie hatten auch Angst um mich. Sie selbst waren ja ausgewandert, weil sie der Politik nicht getraut haben, um sich wirtschaftlich zu verbessern und generell, um ein ruhiges, sicheres Leben in den USA führen zu können.«

Und jetzt verstehen sie nicht, warum die Tochter den umgekehrten Weg wählt. »Beim Nachrichtenschauen haben sie zwar regelmäßig ihre kritischen Kommentare abgegeben. Aber die Vorstellung, eine Regierung herauszufordern, um aktiv etwas zu ändern, schüchterte sie immens ein.« Ausgerechnet die eigene Tochter arbeitet jetzt für die Opposition, im Team von Benigno Aquino III., der im Mai 2010 die Präsidentschaftswahlen gewinnt.

»Nach dem Wahlsieg haben sie sich dann doch gefreut, weil sie gesehen haben, dass ich etwas bewirken konnte. Ich war ja in sehr viele der Kampagnen involviert. Und ich bin dann möglichst rasch sehr tief in die politische Szene auf den Philippinen eingestiegen.«

Zum Studium der Politikwissenschaften geht sie dann wieder in die USA. Pendelt bis zu ihrem Hochschulabschluss im Jahr 2012 zwischen New York und Manila. »Ich bin wohl eine Reisende zwischen zwei Welten. Aber für mich ist das ganz normal. Vermutlich auch, weil wegen der schlechten wirtschaftlichen Situation so viele Philippinos im Ausland arbeiten. Oder zumindest Verwandte haben, die im Ausland Geld verdienen.«

Auf der Hochschule in den USA überlegt Cecilia kurzzeitig, Anwältin zu werden. »In den USA wächst man ja im Bewusstsein auf, sich auf die Verfassung zu verlassen und seine Rechte verteidigen zu können. Aber dann ist mir bewusst geworden, dass dies für die Philippinen nicht wirklich gilt. Dann habe ich endgültig beschlossen, dass ich weiterhin als politische Aktivistin arbeiten werde. Es gibt ohnehin zu viele Anwälte auf den Philippinen.«

Warum nur männliche Vorbilder?

Die Zeit des Pendelns ist jetzt vorbei – vorerst. Aber wirklich Ruhe ist in ihr Leben nicht eingekehrt. Immerhin reist sie noch durch die ganze Welt für die CANVAS-Workshops. Und die derzeitige Arbeit für die kleine Linkspartei scheint auch nicht auf eine längere Dauer angelegt. Cecilia würde lieber an einem größeren Rad mitdrehen. Sie erzählt, dass sie sich bei den letzten Präsidentenwahlen darum beworben hatte, die Kampagne für einen prominenten Boxer zu leiten, der als Kandidat angetreten war. Aber sie wurde nicht genommen. Ob sie denn keine Schwierigkeiten damit hat, so schnell zwischen unterschiedlichen politischen Parteien zu wechseln? Nein, da ist sie ganz Pragmatikerin. »Hauptsache, du kannst möglichst viel bewegen!«

José Rizal, der Kämpfer gegen Unterdrückung und für die Unabhängigkeit der Philippinen, Cecilias großes Vorbild, war damals, Ende des 19. Jahrhunderts, ebenfalls ein Reisender zwischen den Welten. Und ein Mann, der sich nicht festlegen lassen wollte. Er hat in Manila, Madrid, Paris, London, Heidelberg und Berlin studiert. Als Schriftsteller erlangte er Weltruhm. Aber er war auch Mediziner, Philosoph, Agrarwissenschaftler und Maler. Er war Präsident an der Akademie für Spanische Literatur sowie Geschäftsführer der Akademie für Naturwissenschaften.

Nach dem Besuch in der Favela bringt uns Cecilia wie angekündigt zu seinem Museum. Wir fahren mit dem Minibus, der in Manila die fehlenden S- oder U-Bahnen ersetzt. Cecilia ist es sehr wichtig, uns diesen Ort zu zeigen. Sie kriecht sogar in die enge Zelle, in der Rizal interniert war. Hinterher setzt sie sich auf eine Bank im Park, die sie »einen Kraftort« nennt. »Hier ist so viel von seiner Energie zu spüren. Weißt du, Rizals Bücher waren damals auf den Philippinen verboten. Aber sie wurden eingeschmuggelt. Und seine Gedanken von einem Land ohne Rassendiskriminierung, in dem Gerechtigkeit herrscht, haben die Unabhängigkeitsbewegung beflügelt.«

Widerstand mittels gewaltloser Kommunikation. Ganz ähnlich dem, was CANVAS heute lehrt. Auffallend ist aber auch, dass wir die ganze Zeit nur über Männer gesprochen haben, die ihre Vorbilder sind und sie geprägt haben: Den philippinischen Nationalhelden Rizal und den CANVAS-Gründer Srdja Popovic, der sie als Trainerin angeworben hat. »Das stimmt«, sagt Cecilia, »weil es leider noch so wenig weibliche Vorbilder in diesen Funktionen gibt. Auf den Philippinen gibt es zwar ein paar sehr starke Feministinnen. Aber was Gleichberechtigung betrifft, stehen wir miserabel da. Dafür kämpfen wir nach wie vor. Und auch bei CANVAS gilt: Die zwei serbischen Gründer, Srdja Popovic und Slobodan Djinovic, sind ziemliche Machos, definitiv! Sie stehen im Vordergrund und die Frauen sorgen dafür, dass das Büro läuft, kümmern sich um die Administration und Planung. Breza in Belgrad zum Beispiel ist für mich eine ganz starke Persönlichkeit.« Und ganz offenbar gibt es Gemeinsamkeiten zwischen der Philippinin Cecilia und der Serbin Breza. Denn wie Breza argumentiert nun auch Cecilia, worin sie die Stärke der Frauen sieht: »Weil sie meistens diejenigen sind, die als Mütter die Familie zusammenhalten. Sie würden alles für ihre Kinder tun. Das heißt, sie können organisieren, kämpfen für eine gute Zukunft, riskieren dabei aber nicht Kopf und Kragen.« Über sich selbst sagt sie: »Ich bin jemand, der nie aufgeben möchte, immer nach einer Möglichkeit sucht. Jemand, der wirklich optimistisch ist.«

Was ihr total auf die Nerven geht: »Wenn du als junge Frau in der NGO-Szene aktiv bist, glauben viele, du bist nur die Freundin oder Geliebte von einem wichtigen Typen oder die Sekretärin. Und sie denken, es ist in Ordnung, wenn sie dich »Honey« nennen oder irgend so etwas.«

Inzwischen sind wir bei Cecilias modernem, im New Yorker Yuppie-Stil eingerichteten Appartement angekommen. Die Wohnanlage, in der sie lebt, ist mit einem großen eisernen Tor gesichert. Cecilia muss es umständlich aufschließen, schlüpft durch, verschließt es sofort wieder hinter uns.

Und fast sofort öffnet sich die Nachbartür. Eine ältere Dame begrüßt Cecilia herzlich. Die beiden halten einen freundlichen Plausch. Jetzt zeigt sich, dass Cecilia, die den ganzen Tag über eher ernst war, durchaus charmant und lustig sein kann. Wenn sie sich zu Hause auf sicherem Terrain fühlt. »Nachbarschaftshilfe ist bei uns sehr wichtig«, sagt sie, nachdem die freundliche Dame wieder hinter ihrer Tür verschwunden ist. »In Manila wird oft eingebrochen. Da ist es gut, wenn wir alle aufeinander aufpassen.« Und dann lacht sie und sagt: »Außerdem habe ich noch viele ältere Brüder, die auf mich achtgeben. Ob ich das will oder nicht. Meine Verwandten fragen jetzt auch ständig, ob ich mit 29 nicht endlich eine Familie gründen möchte.« Aber sie selbst ist da noch sehr unsicher. »Ich lebe für meine Arbeit und meine Mission. Und es ist gar nicht so einfach, jemanden zu finden, der es versteht, dass du in deinem Job manchmal auch um Mitternacht Anrufe entgegennehmen musst. Und sogar noch glücklich darüber bist.«

»Überall dort, wo Revolution in der Luft liegt, wird sie auch dringend benötigt«

Aus der Perspektive eines Fotografen

Auf Susannes Frage, ob ich für ein Buch über Revolutionärinnen die dargestellten Frauen fotografieren könnte, hatte ich spontan mit Ja geantwortet. Das Thema Revolution fand ich schon immer spannend, auf allen Ebenen. Aber auf welches Abenteuer ich mich da eingelassen hatte, hätte ich mir in meinen kühnsten Phantasien so nicht vorgestellt.

Ich muss vorausschicken, dass ich mich aufgrund meiner beruflichen Laufbahn sehr gut mit den technischen Möglichkeiten des Internets auskenne. »Big Data« hat insbesondere den Geheimdiensten ganz neue Möglichkeiten eröffnet. Dank Edward Snowden wissen wir heute, in welchem Ausmaß wir bereits überwacht werden. Dazu kommt die Intelligenz von Software, die ganz automatisch digitale Akten anlegt und anreichert, ganz gleich, wie wir kommunizieren, ob per Mobil- oder Festnetz-Telefon, SMS oder Computer, nicht zu vergessen unsere Kreditkarten. Wir legen Spuren, unser digitaler Fingerabdruck klebt an allem, was wir tun.

Ich bin aus dieser Sicht im Besonderen auffällig, eben gerade weil ich KEIN Journalist bin, keinen Presseausweis habe und auch keiner Hilfsorganisation angehöre. Ein Geheimdienst sieht meine Vita so: erfolgreicher deutscher Unternehmer, danach Umzug nach Marrakesch, Vielreisender, der sich die überwiegende Zeit des Jahres in muslimischen Ländern (dazu gehört auch Indonesien) aufhält. Genau dieser Mann hat nun gezielt Kontakte mit revolutionären Kräften, die natürlich ihrerseits ebenfalls überwacht werden, was im Übrigen auch alle der Beteiligten wissen. DAS macht meine Reisen der letzten Wochen zum echten Abenteuer.

Mit Cecilia Pe Lero durch die Slums

Die erste Station führte mich nach Manila, wo ich Cecilia Pe Lero, eine junge, smarte Aktivistin porträtiert habe. Die größte Herausforderung vor Ort war die extreme Hitze im Juli 2014 – aber an solche Situationen war ich gewöhnt. Als wir durch die Slums gegangen sind, ins tiefe Dickicht der Armut, hatte ich weder Angst um mein Leben noch um meine Ausrüstung. Das Gesicht des armen Asien ist mir seit Jahren vertraut, und ich weiß mit Respekt und Demut damit umzugehen. Als wir allerdings etwas außerhalb des Zentrums in ein Viertel gingen, das von Polizeiposten abgeriegelt war, mussten wir unsere Personalien angeben. Auf die Frage »Warum?«, antwortete der Polizist, dass wir dadurch wenigstens schneller identifiziert werden könnten, wenn man uns umbringt. Beruhigend klang das nicht gerade, aber auch hier hatte ich das Gefühl, zu wissen, worauf ich mich einlasse.

Tunis – die Geheimdienste sehen und hören alles

Im Oktober 2014 führte mich meine Reise dann nach Tunis. Nach dem erfolgreichen Sturz Ben Alis durch die Straßenrevolution im Januar 2011 geriet die ganze Region in Aufruhr, der Arabische Frühling begann. Ich lebte damals in Marrakesch, wo es auch zu Demonstrationen kam, doch in Marokko wurde die Revolution durch geschickte Politik und ein paar plakative, aber im Endeffekt harmlose Zugeständnisse schnell im Keim erstickt. Tunesien hingegen hatte wirklich den alten Diktator aus dem Land gejagt, und so war ich neugierig, wie sich die Entwicklung dreieinhalb Jahre später darstellte.

Die drei Frauen, die ich fotografieren durfte, waren alle Teil dieser Revolution. Und sind es nach wie vor. Das Land steckt heute in einer tiefen Verunsicherung, die verschiedenen gesellschaftlichen

und politischen Gruppierungen sind untereinander zerstritten, und es wimmelt nur so von Geheimpolizei. Die Stimmung ist geprägt von tiefem Misstrauen, die Justiz wacklig und willkürliche Verhaftungen und Folterungen sind nach wie vor an der Tagesordnung. Sobald ich auf der Straße mit der Kamera unterwegs war, wurde ich beobachtet. Als ich mit Asma Kaouech, meiner ersten Protagonistin, mitten in der Stadt zu fotografieren begann, wurde ich verfolgt. Anfangs dachte ich noch, ich würde mir das einbilden. Doch spätestens bei Lina Ben Mhenni am Tag darauf wurde es offensichtlich. Lina selbst wurde von einem Geheimdienstmann begleitet, angeblich zu ihrem eigenen Schutz, da sie auf der Straße erkannt und bedroht werden könnte. Es geschahen merkwürdige Dinge. Ich hatte mich mit ihr per SMS verabredet, aber ihre Antworten kamen von stets anderen deutschen Mobilfunknummern des Netzbetreibers O2. Ich habe Screenshots davon gemacht. Sie selbst konnte sich das nicht erklären, sie schrieb ihre SMS von ihrem tunesischen Handy aus. Es ist höchst wahrscheinlich, dass hier auch der deutsche Geheimdienst seine Finger im Spiel hat. Wenn man die Nummern zurückrief, waren sie laut Ansage nicht vergeben.
Alles war verwirrend. Lina wird von der Polizei bedroht, aber vom Geheimdienst beschützt. Meine diesbezüglichen Fragen wurden nicht beantwortet. So sei es halt hier, hieß es. Aber Lina warnte mich, ich solle vorsichtig sein. Man würde es nicht gerne sehen, wenn Ausländer hier Fotos von Aktivistinnen machen. Dies wurde mir spätestens von Radhia Nasraoui, einer Anwältin, die sich für Folteropfer einsetzt, bestätigt: »Verhaftet wirst du hier besser nicht – man verschleppt dich, setzt dich unter Drogen und nötigt dir irgendwelche Geständnisse ab. Jeden Tag gibt es solche Fälle, Menschen verschwinden grundlos, werden von der Polizei gekidnappt und sind dann oft für Jahre ohne Verhandlung im Gefängnis.« Als ich in Madame Nasraouis Büro drei Stunden auf sie wartete, weil sie einen Notfall hatte, berichteten mir die Frauen im Wartezimmer auch davon. Sie waren hier, weil ihre Männer

verschleppt wurden, und hatten zum Teil seit Monaten nichts mehr von ihnen gehört.
Ich gebe zu, mir wurde ziemlich mulmig, und daher fotografierte ich Madame Nasraoui nicht mehr in der Öffentlichkeit wie die beiden anderen Frauen.
Nach fünf Tagen war ich froh, als mir der Beamte am Flughafen bei der Ausreise seinen Stempel in den Pass hämmerte. Ich konnte unbeschadet ausreisen und war erleichtert wie selten zuvor, als die Germanwings-Maschine wieder sicher in Berlin Tegel landete.

»Sei vorsichtig – besonders in Ägypten!«

Drei Tage später flog ich nach Belgrad, um dort Breza zu fotografieren. Sie war am Sturz Milosevics beteiligt und berät seitdem Gruppierungen und Aktivistinnen in aller Welt. Auch sie ist bedroht und sie will auch auf den Fotos ihr Gesicht nicht ohne Sonnenbrille zeigen. Das verstehe ich nach zwei intensiven Tagen mit ihr. Auch sie warnt mich. »Sei vorsichtig, besonders in Ägypten. Die Frauen dort werden alle Tag und Nacht beschattet und mit deinen tunesischen und serbischen Stempeln im Pass bist du von vorneherein verdächtig.«
Unter diesen Vorzeichen flog ich dann drei Tage später nach Kairo. Ich wollte fliegen, weil mir dieses Buch wirklich wertvoll und wichtig ist und ich damit auch selbst den Mut der porträtierten Frauen honorieren möchte. Dennoch hatte ich ein ziemlich ungutes Gefühl. Ich hatte mich zuvor mit Susanne ausgetauscht und sie gebeten, mich in den fünf Tagen meines Aufenthalts in Kairo »zu begleiten«. Ich schrieb ihr zu stets auf die Minute genau verabredeten Zeitpunkten zweimal täglich eine SMS. Sollte einmal keine SMS kommen, würde sie sich sofort per ARD und mit Hilfe all ihrer Kontakte auf die Suche nach mir machen. Ich bin bestimmt kein ängstlicher Typ, habe schon sehr viel riskiert in meinem Leben,

bin auch niemand, der vom Verfolgungswahn geplagt wird. Aber je mehr ich über diese Geschichte nachdachte, desto klarer wurde mir, in welche Gefahr ich mich begeben würde.
Ich hatte alles getan, um wie ein gewöhnlicher Tourist zu wirken. Entgegen meinen sonstigen Gepflogenheiten hatte ich die Reise über ein deutsches Reisebüro gebucht, einen 5-Tage-City-Trip, mit einem guten Hotel und Shuttle-Transfer vom Flughafen. Dann lief alles allerdings ein bisschen anders:

Eine nächtliche Fahrt durch Kairo

Nach der Landung werde ich direkt am Gate von jemandem abgeholt, der sich als mein Reiseleiter ausgibt. Ein schmieriger, schwitzender, hochnervöser Kerl, der in viel zu schnellem Deutsch wie ein Wasserfall auf mich einredet. Er fragt nach meinem Pass, ich gebe ihn widerwillig, er klebt mir das Einreisevisum hinein, direkt neben meinen letzten Stempel aus Belgrad. Ich muss wieder an Breza denken und fange selbst an, leicht zu schwitzen. Es geht an den Immigrationsschalter, immer ein spannender Moment, wenn der Beamte den Reisepass durch das Lesegerät zieht. Er schaut mich lange an – sieht er meine Schweißperlen auf der Stirn? Schließlich stempelt er. Ufff. Die Zollbeamten würdigen mich und meinen karikaturesken Begleiter keines Blickes, und wir sind draußen. Ich will kurz an den Geldautomaten, um mich mit ägyptischen Pfund einzudecken, da zieht mich mein Reiseleiter am Ärmel direkt vor die Polizeistation des Flughafens. Ich solle mich draußen irgendwohin setzen und kurz warten. Er geht hinein und kommt nicht zurück. Nach zehn Minuten stehe ich auf und überlege mir, ob ich vielleicht besser direkt ein Taxi nehme.
In diesem Augenblick taucht der Typ wieder auf, und ich frage ihn, was ich bei der Polizei zu suchen hätte. Er sagt, das sei Routine, es müsse ein Telefonat geführt werden, dann könnten wir auch

schon gehen. Ich frage ihn, um was für ein Telefonat es sich handle. Er zuckt mit den Schultern und murmelt was von »Routine«. Ich überlege, welches die bessere Strategie ist: so zu tun, als wäre das auch für mich normal, um nicht aufzufallen, oder einfach aufzustehen und zu gehen. Ich entscheide mich für Ersteres, sage dem Kerl aber, ich wolle ins Hotel, wolle nicht mehr warten, ich sei müde. Er geht nochmals in die Polizeistation hinein, man hört die typisch eher geschriene als gesprochene arabische Unterhaltung, er kommt heraus und deutet zum Ausgang. Nach weiteren zehn Minuten Fußmarsch bringt er mich zu einem dunklen Parkplatz, wo angeblich unser Shuttle auf die Reisegruppe, die ausschließlich aus mir besteht, wartet. Der Shuttle ist aber kein bunt beklebter Minibus, sondern eine kleine Schrottkarre mit einem Fahrer, der ebenso nervös ist wie mein Reisebegleiter. Man entschuldigt sich damit, dass aufgrund der ausbleibenden Touristen einzelne Personen mit dem Privatauto des Fahrers transportiert werden, um den Aufwand niedrig zu halten.

Es ist Nacht in Kairo, und wir fahren etwa eine Stunde. »Wohin bringt er mich?«, geht es mir durch den Kopf. Vielleicht direkt zum Geheimdienst? Irgendwohin zu einem leer stehenden Gebäude, wo mich sicher niemand finden kann? Verhör um Mitternacht?

Als wir das Hotel erreichen, bin ich zugegebenermaßen erleichtert. Bilde ich mir das alles nur ein? Was für ein Film! Ich checke ein, komme in mein Zimmer, hänge vorsorglich gleich das »Bitte-nicht-stören«-Schild an die Klinke und verriegle von innen. So weit, so gut.

Auf Schritt und Tritt überwacht

Natürlich bin ich seit Wochen per Mail und Telefon mit den drei Frauen im Kontakt, die ich fotografieren möchte. Also war mein Plan bekannt. Breza meinte, Ola Shahba sei eine der prominentesten Aktivistinnen, die ständig mit einem Bein im Gefängnis stünde. Ich solle vorsichtig sein. Ja, aber wie? Mir ist klar, dass es keine sichere Kommunikation mehr gibt, egal welchen Kanal ich nutze. Also benutze ich mein Handy und vereinbare die entsprechenden Treffen in den kommenden Tagen. Ola wollte sich einen sicheren Ort überlegen, auf keinen Fall auf der Straße oder sonst wo in der Öffentlichkeit. Erst letzte Woche sei ein ausländischer Fotograf verhaftet worden, der einen Freund von ihr porträtieren wollte. Zu meiner Beruhigung trug diese Information nicht bei.

Am Tag des vereinbarten Treffens mit Ola, die mir die Adresse eines Privathauses in Uptown Cairo durchgegeben hatte, welche aber nicht einfach zu finden wäre, lasse ich mir vom Concierge des Hotels ein Taxi besorgen, um sicherzustellen, dass der Fahrer auch weiß, wohin er mich bringen soll. Ich steige ein und wir fahren los. Der Taxifahrer ist ein junger Ägypter, der kein Englisch spricht. Und er ist nervös, das sieht man ihm an. Er telefoniert alle fünf Minuten, aber okay, das ist noch nichts Außergewöhnliches, denke ich. Plötzlich reicht er mir sein Handy, mit der Geste, ich solle mit dem Anrufer selbst sprechen. Ein Mann fragt mich in gutem Englisch, wohin ich denn genau möchte, ich solle ihm die Adresse geben. Auf meine Frage hin, wer er sei, antwortet er mir, er sei der Onkel des Fahrers und wolle nur übersetzen, um sicherzustellen, dass ich auch ans Ziel komme. Bin ich direkt mit dem Geheimdienst verbunden? Zögernd nenne ich ihm den Namen der Straße und gebe vor, die Hausnummer nicht zu wissen. Genau die bräuchte er aber, erklärt mir der »Onkel«, die Straße sei lang und ich könne da nicht laufen. Ich versichere ihm, ich sei gut zu Fuß und wisse die Nummer nicht, und reiche dann einfach das Handy wieder dem Fahrer zurück. Der bleibt die ganze Zeit über mit dem »Onkel« am Telefon verbunden und schreit dabei permanent in gepflegtem Lokalkolorit, was aber zum »guten Ton« fast jeder arabischen Unterhaltung gehört. Schließlich kommen wir an der besagten Straßenkreuzung an, ich erkenne das Straßenschild und mache vorsorglich schon mal die Tür auf, das Geld in der Hand. Der Fahrer will mir erneut das Handy geben, ich winke ab, drücke ihm die 30 ägyptischen Pfund in die Hand, die das Taxameter anzeigt, und steige einfach aus.

Ich kann mich an den Nummern der Häuser orientieren, laufe eine Weile, und da steht Ola auch schon und winkt mich zu sich. Geschafft. Ich berichtet ihr von meiner Herfahrt, und sie meint, es könne sehr gut sein, dass man mich beobachte. Ich solle vorsichtig sein, es wäre nichts mehr sicher dieser Tage. Ich verbringe ein paar Stunden mit ihr, höre ihre schockierenden Geschichten und mein Respekt vor so viel Mut und Geradlinigkeit wird noch größer. Eine wirklich sympathische, entschlossene Frau, diese Ola, die wie all die anderen Frauen, denen ich im Rahmen dieser Buchproduktion begegnet bin, niemals aufgeben will. Sie hat auch schon einen Plan, wie sie mich sicher in mein Hotel zurückbringen kann. Nach dem Shooting würde mich jemand mit einem Privatauto an einen belebten Platz bringen, dort solle ich mich schnell unter die Menschenmenge mischen und von da aus wieder ein Taxi von der Straße abgreifen.

Im Hotel angekommen, schaue ich mir nochmals die Bilder an, die ich gerade gemacht habe. Porträts einer mutigen Frau, die mir viel Vertrauen entgegenbrachte, indem sie mir überhaupt erlaubte, sie zu fotografieren. Nun beginnen meine Überlegungen, wie ich die Speicherkarte mit den Bildern von ihr und den beiden anderen Aktivistinnen sicher außer Landes schaffen könnte. Ich komme mir vor wie ein Schmuggler. Naiv, wie man eben aus altem Denken heraus ist, verstecke ich die Speicherkarte in meinem Wäschebeutel in einer Socke. Aber halt, heute wird das Ganze einmal kurz durch einen Scanner geschickt, und man sieht auf dem Bildschirm jedes Teil, da muss noch nicht einmal mehr jemand meine Taschen durchsuchen. Die Idee mit dem Verstecken konnte ich also vergessen. Genauso wie die Überlegung, 17 Unterordner auf meinem Laptop anzulegen, damit man dort die Dateien nicht findet. Ein

Suchbefehl nach den zuletzt verwendeten Daten auf dem Rechner und schon siehst du alles. OK.

Ein Halleluja – von einem bekennenden Agnostiker

Am frühen Morgen des Abflugs soll ich wieder von meinem legendären Shuttle-Service zum Flughafen gebracht werden. Das will ich aber auf keinen Fall, vielleicht stecken die ja wirklich unter einer Decke mit dem Geheimdienst. Also ersinne ich eine List, die mir zumindest das Wiedersehen mit meinem ekligen Reiseleiter ersparen würde. Ich sage das Shuttle nicht ab, nehme mir aber stattdessen selbst ein Taxi zum Flughafen. Natürlich auch naiv, denn spätestens bei der Einreise wurde ich ja identifiziert – aber so habe ich zumindest ein besseres Gefühl. Mittlerweile komme ich mir vor wie ein Mini-James-Bond, vielleicht zu viele Filme gesehen, die die Phantasie genährt haben.
Zwei Tage vor meinem Abflug hat es im Sinai einen Terroranschlag gegeben, folglich ist der Flughafen gesichert wie im Krieg. Ich höre irgendwann auf zu zählen, durch wie viele Checkpoints ich muss, jedes Mal wird mein Pass gemustert, aber das ist ja unkritisch, da menschlich und nicht digital. Das alles entscheidende Tor, durch das ich kommen muss, ist das der Ausreise. Eine elend lange Schlange wartet dort, und diese Stunde des Anstehens treibt meinen Adrenalinpegel auf Rekordniveau. Immer näher rücke ich der Schleuse und ich kann das Prozedere genau beobachten. Der Beamte zieht den Ausweis durch den Scanner und wenn sich auf seinem Bildschirm eine grüne Anzeige zeigt, dann gibt's den Stempel. Oder nicht. Einmal erscheint eine rote Anzeige und der betroffene Mann wird von zwei Beamten abgeführt. Ich male mir schon aus, wie ich denselben Weg gehen muss. Dann wird man meine Speicherkarten durchforsten und sehen, wen ich da auf den Fotos habe, und dann …
Es ist so weit. Ich bin an der Reihe. Mit meinem coolsten »Hi« rei-

che ich dem Kontrolleur meinen Pass, er zieht ihn langsam durch das Lesegerät und ... ROT!
Das ist der Moment, in dem sich meine Muskelspannung aus dem Körper verabschiedet und auf meine Gesichtsmimik konzentriert. Der Beamte schaut mich an, ich versuche zu lächeln, stammle: »Maybe the computer?«, und er zieht den Pass nochmals durch. Wieder ROT. Ein weiterer Versuch, aber die Farbe will sich nicht ändern. Dann beginnt der Typ laut zu fluchen, ich deute das als Zeichen dafür, dass er auch glaubt, mit dem Rechner sei etwas nicht in Ordnung. Nun tippt er händisch meine Ausweisnummer ein und – JA, er stempelt und reicht mir meinen Pass. WOW. Ich habe nicht das Bedürfnis, das Ganze zu verstehen, will nur noch an mein Gate und in diesen Flieger.
Und als dieser dann mit mir und den Bildern schließlich abhebt, richte ich als bekennender Agnostiker ein Stoßgebet des Dankes an den Himmel. Halleluja!

Epilog

Zu Hause angekommen führte ich ein paar Telefonate mit Familie und Freunden. Dabei stellte sich heraus, dass offensichtlich keine meiner E-Mails, die ich aus Kairo abgeschickt hatte, beim Adressaten angekommen war. Aber ich hatte nicht eine Fehlermeldung erhalten. Da ich einen eigenen, sehr gut gesicherten Mailserver benutze, bat ich meinen dafür verantwortlichen Mitarbeiter, er solle sich diese Protokolle mal genau anschauen. Der technische Grund war schnell gefunden. »Jemand« hatte ein sogenanntes Gateway, eine Art Umleitung, gesetzt, an das all meine Mails geleitet wurden. Von dort aus kamen sie aber nicht weiter, weil mein sicherer Server sie danach nicht mehr annahm. Das erklärte auch, warum sie korrekterweise als »gesendet« gekennzeichnet waren, jedoch nie den eigentlichen Empfänger erreichten.

Aber was sagt mir dieses Erlebnis? Vor allem eins: Wenn das Vertrauen in Gerechtigkeit und Justiz verloren geht, kommt die Angst. Ich hatte ja überhaupt nichts Verbotenes getan, nur ein paar Fotos gemacht – doch allein das reicht in diesen Zeiten schon locker aus, um nach Guantanamo zu kommen. Das Misstrauen ist der Nährboden für jegliche Phantasie, und genau das ist in dieser Region passiert. Keiner vertraut keinem, das schürt Ängste und aus diesen heraus bei vielen auch Gewaltbereitschaft. Es entstehen imaginäre Feindbilder im Kopf, und ganz gleich, ob die real sind oder nicht, das Gefühl bleibt dasselbe. Die eigentliche Revolution muss genau diesen Effekt verändern. Das Denken bestimmt das Gefühl, und das Gefühl bestimmt das Handeln – ein Teufelskreis, der von allen Seiten angetrieben wird.

Was es dringend braucht, ist ein neues Miteinander, weltweit, den Glauben an das Gute, an die Gleichheit von uns Menschen, an die Brüderlichkeit und an die Freiheit – und hatten wir das nicht schon einmal? Ja, das stand auf den Fahnen der Französischen Revolution und ist aktuell wie nie zuvor. Die Erfahrung dieser Reisen hat mich gelehrt: Wir dürfen niemals aufhören, für diese Prinzipien einzustehen, ganz gleich, wie viel Courage es dafür braucht. Dieses Buch erzählt die Geschichten von Frauen, die genau daran glauben. Und für diesen Glauben bereit sind zu kämpfen. Aber sie benötigen unsere Unterstützung, weltweit, und gerade in den Gesellschaften, in denen eine junge Generation bereits vergessen hat, dass es nicht nur ums Selbstoptimieren, sondern auch um gesellschaftliche Werte geht. Wir dürfen niemals aufhören, diesen Kampf zu führen, jeder Einzelne von uns, denn wir sind eine globale Gemeinschaft, in der auch heute noch gelten muss: Einer für alle, alle für Einen!

Den Kampf gewinnen, den Frieden verlieren?

Sind Frauen die besseren Revolutionäre? Was wird von ihrem Einsatz bleiben? Diese Fragen haben uns bei der Recherche zu diesem Buch begleitet. Die Interviews fanden 2014 statt, einem schwarzen Jahr, das von Krieg, Terrorismus und anderen Katastrophen geprägt war. Während die Welt atemlos den Aufstieg des Islamischen Staats, die Zerstörung Syriens und das Aufflammen kriegerischer Auseinandersetzungen auf europäischem Territorium verfolgte, wurden in den Ländern unserer Revolutionärinnen Schritt für Schritt die Erfolge ihres Aufstands unterminiert oder sogar zunichtegemacht.

Besonders hart hat es Ägypten getroffen. Mit dem Militärregime ist wieder die alte Garde an die Macht gekommen, die schon zu Mubaraks Zeiten die Fäden in der Hand hielt. Sie ist fest entschlossen, sich diese Macht nicht noch einmal entreißen zu lassen – und dazu ist jedes Mittel recht. Die Bevölkerung wird bespitzelt und unterdrückt; demokratiepolitisch wichtige Institutionen werden instrumentalisiert – oder zerstört: Während die Justiz durch die Verhängung von Massentodesurteilen gegen Regimegegner und einen Freispruch von Mubarak jegliche Glaubwürdigkeit verloren hat, wurden die Medien gleichgeschaltet und auf Regierungspropaganda eingeschworen. Nationale und internationale Nichtregierungsorganisationen, die sich ihre Unabhängigkeit bewahren wollen, werden des Landesverrats verdächtigt und mit solchen Auflagen belegt, dass eine reguläre Arbeit nicht nur höchst gefährlich, sondern oft schlichtweg unmöglich ist.

Es gibt Proteste – aber sie bleiben schwach. Die Bevölkerung ist derzeit nicht leicht zu mobilisieren: erschöpft und enttäuscht wünscht sie sich nichts so sehr wie Ruhe und Normalität – der Alltag zwischen Armut und Korruption kostet zu viel Kraft. Gleichzeitig hat die Regierung gelernt, mit Demonstrationen umzugehen, und verfolgt jedes Aufflackern von Widerstand mit größter Härte und Brutalität.

Die Situation in Tunesien ist deutlich besser, aber trotz der relativ positiv verlaufenen Parlaments- und Präsidentschaftswahlen gibt es Alarmsignale: Ben Alis Spießgesellen drängen an die Macht zurück. Sie profitieren von der Angst vor den Islamisten, verweisen auf ihre politische Erfahrung – und bedienen sich ihres alten Netzwerks innerhalb der Administration, auf das sie sich noch immer verlassen können. »Sie waren die Repräsentanten einer repressiven kleptokratischen Diktatur. Jetzt kriechen sie wieder hervor – und schämen sich nicht einmal!«, drückt es die Anwältin Radhia Nasraoui voller Empörung aus.

Insgesamt gehen die Reformen nicht weit und nicht schnell genug – aber die Bevölkerung wird mit fragwürdigen Argumenten ruhig gehalten: Demonstrationen würden die staatliche Sicherheit gefährden, da sie Polizeikräfte vom Kampf gegen den Terrorismus abziehen.

Osteuropa ist im vergangenen Jahr etwas aus dem Blickpunkt gerückt, dennoch gibt es auch hier wenig Anlass zu Optimismus. In Serbien sind mittlerweile wieder Parteien und Politiker an der Macht, die zu Zeiten des Diktators Milosevic mit diesem direkt oder indirekt verbündet waren. Sie geben sich zwar als geläuterte Demokraten, die ihr Land in die Europäische Union führen wollen. Aber von der Aufbruchsstimmung nach der erfolgreichen Revolution ist im Land nichts mehr zu spüren. Im Gegenteil: Es herrscht große Frustration. Auch in Georgien ist die Euphorie der Revolution längst verflogen.

Aufgeben ist keine Option

Doch trotz aller Enttäuschungen und Rückschläge sowie der ganz konkreten Gefahr, in der sie schweben, denkt keine unserer Interviewpartnerinnen daran, aufzugeben. Im Gegenteil, sie haben sich sogar zu internationalen Netzwerken zusammengeschlossen, um ihre Tipps und Erfahrungen an Gleichgesinnte in anderen Ländern weiterzugeben. Damit legen sie sich nicht nur mit den Strukturen im eigenen Land an, sondern mit Geheimdiensten weltweit.

Warum riskieren diese Frauen so viel? Es geht nämlich nicht »nur« um Leib und Leben, sondern in vielen Fällen auch um ihre Position in einer konservativen, patriarchalen Gesellschaft – und damit um ihre Chance auf eine glückliche Zukunft. Warum lassen sie sich nicht entmutigen? Zum einen liegt das wohl an ihrem Charakter: All diese Frauen sind starke Persönlichkeiten, mit einem ausgeprägten Sinn für Gerechtigkeit und einem geradezu unerschütterlichen Idealismus. Sie scheuen sich nicht zu bekennen, dass sie oft Angst hatten beziehungsweise haben – und sind doch die mutigsten Menschen, die wir kennen.

Zum anderen haben sie eine Erfahrung gemacht, die einem Erweckungserlebnis gleichkommt: Sie haben während der Revolution nicht nur ihre individuelle Kraft entdeckt, sondern auch die des Kollektivs. Sie haben erlebt, dass man in der Gemeinschaft sogar einen vielfach überlegenen Gegner in die Knie zwingen kann. Und was einmal gelungen ist, kann schließlich auch ein weiteres Mal gelingen.

Man darf allerdings auch nicht vergessen, dass es für einige unserer Interviewpartnerinnen zu spät ist, um einen anderen Weg einzuschlagen. Sie haben bereits zu viel investiert, zu viel gelitten, zu viele Menschen verloren, die ihnen nahestanden. Gäben sie jetzt auf, wären all diese Opfer umsonst gewesen.

Aber selbst wenn sich ihre Hoffnungen nur zu einem geringen Teil erfüllt haben und ihnen noch lange Jahre zähen Ringens bevorstehen, haben sie auf anderer Ebene doch viel erreicht. Und das ver-

danken sie nicht zuletzt der Tatsache, dass Frauen im Vergleich zu Männern oft die Zäheren, Pragmatischeren, Geduldigeren, Altruistischeren sind, die eher für die Sache als für das eigene Ego kämpfen. Eigenschaften, die sie zu perfekten Aktivistinnen machen.
Als Politikerinnen, Straßenkämpferinnen, Anwältinnen, Krankenschwestern, Köchinnen, Informantinnen, Bombenlegerinnen oder Organisatorinnen haben Frauen aus allen gesellschaftlichen Schichten, Altersgruppen und aller Konfessionen Geschichte geschrieben. Als Fotografinnen und Bloggerinnen haben sie das Monopol der arrivierten Medien gebrochen und soziale Medien wie Facebook und Twitter professionell genutzt, um Unterstützung für ihre Revolution zu mobilisieren. Dass sie dabei selbst immer wieder zur »Story« wurden, war vielleicht nicht beabsichtigt, hatte aber weitreichende Folgen: Die zentrale Rolle der Frauen im Arabischen Frühling kann diesen heute keiner mehr streitig machen. Die Revolutionen im arabischen Raum haben ein weibliches Gesicht – das allein ist schon ein Erfolg. Einer, den man den Frauen nicht mehr nehmen kann.

Gute Eigenschaften sind nicht immer nützlich

Aber was wird aus den Frauen, die zum Gelingen ihrer Revolutionen so entscheidend beigetragen haben? Es zeigt sich, dass der Großteil von ihnen danach wieder in die zweite, dritte oder vierte Reihe zurückgedrängt wird oder sogar ganz aus dem politischen Leben verschwindet. Wie kommt das?
Paradoxerweise sind es genau die Eigenschaften, die Frauen zu erfolgreichen Revolutionärinnen machen, die sich später als Hürde erweisen, wenn es darum geht, sich bei der Neuordnung der Verhältnisse eine gute Position zu sichern. Kompromissbereitschaft, Pragmatismus, Fairness, Dienst an der Sache – unabdinglich, um Ziele realistisch einzuschätzen, Schwierigkeiten zu überwinden

und gute Team-Player zu sein. Nach der Revolution kommt es darauf anscheinend nicht mehr so sehr an. Wenn die Serbin Breza feststellt, dass Frauen nicht unter dem Zwang leiden, sich als Heldinnen aufspielen zu müssen, dann macht sie das sympathisch – Macht und Einfluss gewinnt man mit Bescheidenheit und Zurückhaltung allerdings nicht. Scheuen Frauen vielleicht den Griff nach der Macht, weil er überwiegend negativ besetzt ist und oft – fälschlich – mit Aggressivität und Skrupellosigkeit gleichgesetzt wird? Oder befürchten sie, mit zu deutlich ausgespielter Stärke und Konfliktbereitschaft zu maskulin zu wirken und dadurch potenzielle (Ehe-)Partner abzuschrecken? Das spielt sicher mit. Nicht in der ersten Reihe zu stehen, kann durchaus gewisse Vorteile haben. Man kann freier agieren und effizienter arbeiten, wenn man sich nicht mit dem Repräsentieren und den damit einhergehenden Anfeindungen auseinandersetzen muss. Oft wird auch die operative Tätigkeit die interessantere und objektiv nützlichere sein.

Und trotzdem ist es eine vergebene Chance. Denn die Entscheidung für die zweite Reihe ist immer auch eine Entscheidung dafür, nicht in letzter Konsequenz verantwortlich zu sein. Und nur wer Verantwortung trägt, hat wirklich Macht.

Wir wissen nicht, was die Zukunft bringt. Es wird für die porträtierten Länder nicht leicht werden, aber die Hoffnung auf einen echten demokratischen Wandel existiert. Für die meisten unserer Interviewpartnerinnen hat allerdings gerade eine sehr heikle Phase begonnen: Es kann nämlich passieren, dass sie zwar den Kampf gewonnen haben – aber den »Frieden« auf politischer und gesellschaftlicher Ebene verlieren. Wie zum Beispiel in Algerien, wo die ansonsten recht moderne Gesetzgebung ausgerechnet im Familienrecht der Scharia folgt. Obwohl die Leistungen der Frauen während des Unabhängigkeitskriegs unbestritten sind und die »anciennes combattantes« nationalen Heldenstatus genießen, gelang es ihnen nicht, ihre Rechte in dieser eminent wichtigen Sache geltend zu machen.

Auch die Europäer sind gefordert

In Westeuropa ist die Situation nur auf den ersten Blick besser. Hinter den großen gesellschaftlichen Freiheiten, die Frauen bei uns genießen, lauert die Diskriminierung. Frauen mögen in der Schule besser abschneiden und mehr als die Hälfte der Universitätsabsolventen stellen – aber wie viele von ihnen schaffen es in den Vorstand eines DAX-Unternehmens oder auf die vordersten Ränge der Politik?

Die Zahl derer, die sich die Nasen an gläsernen Decken platt drücken, an Männer-Seilschaften scheitern oder sich tagtäglich mit frauenfeindlichen Vorurteilen herumschlagen müssen, ist Legion.

Die Revolutionärinnen, die für Freiheit, Demokratie und Menschenrechte sehr viel, manchmal alles riskieren, haben unsere Bewunderung. Aber können sie uns – Frauen und Männern – nicht auch als Vorbild dienen, obwohl unser Umfeld unterschiedlicher kaum sein könnte, so viel privilegierter und gefahrloser, wie es ist?

Unsere Antwort lautet: ja, unbedingt. Ob es darum geht, ganze Systeme zum Einsturz zu bringen, oder nur darum, Alltagsbedingungen zu verbessern: Stets braucht es Mut, um Missstände aufzuzeigen und dagegen aufzustehen. Oft geht es nicht ohne Kampf – und der ist immer riskant. Und man bindet sich für lange, denn meist ist es nötig, sich für das Erreichte weiterhin mit ganzer Kraft einzusetzen, wenn man es erhalten will.

In diesem Sinne will unser Buch nicht nur interessante Geschichten von beeindruckenden Frauen erzählen, sondern auch Mut machen: Mut, über den eigenen Tellerrand hinauszuschauen und die eigene Lebensweise zu hinterfragen, vielleicht sogar die ausgetrampelten Pfade zu verlassen und – sei es auch nur im Kleinen – mit mehr Nachdruck für unsere Rechte und die unserer Nächsten einzutreten.

Dank

Bei der Recherche zu diesem Buch haben uns viele Menschen geholfen, denen wir zu großem Dank verpflichtet sind. Mehr als alle anderen natürlich unsere Revolutionärinnen, die uns so vorbehaltlos in ihr Leben eingelassen und uns ihr Vertrauen geschenkt haben – trotz aller Gefahren, die sich dadurch für sie persönlich ergeben könnten.

Dank auch jenen Frauen, die sich uns für Hintergrundgespräche zur Verfügung gestellt haben – darunter Sabrina und Zoubida Amirat, Bakhda ElCadhi, Amal Ramsis, Gabriele Reiter, Alexandra Schneider und Yasmina Taya. Ihre Informationen aus erster Hand haben das Buch ganz ungemein bereichert.

Wir wurden von vielen Seiten und in mannigfacher Form unterstützt. Insbesondere danken wir: Malika Ayad, Gino Barsella, Paul Bernecker, Jean-Yves Charriou und seiner Familie, Gernot Fleischmann, Zoran Ikonic, Véronique Lerch, Abdelwahab Merdjana, Srdja Popovic, Henriette Schröder, Fatima Sedrati, Aziz aus Constantine und Georg Thiel.

Wir möchten uns auch ganz herzlich bei unserer Verlegerin Brigitte Fleissner-Mikorey für das uns entgegengebrachte Vertrauen bedanken sowie bei unserer Lektorin Gabriele Rieth-Winterherbst und Art Director Wolfgang Heinzel für die hervorragende Unterstützung und Zusammenarbeit.

Die Autorinnen und der Fotograf

Arabelle Bernecker, Politologin und Journalistin, hat in Albanien, Bosnien-Herzegowina und im Kosovo gelebt und für Internationale Organisationen im Nahen Osten und in Nordafrika gearbeitet. Die Frauen, die sie dort traf, haben sie zu diesem Buch inspiriert. Sie lebt und arbeitet in Wien.

Susanne Glass, promovierte Politologin, ging mit 29 Jahren als Kriegsberichterstatterin für die ARD ins Kosovo. Heute ist sie Studioleiterin des ARD-TV-Studios Wien/Südosteuropa und Präsidentin des Verbands der Auslandspresse, Wien. Ihre Reportagen wurden mit diversen Preisen ausgezeichnet.

Bernd Kolb lebt in Berlin, Marrakesch und Ubud (Bali) und gilt weltweit als Visionär und Vordenker. Seit 2012 ist er mit seiner »Wisdom Expedition« auf den Spuren alter Weisheitstraditionen. In seiner Arbeit als Fotograf zeigt er mit außergewöhnlichen Porträts den Menschen »hinter der Maske«.

Anmerkungen

Frauen kämpfen für Veränderung, ...

1. Frefel, Astrid: »Die Angst geht um in Ägyptens Zivilgesellschaft«. Der Standard, 24.11.2014

Serbien

1. Sharp, Gene: The politics of nonviolent action. Volumes 1–3. Manchester NH: Extending Horizons Books, Porter Sargent Publisher. 1973
2. Louis Sell: Slobodan Milosevic and the Destruction of Yugoslavia. Duke University Press, Durham/London 2002
3. Nonviolent Struggle, 50 Crucial Points. A Strategic Approach to Everyday Tactics. Srdja Popovic, Andrej Milivojevic, Slobodan Djinovic, CANVAS, Belgrad 2006
4. Bringing Down a Dictator, TV Movie, 56 Min. (2002).
5. Sharp, Gene: How nonviolent struggle works. The Albert Einstein Institute, Boston

Georgien

1. Alexander Mikaberidse: Das Massaker in Tibilisi am 9. April 1989 (https://web.archive.org/weg/20040123224819/htto://rustaveli.tripod.com/cgi-bin/9aprili.htm) physiciansforhumanrights.org/report-bloodysunday-1990.html
2. Irakli Kakabadze: Inside the Revolution of the Roses (http://imtd.imtdeast.org/papers/OP-15pdf)

Tunesien

1. Beardsley, Eleanor: In Tunisia, Women Play Equal Role in Revolution. NPR, 27.01.2011. http://www.npr.org/2011/01/27/133248219/in-tunisia-women-play-equal-role-in-revolution
2. Spiegel Online: Tunesiens Ex-Präsident: Gericht verurteilt Ben Ali zu 35 Jahren Haft. 20.06.2011. http://www.spiegel.de/politik/ausland/tunesiens-ex-praesident-gericht-verurteilt-ben-ali-zu-35-jahren-haft-a-769507.html
3. Ben Ali. Les bonnes affaires du gendre. Teil 1. France 2, 15.02.2011. www.youtube.com/watch?v=ml3W6Ury8kM
4. Honwana, Alcina: Youth and Revolution in Tunisia. Zed Books, London 2013, Seite 23

5. Sahajwani, Manish: 8 of the richest dictators in history. Forbes Magazine, 09.09.2012. http://www.investopedia.com/financial-edge/0912/8-of-the-richest-dictators-in-history.aspx
6. West, Johnny: Karama! Journeys through the Arab Spring. Heron Books, London 2011, Seite 90
7. Goldman, Lisa: Woman Activist of the Arab World. 972Magazine, 29.12.2011. http://972mag.com/972-person-of-the-year-woman-activist-of-the-arab-world/31489/
8. Lina Ben Mhenni: »Vernetzt Euch!«. Ullstein, Berlin 2011, Seite 1
9. http://atunisiangirl.blogspot.com
10. Lina Ben Mhenni: »Vernetzt Euch!«. Ullstein, Berlin 2011, Seite 20
11. Lina Ben Mhenni VS Saida Agrebi Part 2/3, France 24, 29.09.2011, http://www.youtube.com/watch?v=a7VgnmF5j7c
12. »Körperlicher, geistiger, emotionaler oder sozialer Stress als häufiger Auslöser ist zu meiden.« www.internisten-im-netz.de, *Systemischer Lupus erythematodes.* Abgerufen am 23. Juli 2014
13. Lina Ben Mhenni, 3Sat, 27.06.2012, http://www.youtube.com/watch?v=aOXu4bau1bU
14. Goldmann, Lisa: Person of the Year: Woman activist of the Arab World. +972Mag.com, 29.12.2011. http://972mag.com/972-person-of-the-year-woman-activist-of-the-arab-world/31489/
15. Lina Ben Mhenni: »Vernetzt Euch!«. Ullstein, Berlin 2011, Seite 7
16. Sybille De Larocque: Avant les élections: Une blogueuse raconte le désespoir de la jeunesse Tunisienne. JOL Press, 21.10.2014, http://www.jolpress.com/tunisie-blogueuse-lina-ben-mhenni-elections-legislatives-article-828474.html
17. Wrede, Katalin (Roland Berger Stiftung): Radhia Nasraoui – Leading the fight against torture in Tunisia. Human Dignity Forum, 18.11.2011
18. Al Jazeera: Tunisian lawyer drops hunger strike. 10.12.2003. http://www.aljazeera.com/archive/2003/12/200849162349822779.html (Zugriff: 15.10.2014)

Ägypten

1. Text auf dem Schild eines Demonstranten auf dem Tahrir-Platz, Jan./Feb. 2011. In: Khalil, Karima (Hrsg.): Messages from Tahrir. Signs from Egypt's Revolution. The American University in Cairo Press, Cairo, 2011, S. 72
2. Alexandra Schneider: Private Revolutions. Jung, Weiblich, Ägyptisch. Dokumentation, 96 Min., Österreich 2014
3. Egypt: UN should condemn worsening abuses. 04.11.2014. http://www.hrw.org/news/2014/11/04/egypt-un-should-condemn-worsening-abuses

4. 06.12.2012, http://www.youtube.com/watch?v=_d9HhxKaWag and Mosireen Media Collective, Cairo, 18.12.2012: http://therealnews.com/t2/index.php?option=com_content&task=view&id=31&Itemid=74&jumival=9379
5. Opantish – Operation Anti Sexual Harassment

Algerien

1. Amílcar Cabral
2. Beauge, Florence: L'accablante confession du général Aussaresses sur la torture en Algérie. Le Monde, 03. Mai 2001
3. Aussaresses, Paul: Pour la France : Services spéciaux 1942–1954. Edition du Rocher, 2002
4. Aussaresses, Paul: Services spéciaux Algérie 1955–1957 : Mon témoignage sur la torture. Librairie Académique Perrine, 2001
5. Lévy, Bernard-Henry: Algerier und Franzosen brauchen Mut zur Erinnerung. Die Welt, 15.09.2014. http://www.welt.de/debatte/kommentare/article106156008/Algerier-und-Franzosen-brauchen-Mut-zur-Erinnerung.html
6. Messud, Claire: Camus & Algeria: The Moral Question. The New York Review of Books, 07.11.2013
7. Bab el Oued Story – Histoire: Colonel Pierre Jeanpierre. http://babelouedstory.com/thema_les/histoire/12041/12041.htmln
8. Bouzeghrane, Nadija: Louisette Ighilahriz devant le Tribunal de Paris: »La torture, c'est trop dur«. El Watan, 06.07.2003
9. Le soleil est mort. http://babelouedstory.com/thema_les/histoire/12041/12041.html

Malediven

1. http://www.suedasien.info/laenderinfos/267
2. 350.org/thanks-young-maldivian

Philippinen

1. José Rizal, Noli me tangere, März 1887, Berlin